El camino del Sufi

Libros de Idries Shah

Estudios Sufis y literatura de Medio Oriente
Los Sufis
Caravana de sueños
El camino del Sufi
Cuentos de los derviches: *Cuentos-enseñantes milenarios*
Pensamiento y acción Sufi

Psicología tradicional, encuentros enseñantes y narrativas
Pensadores de Oriente: *Estudios en empirismo*
La sabiduría de los idiotas
La exploración dérmica
Aprendiendo a aprender: *Psicología y
espiritualidad en la vía Sufi*
Aprendiendo a saber
El monasterio mágico: *Filosofía analógica y práctica*
El buscador de la verdad
Observaciones
Noches con Idries Shah
El yo dominante

Disertaciones universitarias
Un escorpión perfumado (Instituto para el estudio
del conocimiento humano – ISHK – y la Universidad
de California)
Problemas especiales en el estudio
de ideas Sufis (Universidad de Sussex)
El elefante en la oscuridad: *Cristianismo,
Islam y los Sufis* (Universidad de Ginebra)
Aspectos desatendidos del estudio Sufi: *Empezando a
empezar* (The New School for Social Research)
Cartas y disertaciones de Idries Shah

EL CAMINO
DEL SUFI

Idries Shah

ISF PUBLISHING

Ser un Sufi es desapegarse de ideas fijas y preconceptos, y no intentar eludir el propio destino.

Abu-Said, hijo de Abi-Khair

No repares en mi forma exterior; mas toma lo que hay en mi mano.

Jalaludin Rumi

Índice

Introducción

El Sufi es uno que obra como los demás, cuando es necesario. También es uno que hace lo que los otros no pueden hacer, cuando es lo indicado.

Nuri Mojudi

TANTA ES LA gente que se declara perpleja por la sabiduría Sufi, que uno está forzado a concluir que quieren sentirse perplejos. Otros, por razones más obvias, simplifican las cosas hasta tal punto que su "Sufismo" es solo un culto al amor o a las meditaciones o a cualquier cosa igualmente selectiva.

Pero una persona que contemple la variedad de la acción Sufi con una porción de interés no comprometido, podrá ver la característica común fijamente a los ojos.

Los sabios, las escuelas, los escritores, las enseñanzas, el humor, el misticismo y las formulaciones Sufis, están todos vinculados con la relevancia social y psicológica de ciertas ideas humanas.

Al ser un hombre "sin tiempo" y "sin espacio", el Sufi trae su experiencia y la pone en funcionamiento dentro de la cultura, del país y del clima en el cual vive.

El solo estudio de la actividad Súfica en culturas remotas puede tener valor únicamente para quienes trabajan en el estrecho campo del escolasticismo. Considerar la actividad Sufi como un fenómeno meramente religioso, literario o filosófico, solamente producirá interpretaciones confusas del camino Sufi. El intentar extraer una teoría o un sistema y luego tratar de estudiarlo en forma aislada, es igualmente inútil.

Este libro está diseñado para presentar ideas, acciones y relatos Sufis; no para el microscopio ni como si fuesen piezas de museo, pero sí en su relevancia para una comunidad actual: lo que llamamos el mundo contemporáneo.

IDRIES SHAH

PARTE I

El estudio del Sufismo en Occidente

El estudio del Sufismo en Occidente

Teorías acerca del Sufismo

Supongamos que no haya antecedentes de ideas Sufis en la mente de un estudiante imaginario que recientemente ha escuchado sobre el Sufismo. Él tiene tres opciones posibles de fuentes de información. La primera, serían los libros y trabajos de referencia escritos por gente que ha hecho de este tema su campo especial. La segunda, podrían ser las organizaciones que pretenden enseñar o practicar el Sufismo, o que emplean su terminología. La tercera, podrían ser individuos y acaso grupos de personas, no siempre en los países de Medio Oriente, que presuntamente son Sufis. Puede que aún no lo hayan inducido a creer que el Sufismo debe ser etiquetado como "misticismo mahometano", o "el culto de los derviches".

¿Qué es lo que aprende esta persona, y cuáles son sus problemas?

Una de las primeras cosas que podría descubrir es que la misma palabra "Sufismo" es nueva: una acuñación alemana del 1821.[1]

Ningún Sufi que ignore los idiomas occidentales sería capaz de reconocerla a primera vista. En vez de Sufismo, nuestro estudiante encontraría términos tales como "los Qadiris", nombre puesto en honor al fundador de cierta orden que murió en 1166; o bien podría toparse con alusiones a "la Gente de la Verdad", "los Maestros" o acaso "los Cercanos". Otra posibilidad es la frase árabe *Mutassawif*: "el que se esfuerza por ser un Sufi." Hay organizaciones llamadas "los Constructores", "los Censurables", que en su constitución y a veces hasta en simbolismos menores se asemejan estrechamente a ciertos cultos y sociedades occidentales tales como la Masonería.[2]

Estos nombres pueden sonar extraños (y no siempre felices) al contemporáneo oído occidental: este solo hecho es de por sí un verdadero problema psicológico, aunque encubierto.

Ya que no existe un apelativo estándar para el Sufismo, el investigador quizá se vuelva hacia la palabra *Sufi* y descubra que se transformó súbitamente en un término corriente hace unos mil años,[3] tanto en el Cercano Oriente como en la Europa occidental;[4] y que aún su uso es general para describir particularmente al mejor producto de ciertas ideas y prácticas que de ninguna manera están limitadas a lo que convencionalmente la gente llamaría "religioso". El estudiante encontrará muchas definiciones de la palabra, pero su problema ahora está invertido: en vez de toparse con una mera etiqueta de relativa antigüedad, él recibe tantas descripciones de *Sufi* que más le valdría no tener ninguna.

Según algunos autores (y son la mayoría) el término *Sufi* es rastreable a la palabra árabe, pronunciada *suf*, que literalmente significa "lana" y que se refiere al material con el cual estaban confeccionadas las túnicas simples de los primeros místicos musulmanes.[5] Estas, según se afirma, estaban hechas de lana como imitación de la vestimenta de los anacoretas cristianos que abundaban en los desiertos de Siria y Egipto, y en otros lugares del Cercano y Medio Oriente.

Pero esta definición, por más plausible que parezca, no resolverá nuestro problema en lo referido al nombre, y mucho menos de las ideas, del Sufismo. Lexicógrafos igualmente importantes, sin embargo, recalcan que "la lana es el atuendo de los animales",[6] y enfatizan que el objetivo Sufi es hacia el perfeccionamiento o completitud de la mente humana, no la emulación de un rebaño; y que los Sufis, siempre sumamente conscientes del simbolismo, jamás adoptarían tal nombre. Además, está este dato incómodo: tradicionalmente se supone que los Compañeros del Banco[7] – los *Ashab as-Safa* – fueron los Sufis de la época de Muhammad (quien murió en el año 632). Se dice que se transformaron a sí mismos en un grupo esotérico en el año 623, y que su nombre es un derivado de la frase *Ashab as-Safa*. Aunque algunos gramáticos han señalado que el origen a partir de "lana" es etimológicamente plausible – y más probable que, digamos, la derivación de *safwa* ("piedad") o incluso de *saff* (contracción de la frase "Primer Rango de los Dignos") – otros han refutado tales opiniones aduciendo que los apodos no tienen que atenerse a las reglas de la ortografía.

Ahora bien, el nombre es importante como una introducción a las ideas, tal como veremos en un momento. Mientras tanto, miremos sus conexiones. Los Sufis afirman que un cierto tipo de actividad mental y de otras clases pueden producir, bajo condiciones especiales y con esfuerzos particulares, lo que se denomina un funcionamiento superior de la mente que conduce a percepciones especiales y cuyo aparato está latente en la persona común. Por lo tanto el Sufismo es el trascender las limitaciones ordinarias.[8] No sorprende, por consiguiente, que la palabra *Sufis* haya sido vinculada por algunos con la palabra griega para la sabiduría divina (*sofía*) y también con el término cabalístico hebreo *Ain Sof* ("el absolutamente infinito"). El enterarse de que se dice, con toda la autoridad de la *Enciclopedia Judía*, que los expertos hebreos consideran que la Cábala y los Hasidim (los místicos judíos) se originan con el Sufismo o una tradición idéntica[9], no reducirá los problemas del estudiante en esta etapa. Tampoco lo alentaría escuchar que, aunque ellos mismos sostienen que su conocimiento ha existido por miles de años, los Sufis niegan que sea un *derivado*, afirmando que es un equivalente de las corrientes hermética, pitagórica y platónica.[10] Nuestro novicio estudiante quizá esté completamente confundido a esta altura, pero ha podido entrever los problemas del estudio de las ideas Sufis; aunque más no sea porque puede presenciar por sí mismo la lucha improductiva de los escolásticos.

Podríamos encontrar un posible refugio si nuestro hombre pudiese aceptar la afirmación de un especialista – como el profesor R. A. Nicholson – o si le preguntara a un Sufi.

Ahora bien, Nicholson dice: "Algunos eruditos europeos lo identifican con sofos en el sentido de 'teósofos'.[11] Pero Nöldake... demostró terminantemente que el nombre deriva de *suf* (lana) y que originalmente se aplicaba a aquellos ascetas musulmanes que, imitando a los ermitaños cristianos, vestían rústicas túnicas de lana como signo de penitencia y renunciamiento a las vanidades mundanas."[12]

Esta particular opinión, acaso aventurada, fue publicada en 1914. Cuatro años antes, el mismo Nicholson había ofrecido su traducción de *Revelación* (siglo XI), que es el enfoque persa más antiguo del Sufismo y uno de los textos Sufis de mayor autoridad. En sus páginas, el autor, el venerable Hujwiri afirma específicamente – y es tenazmente traducido pero ignorado por el profesor – que la palabra *Sufi* no tiene etimología.[13]

Nicholson no muestra curiosidad alguna por esta afirmación, pero el reflexionar sobre ella lo podría haber conducido a una importante idea acerca del Sufismo. Para él, claramente, una palabra *debe* tener una etimología. Suponiendo inconscientemente que "sin etimología" debe ser absurdo, deja de indagar en esa dirección e imperturbado continúa buscando una derivación etimológica. Como

Nöldeke y muchos otros, una mente así prefiere la palabra "lana" a la aparente paradoja de "no etimología".

Esta seguramente sea la razón por la cual, en su reciente libro sobre el Sufismo, el erudito religioso dominicano Padre Cyprian Rice (admirador y alumno de Nicholson) dice, medio siglo después de la publicación de la traducción inglesa del texto de Hujwiri (versión que él mismo elogia): "... por su costumbre de vestir rústicas prendas de lana (*suf*), [ellos] se hicieron conocidos como Sufis."[14]

Pero tener una cierta familiaridad con los Sufis, por no hablar de casi cualquier grado de acceso a sus prácticas y tradiciones orales, podría haber fácilmente resuelto toda contradicción aparente entre la existencia de una palabra y su carencia de una derivación etimológica evidente. La respuesta es que los Sufis consideran que los *sonidos* de las letras S, U, F (en árabe las iniciales de *soad*, *wao*, *fa*) son significativos, en este mismo orden, por su efecto sobre la actividad mental humana.

Los Sufis, por lo tanto, son "la gente de SSSUUUFFF".

Habiéndonos liberado de ese acertijo (que por cierto ilustra las dificultades del intentar comprender las ideas Sufis cuando uno piensa solo siguiendo ciertos patrones), inmediatamente vemos que un nuevo problema fresco y característico surge para reemplazarlo. Es probable que el pensador contemporáneo esté interesado en esta explicación – esta idea de que el sonido influye sobre el cerebro – solamente dentro de las limitaciones que se imponga a sí mismo. Puede que lo acepte como una posibilidad teórica en la medida en que sea expresada en términos que son considerados admisibles en el momento de la comunicación.[15]

Si decimos: "Los sonidos ejercen un efecto sobre la persona que hacen posible, si no intervienen otros factores, que esta tenga experiencias que trascienden lo normal", puede que insista persuasivamente con que "esto es simple ocultismo, un absurdo primitivo al estilo del Om-Mani-Padme-Aum, Abracadabra, y todo eso." Pero (tomando en cuenta no la objetividad sino simplemente la fase actual del pensamiento aceptado) en cambio podemos decirle: "El cerebro humano, como usted sabe indudablemente, es comparable a una computadora. Responde a los impactos o vibraciones de la vista, del sonido, del tacto y así sucesivamente, de ciertas maneras predeterminadas o 'programadas'." Algunos sostienen que los sonidos representados aproximadamente por las letras S, U, F están entre aquellos para los cuales el cerebro está, o puede ser, "programado". Acaso él sea muy capaz de asimilar esta lamentable simplificación dentro de sus esquemas de pensamiento actuales.

Ya que esta condición existe en nuestro *vis-ā-vis*, aquí el problema especial en el estudio de ideas Sufis es que muchos de aquellos que están ansiosos por estudiarlas de hecho son renuentes, debido a un sistemático compromiso psicológico, a permitir que ciertos argumentos acerca del Sufismo, sostenidos por Sufis, sean retenidos en la mente. Esta situación, cuya existencia es demostrada por medio de una copiosa experiencia personal, está mucho más extendida de lo que este simple ejemplo pueda sugerir.

El problema para ambas partes no se hace más fácil debido a la tendencia común del individuo encargado de intentar lidiar con ideas Sufis por medio del rechazo rotundo. Una respuesta usual es más o menos así: "Pensar en los términos que usted sugiere arruinaría mis modos establecidos de pensamiento." Este individuo está bastante equivocado en creer esto; para el Sufi, él o ella es en realidad una persona que subestima sus propias capacidades. Otra reacción es tratar de racionalizar o reinterpretar las ideas que se le ofrecen en los términos de algún sistema (antropológico, sociológico, sofístico, psicológico), que él mismo encuentra más de su agrado. En nuestro ejemplo, esta condición subjetiva podría quizá ser expresada en la declaración siguiente: "Ah, sí, esta teoría de la influencia del sonido ha sido obviamente generada para darle un toque más esotérico al asunto bastante mundano de la derivación de la lana."

Pero en definitiva esta forma de pensar no tendrá éxito en una escala más amplia porque, lejos de ser encontradas solamente entre tribus primitivas o sepultadas en libros escritos en lenguas muertas, las ideas Sufis están en diversos grados contenidas en la formación y en los estudios de más de cincuenta millones de personas que viven en la actualidad: aquellas que están de alguna manera conectadas con el Sufismo.

Limitaciones de los abordajes contemporáneos del Sufismo

Una gran parte de este problema es la hoy en día poderosa tendencia a colocar a todas las personas, cosas e ideas dentro de categorías especiales. No hay ningún problema con las categorías (¿quién podría prescindir de ellas?); pero cuando se estudia cualquier materia y apenas hay una limitada variedad de rótulos, la experiencia puede parecerse un poco a que Henry Ford te diga: "Puedes tener un automóvil de cualquier color, siempre y cuando sea negro." Este problema quizá ignorado por el estudiante (su preocupación por unas pocas categorías), es comparable al que enfrenta el Sufi al intentar transmitir sus propias ideas bajo condiciones que distan de ser las ideales.

He aquí un ejemplo ilustrativo, tomado de la experiencia reciente. Lo doy porque incidentalmente, y no dentro de un "sistema" forzado, nos cuenta algo acerca de las ideas Sufis.

En un libro reciente[16] mencioné, entre muchas otras cosas, que las ideas Sufis e incluso los textos literarios fueron prestados (o yacen detrás de teorías) a organizaciones y enseñanzas de aspectos tan dispares como la Caballería, san Juan de la Cruz,[17] santa Teresa de Ávila,[18] Roger Bacon,[19] Geber, el padre da la alquimia occidental,[20] apodado el Sufi, Ramón Llull el mallorquín,[21] Guru Nanak, el fundador del Sikhismo,[22] la *Gesta Romanorum*[23] y también las enseñanzas de los vedantas hindúes.[24] Ciertos procedimientos psicológicos deteriorados también han sido transmitidos a la literatura occidental desde la magia y el ocultismo[25], así como legítimas ideas y procesos psicológicos que a veces son considerados como descubrimientos nuevos.[26]

Este libro inspiró, entre los críticos y otros, una reacción por demás notable y variada.[27] Algunos quedaron fascinados (no siempre por los motivos adecuados), pero es de los otros acerca de quienes estoy hablando. Lo que en realidad hice fue recopilar los resultados de investigaciones académicas a las que otros dedicaron toda su vida, que a menudo estaban sepultados en monografías y en libros apenas leídos, escritos por respetadísimos orientalistas y especialistas de todo tipo. También aporté material "vivo" de fuentes Súficas. Pero aunque el material citado no era de ninguna manera una selección completa de todo lo disponible, fue una mezcla demasiado pesada para algunos lectores; y sin embargo muchos de ellos deberían haber estado más familiarizados que yo con los trabajos ya realizados en sus propias especialidades. Un célebre experto tuvo cosas poco halagadoras para decir acerca de mí, ¡ni hablar de aquellos que atacaron lo que solo *creyeron* haber encontrado en mi obra!

Poco después de esta fase, conversando con un "especialista", mencioné que no solamente había basado mi tesis sobre el trabajo de autoridades tales como los profesores Asín, Landau, Ribera, Tara Chand, Guillaume, y otros de integridad igualmente irreprochable, sino que yo había citado sin reservas sus nombres y trabajos; y que en otros casos había citado los libros de antiguos tales como Llull, Bacon, Geber y otros que mencionaban a los Sufis por su nombre, a libros Sufis o específicamente al Sufismo. Su reacción no consistió en admitir que los expertos deberían haber hecho un mejor trabajo, sino en repetir el nombre de mi principal crítico. Poniéndose cómodo en su sillón y riéndose entre dientes, dijo: "Lo has atrapado, muchacho. Elige, ¿solamente quieres desacreditarlo, o quieres su trabajo?"

Mi "error", en lo que respecta al tratamiento del tema, fue que simplemente en vez de citar a autoridades y construir, paso a paso, un "caso" incontestable, supuse que el libro sería leído meticulosamente y que los hechos hablarían por sí mismos.

Mi amigo automáticamente supuso que yo estaba involucrado en un juego para desplazar a alguien de su autoridad. El primer crítico se había lanzado al ataque sobre una suposición igualmente falsa: que me faltaba buen material pues no lo había rematado con suficiente aire triunfal.

Lo que acaso sea más asombroso, cuando examinamos los problemas en el estudio de ideas Sufis, es el tratamiento que les dan aquellos que, si bien no son expertos en la materia, pueden haberse familiarizado con los recursos académicos disponibles. En consecuencia, tomando un ejemplo de una tendencia no tan inusual en Occidente, encontramos a un profesor que escribe un libro sobre filósofos orientales[28] en el cual, entre casi cien mil palabras, solo unas trescientas (una página cada trescientas) tienen que ver con los Sufis; y esto a pesar de que el mismo autor había publicado un trabajo sobre los filósofos de Occidente[29], y de que ambos tipos de pensadores han sido influidos por fuentes Sufis. Esta influencia nunca es mencionada. El formidable filósofo inglés Bertrand Russell también resulta que ha escrito un voluminoso libro, *Sabiduría del Occidente*[30], en el cual se nombra a pensadores occidentales cuyos vínculos con el pensamiento Sufi es claro, pero donde no puede encontrarse mención alguna de los Sufis o del Sufismo.

Se podría decir que ambos libros son popularizaciones destinadas al lector general; pero, después de todo, portan los nombres de académicos y sí carecen de información. Los lectores comunes o los miembros de disciplinas no orientalistas que consulten estos libros tendrán pocos medios para conocer aquello que se ha omitido.

Verificación de los materiales literarios por contacto directo con el Sufismo

Es bastante revelador que entre los problemas que enfrenta todo aquel que desee estudiar las ideas Sufis esté la constante repetición de teorías no probadas, representadas como hechos, por "especialistas" y otros que poseen escasa objetividad.

Dado que el estudio Súfico se lleva a cabo principalmente por métodos directos (y se sabe que se ha transmitido enteramente por gestos, símbolos y demostración), cuando perdemos este elemento en nuestro estudio, confiando en libros, quedamos a merced de quienes fomentan toda clase de teorías subjetivas.[31]

Están aquellos que afirman que el Sufismo se desarrolla a partir del Islam histórico; e incluyen justificadamente a algunos apologistas Sufis que escriben del mismo modo. Algunos dicen que es al revés: una reacción contra las actitudes islámicas. Están aquellos que creen que sus ideas surgen del cristianismo tal como lo conocen; o que son parcial o completamente atribuibles al efecto del dualismo persa; o que proviene de China o India; u otra vez, que no es indio. Están los defensores de la teoría neoplatónica, del chamanismo... y podríamos alargar esta lista. La imagen comienza a parecer un debate acerca de si el hierro proviene de Suecia o de Japón.

Podríamos llamar a las ideas Sufis "una psicología", no porque este término describa al Sufismo de forma adecuada, sino porque "sabiduría" no es hoy una palabra popular. Ha de notarse, sin embargo, que debido a que los hacedores de diccionarios no nos comprenden, no se excluye la posibilidad de que las ideas Sufis sí sean comprendidas.

Dentro del problema de las categorías válidas de estudio, vemos que el Sufismo abarca a muchas de ellas. Podemos encontrar material tomado físicamente del Sufismo, ideas que le son características, métodos, relatos, leyendas e incluso poesía de los Sufis en el fenómeno de los Trovadores,[32] en la leyenda suiza de Guillermo Tell,[33] en el culto al "Ángel Pavorreal" del Cercano Oriente,[34] en Gurdjieff y Ouspensky,[35] en Maurice Nicoll, en el sueco Dag Hammarskjöld,[36] en Shakespeare,[37] en la psicología de Kenneth Walker,[38] en los relatos del danés Hans Christian Andersen,[39] en las obras de Sir Richard Burton (él mismo un derviche Qadiri),[40] en una serie de libros de texto para la enseñanza del inglés editados recientemente por la Oxford University Press,[41] en libros contemporáneos para niños,[42] en la religión de las "brujas",[43] en la simbología de los Rosacruces[44] y de los Illuminati,[45] en muchos escolásticos medievales de Occidente,[46] en el culto Bhakti de los hindúes[47] (aunque ya está muy popularizado en Occidente como un sistema hindú tradicional), en los libros secretos de los Ismaelitas,[48] en la organización, nombre y técnicas de algunos de los así llamados Asesinos,[49] en cuentos y técnicas de presunto origen zen japonés,[50] o supuestamente vinculados con el Yoga,[51] en material relacionado con los Caballeros Templarios,[52] en la literatura psicoterapéutica, en Chaucer,[53] Dante Alighieri,[54] y estoy apenas mencionando algunas fuentes casi al azar.

Malentendidos acerca de las ideas y formulaciones Sufis

¿Qué es una idea Sufi, cómo se la expresa y dónde la buscamos?

A muchas ideas las podemos fácilmente identificar como derivadas de los Sufis debido a su contexto o por su atribución explícita en el texto. Pero el problema especial más allá de esto es el hecho de que no hay registro de ningún otro cuerpo de ideas o sistema que haya penetrado tan amplia y profundamente en tantos ámbitos de la vida y del pensamiento de Oriente y Occidente. Ninguna mente ha sido entrenada para esperar tal cosa, excepto la del Sufi, que no necesita el material. En consecuencia recibimos este interrogatorio: ¿Es el Sufismo una serie de cultos chamánicos, una filosofía, una religión, una sociedad secreta, un sistema oculto de entrenamiento, el impulso primario de gamas enteras de literatura y poesía o un sistema militar, un culto de Caballería o acaso uno comercial?

También existen, para cualquier estudiante que ya haya encontrado una variedad aguada, generalizada o parcial de Sufismo, serios problemas para localizar ideas y prácticas Sufis genuinas y relevantes, tanto en Oriente como en Occidente. Hay cientos de personas en Europa y en América que practican "danzas derviches, girando o dando vueltas", no obstante el hecho de que hay un registro específico en la literatura derviche fácilmente accesible,[55] el cual señala que esta práctica fue especialmente "prescrita", debido a razones locales, por Rumi para la gente de la región de Iconium (Konya) en el Asia Menor.[56] De un modo similar, cuando se les dice directamente a aquellos influidos por el "trabajo" o "sistema" occidental que trata de seguir a Gurdjieff y a Ouspensky (y hay muchos miles de ellos) que sus ejercicios y métodos son bien conocidos y aplicados en ciertas escuelas

Sufis, pero que han de ser utilizados de una forma diferente y de un modo más inteligible en concordancia con la comunidad implicada, son – la mayoría de las veces – incapaces de asimilar esta afirmación. En tales casos las ganancias Sufis están comenzando a ser abrumadas por las pérdidas debido a la malinterpretación o al mal uso.

Otro fenómeno que hasta hace poco crecía rápidamente, y que hace uso de algunas ideas y prácticas Sufis, es conocido por miles de occidentales como "Subud". Su procedimiento se basa principalmente en los métodos Naqshbandi-Qadiri,[57] pero en su presentación habitual estos han sido precisamente invertidos. En la reunión Subud llamada *Latihan*,[58] el miembro espera ciertas experiencias, las cuales se creen son el obrar de Dios dentro del adepto. Algunos son afectados ligeramente, otros profundamente y algunos en absoluto. Lo interesante aquí es que la actitud Subud valora la experiencia, y mucha gente que no es afectada o que cesa de percibirla, se aleja. El resto son los incondicionales del movimiento. Pero, según las ideas y la práctica Sufi, son precisamente aquellos que no sienten estados subjetivos, o que alguna vez han sido afectados por ellos y ya no los sienten, quienes acaso sean verdaderos candidatos para la etapa siguiente.[59] Para el Sufi, alguien que no sepa esto se vería como un hombre que está tratando de ejercitar sus músculos pero que cree que los ejercicios no sirven porque ya no siente rigidez en las extremidades. Las ganancias del Subud están compensadas, al menos en parte, por las pérdidas.

Este es el verdadero problema en el intento de estudiar las ideas Sufis originales a través de tales popularizaciones. Como esta inversión ha invocado terminología Sufi, el estudiante quizá no sea capaz de desprenderse de las asociaciones del Subud cuando se aproxime al Sufismo.

Sin embargo hay otro problema, bien característico del Sufismo, que despierta una considerable oposición: este podría enunciarse diciendo que la literatura Sufi contiene material que está muy adelantado a su tiempo. Ciertos libros Sufis, algunos traducidos a idiomas occidentales y por lo tanto de registro verificable, contienen material que parece volverse comprensible únicamente cuando hay "nuevos" descubrimientos psicológicos e incluso técnico-científicos, y estos se hacen conocidos. Una verificación de afirmaciones que alguna vez parecieron bizarras o imposibles se transforman entonces en posibles. Los orientalistas occidentales y otros han notado, por ejemplo, que el afgano Jalaludin Rumi[60] (m. 1273), Hakim Sanai del Jorasán[61] (siglo XIV), el-Ghazali de Persia[62] (m. 1111) e Ibn el-Arabi de España[63] (m. 1240), hablan de estados psicológicos, de teorías psicológicas y de procedimientos psicoterapéuticos que habrían sido incomprensibles para los lectores sin la "infraestructura" contemporánea que últimamente hemos adquirido en Occidente. En consecuencia, estas ideas son llamadas "freudianas" y "jungiana" y así sucesivamente.

La afirmación Sufi de que "el hombre surgió del mar" y que se halla en un estado de evolución que abarca un enorme período de tiempo, pareció ser una extravagancia absurda hasta que los darwinistas del siglo XIX se apropiaron de este material[64] con verdadero deleite.

Abundan las alusiones a las fuerzas contenidas en el átomo,[65] a una "cuarta dimensión",[66] a la relatividad,[67] a los viajes espaciales,[68] a la telepatía, la telekinesia; algunas veces estos son tratados como hechos, otras como resultados de técnicas o como capacidades actuales o futuras del hombre. Los relatos de consciencia precognitiva y otros fenómenos de este tipo han de ser juzgados solo a la luz de conocimientos comparativamente recientes, o que todavía esperan verificación de los científicos convencionales. Hace más de setecientos años, Ibn el-Arabi afirmó que el hombre pensante tenía una edad de 40.000 años, mientras que la ortodoxia judía, la cristiana y la musulmana aún se aferraban a las "fechas" de la Creación en las escrituras, que apenas le atribuyen de cuatro a seis milenios de antigüedad. Algunas investigaciones recientes, no obstante, le dan ahora al hombre "moderno" una edad de 35.000 años.[69]

Algunas de las ridiculizaciones más fuertes a las que han estado sujetos los Sufis, y que aún se mantienen en algunos círculos, se debe a que en sus clásicos han subrayado los peligros de las obsesiones implantadas en la gente, y a que han señalado la naturaleza indeseable del adoctrinamiento y la emoción confundida con los dones espirituales, para horror de los entusiastas religiosos. Es apenas en las últimas décadas que otras personas han llegado a tener un conocimiento mayor que los clérigos.[70]

Aquí también, el especial problema secundario es que, a pesar de que los científicos esperarán, con razón, la verificación de este material, o intentarán investigarlo, los ocultistas crédulos se agolparán alrededor del Sufi que habla de estas cosas como derivados del Sufismo, exigiéndole insistentemente, como si fuera un derecho, el conocimiento mágico, el autodominio, una conciencia superior, los secretos ocultos y todo lo demás.

Para el Sufi, esta gente crédula y a veces desequilibrada puede ser un problema mayor que los escépticos. Los creyentes crean un problema adicional porque, reacios a los conocimientos mágicos fáciles, pueden volverse bastante rápido hacia aquellas organizaciones (bien intencionadas o no) que les parecen capaces de satisfacer esta sed por lo desconocido o lo inusual, o que ofrecen "atajos". No ha de negarse que utilizamos esta frase, aunque siempre con reserva: "Los adeptos han, sin embargo, ideado atajos para lograr un conocimiento de Dios. Hay tantos caminos a Dios como almas (yoes) humanas."[71] Existen varias organizaciones de este tipo en el Reino Unido y Norteamérica. Si les escribes pidiéndoles ejemplos de su literatura, recibirás una publicación en la que se afirma que los Sufis prefieren una dieta vegetariana y que los estudiantes deben "liberarse de prejuicios de casta, color y credo", antes de desarrollar "poderes ocultos".

Otros movimientos, utilizando el nombre Sufi, idealizan a sus fundadores y les dan a sus miembros una especie de ceremonia interreligiosa. Más de uno practica conciertos musicales que presuntamente lanzan al buscador a un éxtasis ventajoso, a pesar del hecho de que en la enseñanza Sufi está ampliamente registrado que la música puede ser nociva[72] y que el punto del Sufismo es lo que se enseña, no el maestro. Las ganancias que aporta la información Sufi son neutralizadas por las pérdidas debidas a una práctica defectuosa y a lecturas prejuiciosas.

La inmigración asiática – árabe (principalmente de Adén y Somalia), india y paquistaní – hacia el Reino Unido introdujo otra forma de "Sufismo". Esta se concentra alrededor de grupos de fanáticos religiosos musulmanes que se reúnen para realizar oraciones-ejercicios comunales, que los estimulan emocionalmente y que a veces tienen un efecto catártico. Sirviéndose de terminología Sufi, y también de una forma de organizarse similar al Sufismo, poseen filiales en muchas ciudades industriales y portuarias del Reino Unido.

Aquí el problema es no solo que muchos de los participantes ahora no serán capaces de estudiar ideas Sufis (dado que creen que ya las conocen), sino que todos – sociólogos, antropólogos o miembros ordinarios del público – no siempre podrán saber que esto no representa al Sufismo, así como el manipular serpientes tampoco representa al cristianismo o el juego del "bingo" a la matemática. Las ganancias, una vez más, están en un nivel bajo: las pérdidas no son menores.

Al igual que sus adoctrinados cofrades a lo largo de todo el mundo musulmán, desde Marruecos hasta Java, estos círculos en realidad están formados a menudo por grupos de fanáticos que utilizan la forma Sufi; algunos son llanamente histéricos; otros, jamás han escuchado acerca de cualquier otra forma de Sufismo.[73] Para ellos, afirmaciones tales como la de Ibn el-Arabi – "Los ángeles son los poderes ocultos en las facultades y órganos del hombre" – serían una absoluta blasfemia... ¡y sin embargo lo reverencian![74]

No es imposible que estas entidades (por medio del puro entusiasmo, la eficiente utilización de dinero y el recurrir a métodos modernos de publicidad masiva) pasen a ser mayoritariamente consideradas por los observadores como verdaderamente Sufis, o representativas de las ideas Sufis. Probablemente sea cierto decir que la religión es un asunto demasiado importante para dejarla a merced de especulativos intelectuales no-expertos o de los clérigos; estos últimos tienden a "embarullar" la actividad devota: esto es un error antiguo. Alguna vez se creyó en Occidente que Ghazali era un teólogo católico de la Edad Media; se mostró que "san Josafat" era Buda; y que el "san Caralambos" de los griegos era nada menos que el maestro derviche Haji Bektash Wali, quien fundó la orden Bektashi.[75] Therapon, el santo cristiano del siglo XV, era el poeta derviche Turabi.[76]

Ya se pueden ver tales acontecimientos en países de Oriente donde los entusiastas, a menudo personajes suficientemente agradables, gritan más fuerte que los Sufis, sosteniendo que sus propias payasadas son el verdadero Sufismo. Esto, a su vez, ha planteado un doloroso y desapercibido problema para muchos occidentales interesados en la herencia Sufi. Ante la aceptación o el rechazo, convencidos de que esto debe de ser Sufismo ya que tanta gente de la localidad así lo considera, muchos de estos estudiantes han reaccionado tanto con repugnancia como con una aceptación total y acrítica. En el Reino Unido, para no hablar de otros países occidentales, hay ejemplos del "síndrome de conversión Sufi", a veces en el caso de personas no insignificantes, listas a lanzarse a publicar sus opiniones para "probar" que este culto, tal como lo han visto entre los extáticos, es algo a ser adoptado en Occidente.[77]

A uno le puede dar una sensación casi extraña al comparar la situación presente con una situación hipotética en una zona subdesarrollada donde han penetrado ideas avanzadas, pero debido a la falta de información exacta y debidamente sistematizada, los nativos las han adoptado de manera superficial o inapropiada. Uno está tentado a pensar en términos del "culto del carguero"[78] entre las comunidades menos avanzadas, cuyos miembros construyeron réplicas de aviones de lata creyendo que así podrían reproducir mágicamente las maravillas del abastecimiento de productos desde los cielos.[79]

Y sin embargo no hay una verdadera carencia de información básica acerca de las ideas Sufis. Hay información, pero gran parte de ella no es estudiada ni asimilada por aquellos que podrían hacerlo. Aquí hay otro problema característico: el problema causado por los lugares en donde aparece el material.

Mucho material sobre el Sufismo y los Sufis, parte del cual es el producto de excelentes observaciones, investigaciones y trabajo de campo en Asia, África y Europa, aparece de vez en cuando en publicaciones de circulación general. Pero debido a que el trabajo no siempre es obra de "especialistas reconocidos" o porque ve la luz del día en medios que no se consideran especializados "en la materia", puede pasar inadvertido.

He aquí algunos ejemplos recientes:

En dos artículos brillantes que aparecieron en *Blackwood's Magazine*[80] en 1961 y 1962, O. M. Burke describió las ideas y las prácticas de los Sufis en Pakistán, Túnez, Marruecos y otras regiones. Delineó las teorías y ejercicios bien conocidos en la práctica Sufi aunque no siempre representados literalmente en su literatura pública. En 1961, un periódico de Delhi[81] publicó un buen informe sobre las creencias y deliberaciones

Sufis en París. En una revista científica especializada apareció, en 1962,[82] una importante colaboración de un médico egipcio en la que delineaba algunas ideas y procedimientos psicoterapéuticos de una comunidad derviche del Asia Central con ramificaciones internacionales. Ninguna parte de este material será usualmente citado en la literatura orientalista; ni siquiera en la ocultista.

Aún parece que no se ha hecho mención alguna de un importante artículo de otro autor que se refiere a la tradición viva y oral de la "enseñanza secreta" en el Medio y Lejano Oriente, el cual fue publicado en *Contemporary Review* en 1960.[83] El deseo de diseminar las ideas y prácticas Sufis (y la manera especial en la cual se hace esto), y también demostraciones simbólicas de ideas Sufis llevadas a cabo en una gran comunidad en el Hindu Kush que tiene filiales en Europa, conforman otro documento de primera clase. Debido a que fue publicado en *Lady*,[84] una revista semanal para mujeres, este artículo podría sin dudas considerarse perdido como material de investigación.[85]

Un decidido corresponsal de *The Times*,[86] en 1964, escribió un relato de ideas y prácticas en Afganistán y sus ramificaciones en el mundo árabe. Parece improbable que este valioso informe llegue alguna vez a formar parte de la literatura formal acerca del Sufismo. Un artículo de la revista *She* en 1963, y otro en 1965,[87] contenían al menos cierto material de interés y algunos hechos que jamás se habían registrado.

Formas de la actividad Sufi

¿Qué más enseñan los Sufis? ¿Cómo lo hacen? ¿Y cuáles son los problemas especiales que plantea este estudio para aquellos que desearían aprender acerca de estas ideas de fuentes fidedignas?

Los Sufis afirman que existe una forma de conocimiento que puede ser alcanzado por el ser humano: un conocimiento de tal naturaleza, que es a la erudición escolástica lo que la adultez es a la infancia. Por ejemplo, el-Ghazali compara: "Un niño no tiene conocimiento real de los logros de un adulto. Un adulto común no puede comprender los logros de un hombre instruido. De la misma manera, el hombre instruido no puede comprender las experiencias de los santos iluminados o Sufis."[88] Este, para empezar, no es un concepto que podría interesarle inmediatamente a un erudito: esto no es un problema nuevo. En el siglo XI, Muhammad el-Ghazali (Algazel), quien salvó a los teólogos musulmanes al interpretar el material islámico de tal manera que venció el ataque de la filosofía griega, informó a los escolásticos que su modalidad de conocimiento era inferior a aquel adquirido por medio de la práctica Sufi. Lo transformaron en su héroe, y sus sucesores aún enseñan sus interpretaciones como Islam ortodoxo, a pesar de haber afirmado que el método académico era insuficiente e inferior al conocimiento real.

Luego vino Rumi, el gran místico y poeta, quien le decía a su público que, como buen anfitrión, les brindaba poesía porque se la solicitaban: proveía lo que era pedido. Pero, continuaba, la poesía es una tontería al ser comparada con cierto desarrollo superior del individuo. Casi siete siglos más tarde aún podía picar a la gente con este tipo de comentario. No hace mucho tiempo, un crítico que trabajaba para un famoso diario británico se ofendió tanto por este pasaje (que encontró en una traducción), que en efecto dijo: "Rumi podrá pensar que la poesía es una tontería. Yo creo que *su* poesía lo es en esta traducción."

Pero las ideas Sufis, al ser expresadas de esta manera, nunca están destinadas a desafiar al hombre sino a proporcionarle apenas una mira más elevada, a mantener su concepción de que quizá pueda existir cierta función de la mente que produjo, por ejemplo, a los gigantes del Sufismo. Es inevitable que los contenciosos colisionen con esta idea. Es debido a la prevalencia de esta reacción que los Sufis dicen que la gente de hecho no *quiere* el conocimiento que el Sufismo afirma ser capaz de impartir: realmente buscan solo sus propias satisfacciones dentro de su propio sistema de pensamiento.[89] Pero el Sufi insiste: "Un instante en presencia de los Amigos (los Sufis) es mejor que cien años de dedicación sincera y obediente" (Rumi).

El Sufismo también asegura que el ser humano puede *volverse* objetivo, y que la objetividad le permite al individuo captar hechos de un orden "superior". Por lo tanto, el ser humano es invitado a tratar de empujar su evolución hacia lo que a veces en Sufismo se llama "intelecto real".[90]

Los Sufis arguyen que, lejos de estar disponible en los libros, una gran parte de esta sabiduría tradicional debe ser comunicada personalmente por medio de una interacción entre el maestro y el discípulo. Demasiada atención sobre la página escrita, insisten, puede incluso ser nocivo. Aquí hay otro problema: pues parecen oponerse al académico, tanto como al miembro de la vasta comunidad de literatos modernos que siente, aunque a veces solo de manera subconsciente, que todo el conocimiento debe sin duda estar disponible en libros.

Sin embargo los Sufis han trabajado arduamente en adaptar la palabra escrita para verbalizar ciertas partes de lo que enseñan. Esto ha conducido al uso de material manipulado y cifrado; no siempre especialmente diseñado para ocultar un significado real, sino destinado a demostrar, una vez descifrado, que lo que en su aspecto externo parecía un poema, un mito o un tratado completo, es susceptible de otra interpretación: una especie de demostración análoga a un efecto caleidoscópico. Y cuando los Sufis dibujan diagramas con propósitos como estos, los imitadores simplemente tienden a copiarlos y a usarlos en su propio nivel de comprensión.[91] Otra técnica Sufi plantea un problema adicional. Muchos pasajes Sufis, aun libros enteros o series de afirmaciones, están diseñados para estimular el pensamiento, a veces incluso por el método de despertar una crítica sana. Demasiado a menudo estos documentos son considerados por los estudiantes literalistas como fieles representaciones de las creencias de sus autores.[92]

Por lo general en Occidente disponemos de muchas traducciones: en su mayoría son interpretaciones literales de una sola faceta de textos multidimensionales. Los estudiantes occidentales saben efectivamente que las dimensiones internas existen, pero aún no las han aplicado en forma alguna a su trabajo. Para ser justos, debe decirse que algunos han admitido que no pueden hacerlo.[93]

Otra idea Sufi, la cual genera un problema que para muchos ha resultado imposible integrar en sus mentes, es la insistencia de que el Sufismo puede enseñarse de muchas maneras. Los Sufis, en breve, no se aferran a ninguna convención.[94] Algunos usan tranquilamente un formato religioso; otros, la poesía romántica; algunos se sirven de chistes, relatos y leyendas; sin embargo otros se basan en formas del arte y en los productos de la artesanía. Ahora bien, un Sufi puede decir por experiencia propia que todas estas presentaciones son legítimas. Pero el ajeno literalista, por más sincero que sea, a menudo exigirá enojosamente que se le diga si estos Sufis (o tal o cual grupo de Sufis) son alquimistas, miembros de gremios, maníacos religiosos, bromistas,[95] científicos o lo que fuere. Este problema, si bien puede ser especial para el Sufismo, no es de ninguna manera nuevo. Los Sufis han sido asesinados judicialmente,[96] expulsados violentamente de sus hogares, sus libros quemados por emplear formulaciones no religiosas o localmente inaceptables. Algunos de los más grandes autores clásicos Sufis fueron acusados de herejía, apostasía e incluso de crímenes políticos. Aún hoy son fuertemente criticados por círculos de todo tipo, no solamente religiosos.[97]

Incluso un examen somero de los presuntos orígenes del Sufismo revelarán que, aunque los Sufis afirman que el Sufismo es una enseñanza esotérica dentro del Islam (con el cual, por lo tanto, se considera completamente compatible), también respalda formulaciones que mucha gente considera como muy diferentes entre sí. Por ende, pese a que la "cadena de trasmisión" de maestros designados se remonta al profeta Muhammad en tal o cual línea de atribución empleada por una escuela o maestro, también se la considera – por las mismas autoridades – como derivada de alguien como Uwais el-Qarni (muerto en el siglo VII), que nunca en su vida conoció a Muhammad.[98] El importante Suhrawardi, junto (aunque mucho antes) con los Rosacruces y otros, afirma específicamente que esta era una forma de sabiduría conocida y practicada por una sucesión de sabios, incluido el misterioso y antiguo Hermes de Egipto.[99] Otro individuo de no menos reputación, Ibn el-Farid (1181-1235), remarca que el Sufismo yace detrás y delante de la sistematización: que "nuestro vino existió antes de lo que llamas *la uva y la vid*" (la escuela y el sistema):

> Bebimos a la mención del Amigo,
> embriagándonos, incluso antes de la creación de la vid.[100]

No cabe duda de que los derviches, aspirantes a Sufis, se han reunido tradicionalmente para estudiar todos los remanentes de esta enseñanza que podían encontrar, aguardando el posible momento en que apareciera un exponente entre ellos e hiciera efectivos los principios y prácticas cuyo significado activo estaba perdido para ellos. Esta teoría puede ser encontrada en Occidente, por supuesto, en la Masonería (con su concepto del "secreto perdido"). La práctica está debidamente confirmada, por ejemplo, en el libro de texto *Awarif-ul-Maarif* y ha sido considerada por aquellos interesados en tales cosas como una indicación de la existencia de una expectación mesiánica característica en el Sufismo. Como quiera que sea (y esto pertenece solo a una "fase preparatoria", no al Sufismo propiamente dicho), hay indicios de gente en Europa y Medio Oriente, cualquiera haya sido su compromiso psicológico o fe, que ha sido de vez en cuando localizada e inspirada en las doctrinas Sufis por maestros (a veces de orígenes misteriosos) que se establecieron entre ellos.

Estas personas han sido llamadas durante siglos como Hombres Universales o Completos (*Insan-i-Kamil*). Tal fue el caso de Rumi y de Shams de Tabriz; de Bahaudin Naqshband* de Bujara (siglo XIV); de Ibn el-Arabi, que enseñaba mediante la religión, personajes de la antigüedad y la poesía amorosa; y de muchos otros menos conocidos en la literatura occidental.

El problema aquí para el estudiante no radica en saber si esta forma de acción "irracional" o revivificación de una tradición tuvo lugar o no, sino más bien en la dificultad psicológica de aceptar que tal gente realmente tenga una función especial para "reunir las gotas de mercurio" o para "reactivar, despertar la corriente interior en el hombre".

Pero ni siquiera hemos empezado a enumerar los campos en que los Sufis y las entidades que se sabe fueron creadas por ellos (siendo estas últimas una minoría del número real,

---

* Incorrecta mas frecuentemente escrito "Naqshiband"

porque el Sufismo es acción, no institución) han desarrollado formas de acción social, filosófica y de otros tipos en el último milenio. Personajes en apariencia tan diversos como el sincero Rumi, el santo Chishti, Hallaj el "ebrio de Dios"[101] y los estadistas de los Mujaddids han trabajado durante siglos para aumentar la reunificación real de comunidades que aparentaban estar distanciadas de modo irreversible.

A manera de pago por sus esfuerzos, y nuevamente evaluados por los estándares inadecuados y a menudo inexactos de sus comentaristas, ellos han sido acusados de ser en secreto cristianos, judíos, hindúes, apóstatas y adoradores del sol. Cuando los Bektashis usaron el número doce y dieron, al igual que Arabi y Rumi, un lugar importante en sus enseñanzas a los mitos cristianos, se supuso (y todavía se supone) que se estaban aprovechando de la abundancia local de cristianos sin liderazgo eficaz. La validez de esta acusación aguarda la verificación de la respuesta Sufi: el cristianismo, así como muchas otras formulaciones, contiene una valiosa porción de percepciones profundas que, en condiciones adecuadas, pueden aplicarse al hombre.

Los seguidores de Haji Bektash (m. 1337) eran y aún son considerados inmorales en algunos lugares simplemente por su costumbre de admitir mujeres en sus reuniones. Nadie podía, ni quería, comprenderlos cuando decían que era necesario enmendar el equilibrio social de una sociedad basada en la supremacía masculina. La "reivindicación social de la mujer" simplemente sonaba, hasta que recientemente se volvió un objetivo "respetable", como una frase para encubrir orgías.

Ninguna persona importante, incluso en el siglo XIX y principios del XX, se molestó en observar la afirmación hecha por hombres tales como el distinguido Sufi y sabio turco Zia Gökalp,[102] acerca de que los escritores Sufis delinearon y aplicaron desde hace siglos teorías que más tarde se identificaron con los nombres de Berkeley, Kant, Foullée, Gruyeau, Nietzsche y William James.

Esto nos lleva a otra importante predicción Sufi; una que causa desconcierto – incluso ira – en ciertos tipos de persona, pero que sin embargo debe ser afrontada. Es la afirmación de que cuando la actividad Súfica se concentra en un punto o en una comunidad de una manera muy activa y "real" (no imitativa), lo hace únicamente durante un tiempo limitado y con finalidades claras. Esta afirmación desagrada al tipo de persona que dice "lo quiero aquí y ahora, o nada". Dicho de otro modo, la idea es que ninguna sociedad jamás es completa, como tampoco sus necesidades son exactamente iguales a las de otras sociedades. Ningún Sufi establece una institución con la intención de que perdure. La forma externa por medio de la cual imparte sus ideas, es un vehículo efímero diseñado para funcionamiento local. Aquello que es perpetuo, dice, está en otro plano.

Dificultades en la comprensión de materiales Sufis

En esta era de insidiosa institucionalización, plantear este punto eficazmente es más difícil que nunca. Sin embargo, hace mil años en Egipto, el derviche errante Niffari en su aún influyente libro clásico, el *Muwaqif* ("Stops"), acentuó enérgicamente el peligro de confundir el vehículo con el objetivo.

Estrechamente vinculado a este problema está el de la guía o maestrazgo. El maestro Sufi es un conductor, un instructor: no un dios. El culto a la personalidad está prohibido en el Sufismo.[103] Por eso Rumi dice: "No repares en mi forma exterior, mas toma lo que hay en mi mano"; y Gurgani: "Mi humildad, la que tú mencionas, no está ahí para impresionarte. Está ahí por sus propias razones."[104] Pero tal es la atracción de la personalidad para la gente común, que los sucesores de los maestros Sufis han tendido a producir, más que una aplicación viva de los principios enseñados, hagiografías y sistemas estrafalarios y deficientes. El tema de la naturaleza provisional de la "envoltura" es convenientemente olvidado; por ende la constante necesidad de un nuevo ejemplar.

Un problema adicional para el estudiante que no es consciente de la situación previamente citada, es la existencia de lo que se ha denominado "biografías ilustrativas". Estas contienen material diseñado para ser estudiado y producir ciertos efectos, así como también los mitos pueden contener hechos dramatizados. Con el paso del tiempo sobreviven a su propia utilidad y son considerados como mentiras o registros de verdades literales. ¿Dónde está el historiador que deliberadamente renunciará a tal material de referencia? De ahí que, por ejemplo, debido a que en una biografía de Maulana Jalaludin Rumi[105] se afirma que pasaba mucho tiempo en su baño turco, los buscadores de una consciencia superior y aspirantes a iluminados han ocasionalmente dado semejante importancia a este reporte que construyeron y frecuentaron sus propios baños de vapor. Ellos, a su vez, tienen sus propios imitadores…

Aquellos que recuerden las canciones infantiles inglesas acaso puedan captar un aspecto del estudio Sufi, pensando en el infortunado Humpty-Dumpty. Al igual que Humpty, las ideas Sufis han tenido una gran caída: cuando fueron adoptadas en su nivel más bajo. En consecuencia, han caído en toda clase de lugares extraños. Mirando a los trozos de Humpty, podríamos llamar a los emocionalistas y a los escolásticos convencionales "los caballos del rey" y "los hombres del rey" de la canción infantil. Al igual que ellos, hay una cierta inevitabilidad acerca de su incapacidad para lidiar con el problema. Un hombre y un caballo – o cualquier cantidad de ellos – que pertenezcan a un rey o a quien fuera, son apenas apropiados para determinadas tareas, y no más. Hay algo que falta, al igual que en la canción infantil; y, a no ser que sean Sufis o se empleen métodos Súficos, ya no podrán "volver a armar a Humpty". Tienen los caballos y tienen los hombres, pero les falta el vehículo: el conocimiento.

Si las ideas Sufis, tal como son expresadas en los libros y entre las comunidades preparatorias o "huérfanas", y a las cuales les dan forma las enseñanzas y la existencia de un ejemplar humano, están de hecho diseñadas para producir una forma de funcionamiento de la mente más valiosa que el pensamiento mecánico, el estudiante podría argüir que tiene derecho a saber acerca del resultado. Quizá espere encontrar a los Sufis desempeñando un papel invariablemente significativo e incluso decisivo en los asuntos humanos. Aunque el Sufi no acepte que busca la aclamación pública (la mayoría de ellos le huyen) y que no está ansioso de convertirse en una especie de Albert Schweitzer-Napoleón-Einstein, hay no obstante una evidencia masiva de la poderosa herencia Sufi. Más sorprendente que eso, para quienes intentan etiquetar y limitar el Sufismo como un simple culto de tal o cual tipo, es la extensión y la variedad del impacto Sufi, dejando de lado la afirmación Sufi de que sus más grandes figuras son casi siempre anónimas.

Durante los períodos de gobierno principalmente monárquico a lo largo del milenio pasado, los Sufis en Oriente han sido reyes o los han apoyado como sus consejeros. Al mismo tiempo, bajo otras condiciones los Sufis han trabajado en contra de la institución misma de la monarquía o han tratado de mitigar sus abusos. Los nombres de muchos de estos hombres y mujeres son bien conocidos. El mogol Dara Shikoh de la India trató de establecer un puente esotérico entre sus súbditos hindúes, musulmanes y otros.[106] Los patriotas Sufis lucharon contra tiranos extranjeros, así como también los soldados Sufis combatieron por la conservación de estados existentes, a veces en gran escala, como los jenízaros de Turquía inspirados por los Sufis; Shamyl, el jefe de la resistencia del Cáucaso; los Senussi de Libia o los derviches del Sudán. Casi toda la literatura de Persia del período clásico es Súfica, como también lo son innumerables trabajos científicos, psicológicos e históricos.

Las citas recién hechas son una cuestión de registro histórico y podrían ampliarse enormemente en rango y número.

Mientras que las investigaciones fragmentarias de eruditos comprometidos, de las cuales me he servido a menudo en esta disertación, tienen inestimable valor en la preservación de los hechos, todo lo que le queda hacer al nuevo espíritu de aprendizaje es reunir y recopilar el alcance y el valor de la actividad Sufi en la sociedad humana; de esta forma podremos preservar las ganancias y reducir las pérdidas.

Tales estudiantes – y aquí hay otro problema – además de ser menos propensos al adoctrinamiento que sus predecesores, deberían tener en cuenta la afirmación de los Sufis mismos cuando dicen: "El Sufismo debe estudiarse con una cierta actitud, bajo ciertas condiciones y de cierta manera."[107]

Mucha gente, en demasiados casos irreflexivamente, se ha rebelado contra esta máxima. ¿Pero es, después de todo, tan diferente a decir: "La economía debe estudiarse con cierta actitud (el deseo de comprender), bajo ciertas condiciones (la disciplina del escolasticismo y los libros correctos) y de cierta manera (siguiendo un programa ideado por aquellos que conocen bien la materia)"?

El estudio del Sufismo no puede abordarse, por ejemplo, desde el único punto de vista de que es un sistema místico diseñado para producir el éxtasis y basado en conceptos teológicos. Tal como declara un poema Sufi escrito por Omar Khayyam:[108]

> En celda y claustro, en monasterio y sinagoga;
> aquí uno le teme al infierno, otro sueña con el
>   Paraíso.
> Mas aquel que conoce los verdaderos secretos de
>   su Dios
> no ha sembrado tales semillas dentro de su
>   corazón.

Parece improbable que haya un gran progreso hacia la comprensión generalizada de las ideas Sufis hasta que más catedráticos hagan uso de métodos interpretativos Sufis. Si no lo hacen, seguirán derrochando esfuerzos en fenómenos secundarios. Esto, a su vez, plantea un problema especial para el Sufi mismo. Según ha dicho Ibn el-Arabi: "El Sufi debe actuar y hablar de un modo que tome en consideración la comprensión, las limitaciones y los prejuicios ocultos dominantes de su público."[109]

El estudio correcto de las ideas Sufis depende del suministro y uso apropiado de la literatura, y también del contacto con el instructor Sufi.

En lo que respecta al suministro de la literatura, quizá el tiempo vuelva todo a la normalidad, aunque dos experiencias recientes indican que las pérdidas, una vez más, pueden ser graves.

Uno de mis libros fue criticado por un eminente erudito y experto en Sufismo del Medio Oriente, aduciendo que el Mulá Nasrudin, el bromista, no fue una figura de instrucción Sufi. En aquel entonces él no sabía, y acaso aún no sepa, que en ese momento un estudiante europeo estaba de hecho viviendo en una comunidad derviche en Pakistán que utilizaba exclusivamente al Mulá Nasrudin, y nada más, como material instructivo. Un informe sobre estos estudios fue publicado recientemente en una revista inglesa de religión.[110]

Pero el solo agregar información sobre el Sufismo no es suficiente. Hace poco, cuando inocentemente le consulté a un intelectual occidental que engaché en una isla griega acerca de mis planes de vacaciones, me respondió de muy mala manera. Blandiendo un ejemplar de uno de mis libros, dijo: "Estás perdiendo el tiempo pensando en unas vacaciones, y estás tratando de hacerle perder el tiempo a un hombre que está leyendo este libro... ¡que es algo más importante que todas sus vacaciones!"

No debemos confundir a quienes creen estar interesados en el Sufismo, o a quienes piensan que son Sufis, con aquellos que realmente pueden estudiar el Sufismo y beneficiarse de él. El Sufismo siempre ha sido algo que no puede juzgarse a través del estudio de quienes pretenden ser sus amigos.

El estudio efectivo del Sufismo hoy, sobre todo en Occidente donde el interés en él es notablemente generalizado, requiere lo siguiente del aspirante a discípulo:

1. Comprender que la mayoría de las traducciones disponibles son inadecuadas. Esto se debe principalmente a que los originales fueron destinados para comunidades específicas y para públicos y culturas locales, las cuales hoy no conservan la forma de antaño.

2. Buscar materiales de autoridad tanto orales y escritos, y actividades diseñadas por Sufis para operar en la cultura, época y demás circunstancias del propio estudiante.

3. Reconocer que todas las organizaciones, excepto las genuinamente Súficas, son siempre instrumentos condicionantes, sea de forma consciente o no.

4. Estar preparado para abandonar los preconceptos acerca de lo que constituye el "estudio". Tener buena

disposición para estudiar asuntos y materiales que pueden parecer no "esotéricos".

5. Decidir si su búsqueda es o no: una forma disfrazada de lograr una especie de integración social; una manifestación de mera curiosidad; un deseo de estímulos emocionales o satisfacción.

6. Dar crédito, aunque sea como hipótesis de trabajo, a la posibilidad de que existe una fuente consciente, eficiente y deliberada de enseñanza Súfica legítima que actualmente está operando en Occidente.

Este libro tiene la intención de ilustrar, para el lector común, algo de la riqueza y amplitud de las ideas Sufis.

Sus materiales también han sido elegidos y son presentados como aplicables a la gente de la cultura contemporánea, ofreciendo un curso de estudio introductorio.

Notas y bibliografía

Donde fue posible, se citaron trabajos europeos, americanos y otros que son relativamente accesibles. Todas las fechas se expresan en cifras de la era cristiana.

1 Thöluck, F. A. G. *Sufismus sive Theosophia Persarum pantheistica*, Berlín, 1821 (en latín).

2 Los rituales, palabras, términos, etc. de los masones pueden por lo general ser "decodificados" empleando sistemas Sufis. Para ejemplos y referencias véase mi obra *The Sufis* (Nueva York, 1964; Londres, 1966), págs. XIX, 50, 178, 179, 182, 183, 184, 186, 188. Según la tradición (véase Brown, J. P., *The Dervishes*, Londres, 1927, pág. 229), los masones Sufis tienen autorización de la Gran Logia de Tiberíades cuyos miembros se refugiaron allí a partir de la destrucción de Jerusalén. Llegaron a ser ampliamente conocidos en el Cercano Oriente por medio de Zounoun (Dhun-Nun, muerto en 860).

3 Según el poeta y maestro Sufi del siglo XV, Jami, (en su *Nahfat el-Uns*). El Sheikh Suhrawardi data la palabra en el siglo IX, y esta no se había establecido lo suficiente como para aparecer en los diccionarios de una época comparativamente tan temprana. El Imán Qushairi, en su *Rasail*, ubica la aparición de la palabra alrededor del año 822. Los primeros Sufis usaban muchos nombres, incluyendo "Los Afines", "Los Reclusos", "Los Virtuosos" y "Los Cercanos".

4 Por ejemplo, en Ibn Masarra de Córdoba (España, 883-931). Para la influencia Súfica en Europa véase Garcin de

Tassy, introducción al *Mantic-Uttair* ("El parlamento de los pájaros"), París, 1864.

5 *Suf* = lana. Los externalistas de Oriente y Occidente han adoptado a menudo esta etimología, que por lo tanto aparece con frecuencia en libros de referencia como la derivación.

6 "La lana es el atuendo de los animales" (As-Suf libas al-Inam). Cita arábiga de Hujwiri (*La revelación de lo velado*), véase *Islamic Sufism*, del Sirdar Ikbal Ali Shah, Londres, 1933, pág. 17.

7 Estas y otras derivaciones han sido utilizadas por los Sufis mismos, explicando que "banco" no es la palabra original sino la equivalencia más aproximada que los Compañeros pudieron encontrar de la palabra que utilizaban para denominarse a sí mismos.

8 Funciones superiores de la mente: por ejemplo, cf. la copla persa: "Ba Murshid beshudi Insan/Be Murshid mandi Haiwan" (Con un Guía puede que te transformes en un verdadero hombre; sin él, seguirás siendo un animal); y Rumi: "De un reino a otro el hombre fue, alcanzando su actual estado robusto, racional y conocedor... olvidando formas anteriores de inteligencia. Entonces, también, pasará más allá de las formas actuales de percepción ... Existen otras mil formas de la Mente..." y "El grado de necesidad determina el desarrollo de órganos en el hombre: por lo tanto, incrementa tu necesidad." (*Coplas de significado interior, Mathnavi-i-Maanavi.*)

9 *Enciclopedia Judía*, vol. XI, págs. 579, 580, 581 y sig. Entre los sabios judíos considerados por los académicos occidentales como seguidores de las escuelas Sufis de España, están: Juda Halevi de Toledo, en su *Cuzari*; Moses ben Ezra de Granada; Josef ben Zadiq de Córdoba, en su *Microcosmus*; Samuel ben Tibbón; Simtob ben Falaquera.

10 La identidad de las ideas Sufis con las antiguas escuelas Egipcia, Pitagórica y Platónica fue señalada por M. A. Ubicini (Londres, 1856). *Letters on Turkey.*

11 Véase Thöluck, op. cit. Este libro apareció diez años antes del nacimiento de Mme. Blavatsky, y nueve años antes del nacimiento del Coronel Olcott, co-fundador de la Sociedad Teosófica.

12 R. A. Nicholson, *The Mystics of Islam* (Londres, 1914, págs. 3 y 4). Al profesor Nicholson se lo creyó en su época una gran autoridad sobre el Sufismo, y publicó varios libros y traducciones útiles. "Nicholson fue la mayor autoridad en misticismo islámico que este país ha producido, y en su propio considerable campo fue la autoridad suprema en el mundo." (*The Times*, agosto 27, 1945).

13 R. A. Nicholson (traductor), *The Kashf al-Mahjub* ("Revelación de lo velado"), (Londres, 1911), pág. 34.

14 Cyprian Rice, *The Persian Sufis* (Londres, 1964, pág. 9). El creciente interés de los católicos romanos por el Sufismo, el cual se ha mostrado que tuvo un significativo efecto sobre los místicos y académicos católicos, se ha evidenciado recientemente por el hecho de que este libro recibió el *Nihil Obstat* y el *Imprimatur* de las autoridades dominicanas y diocesanas de Roma. Su autor cree que el futuro propósito del Sufismo será "hacer posible la soldadura del pensamiento religioso entre Oriente y Occidente, una vital combinación y comprensión ecuménica que finalmente demostrará ser, en el sentido más verdadero, tanto para Oriente como para Occidente, un retorno a los orígenes, a la unidad original". (Ibid, pág. 10).

15 Resumido en la frase del antiguo Sufi Abdul-Aziz Mekki (m. 652) como: "Ofrece ensalada a un asno, y te preguntará qué clase de cardo es."

16 *The Sufis* (Nueva York, 1964; Londres, 1969).

17 Asín y Palacios M., "Un precursor hispanomusulmán de San Juan de la Cruz", *Andalus*, I, 1933, pág. 7. Y véase Nwyia, P., "Ibn Abbad de Ronda et Jean de la Croix", *Andalus*, XXII, 1957, pág. 113.

18 Asín. "El símil de los Castillos y moradas del alma en la mística islámica y en Santa Teresa", *Andalus*, II, 1946, pág. 263.

19 Shah, *The Sufis*, pág. 239, y Barón Carra de Vaux en *Journal Asiatique*, XIX, pág. 63. El franciscano Roger Bacon (m. 1294), vestido con atuendo árabe, pronunció conferencias en Oxford citando el *Hikmat el-Ishraq* (*Sabiduría de la iluminación*) identificado con la escuela Sufi del Sheik Shahabudin Yahya Suhrawardi, ejecutado en 1191 por apostasía y por practicar la "filosofía antigua". Respecto de la relación entre los franciscanos y el Sufismo, véase *The Sufis*.

20 Shah, *The Sufis*, págs. XVI, 155, 191, 194, 196, 199, 202, 203, 204, 243, 370.

21 Asín, *Abenmasarra*, y Shah, *The Sufis*, págs. xvii, XIX, 42, 140, 203-5, 243, 244, 246, 247, 261, 370, 388, 389; Ribera, J. *Orígenes de la filosofía de Raimundo Lulio*.

22 C. F. Loehlin, "Sufism and Sikhism", *Moslem World*, XXIX, pág. 351, 1939, y véase Shah, *The Sufis*, pág. 358.

23 C. Swan, *Gesta Romanorum*, Londres, 1829, etc. El primer manuscrito occidental conocido de esta colección data de 1324. Sus relatos son la fuente de las obras de Shakespeare: *El rey Lear*, *El mercader de Venecia*, *Pericles*, *La violación de Lucrecia*. Chaucer, Lydgate y Boccaccio incluyeron material de esta fuente.

24 Auguste Barth, *Religions of India*; Dr. Tara Chand, *The Cultural History of India*, Hyderabad, 1958, pág. 153, y Shah, *The Sufis*, pág. 356.

25 Véase Shah, *The Secret Lore of Magic*, Londres, 1957, 1963, 1965 y Nueva York, 1958. Para la actitud Sufi frente a la magia véase *The Sufis*, págs. 326 y Shah, *Destination Mecca*, Londres, 1957, pág. 169. Para las facultades sobrenaturales que ejercen los Sufis véase J. P. Brown, *The Dervishes*, Londres, 1867 (y 1927, ed. de Rose); L. M. J. Garnett, *Mysticism and Magic in Turkey*, Londres, 1912; S. A. Salik, *The Saint of Gilan*, Lahore, 1953 y 1961; J. A. Subhan, *Sufism, its Saints and Shrines*, Lucknow. 1939.

26 El método psicológico de Freud para interpretar símbolos se emplea en la obra Sufi *Niche*, de el-Ghazali, 900 años antes de Freud. Véase (s. v. Symbolism) en la traducción de *The Niche* realizada por Gairdner, (Royal Asiatic Society, Londres, 1924). La "teoría jungiana del arquetipo" era conocida por los Sufis en tiempos remotos: véase R. Landau, *The Philosophy of Ibn el-Arabi*, Nueva York, 1959, pág. 4. La deuda de Freud con el cabalismo y el misticismo judío, que las autoridades judías consideran derivados del Sufismo o idénticos a él, se expone en la obra del profesor David Bakan, *Sigmund Freud and the jewish Mystical Tradition*, Nueva York, 1958.

27 Ciertos críticos y otros, ignorantes del hecho de que los libros Sufis raramente tienen índices (para que el lector lea el libro en su totalidad), deploraron su falta en *The Sufis*. La Coombe Springs Press publicó un índice independiente para *The Sufis* en 1965.

28 E. W. F. Tomlin, F.R.A.S., *Great Philosophers of the East*, Londres, 1959, pág. 295.

29 *Great Philosophers of the West*.

30 Londres, 1959 y 1960.

31 Algunas opiniones de expertos sobre los 'orígenes' del Sufismo: "La influencia del misticismo cristiano es

primordial" (Tomlin, *Great Philosophers of the East*, Londres, pág. 295); "Una reacción frente a las cargas de un monoteísmo seco, de una ley rígida y de un ritual endurecido" (Rev. Dr. Sell, *Sufism*, Madrás, 1910, pág. 11); "... habiéndose originado en las concepciones religiosas de la India y Grecia" (Brown, J. P. op. cit., pág. v.); "parecen ser una especie de gnósticos" (Redhouse, J. W., *The Mesnevi*, Londres, 1881, pág. XIV); "[...] el carácter emocional del Sufismo, tan diferente de las teorías frías e inertes de las filosofías hindúes, es evidente" (E. G. Browne, *A Literary History of Persia*, Londres, 1909, pág. 442); "una pequeña secta persa" (Hadland Davis, F., *The Persian Mystics: Jalaludin Rumi*, Londres, 1907, pág. 1); "gran perversión de la enseñanza de Muhammad" (Srta. G. L. Bell, *Poems from the Divan of Hafiz*, Londres, 1928, pág. 51); "derivado en parte de Platón, 'el Moisés ático', pero principalmente del cristianismo" (E.H Whinfield, *Masnavi I ma'navi: the Spiritual Couplets*, Londres, 1887, pág. XV); "Los orientalistas... han de hecho atribuido los orígenes del Sufismo a fuentes persas, hindúes, neoplatónicas y cristianas. Pero estas distintas atribuciones han terminado por cancelarse unas a otras" (T. Burckhardt, *An Introduction to Sufi doctrine*, Lahore, 1959, pág. 5).

32 Nicholson, R. A., Selecciones del *Diwan-i-Shams-i-Tabriz*, Cambrigde, 1898 y 1952, págs. xxxvi. El profesor Edward Palmer registró para los estudiantes occidentales el hecho de que *mutrib*, el equivalente árabe de trovador, también significa "maestro Sufi" (*Oriental Mysticism*, pág. 80). El profesor Hitti es todavía más explícito: "En la Francia meridional los primeros poetas provenzales aparecen en todo su esplendor, hacia fines del siglo XI, con un palpitante amor expresado con una abundancia de imaginería fantástica. Los trovadores (*tarab*: música,

canción) que florecieron en el siglo XII, imitaron a sus contemporáneos del sur, los cantores *zajal*. Siguiendo el precedente árabe, el culto de la dama surge de pronto en el sudoeste europeo. La *Chanson de Roland*, el monumento más noble de la temprana literatura europea cuya aparición antes del año 1080 señala el comienzo de una nueva civilización – la de Europa occidental –, así como los poemas homéricos señalan el comienzo de la Grecia histórica, debe su existencia a un contacto militar con la España musulmana." (Hitti, P. K., *History of the Arabs*, edi. 1951, pág. 562).

33 La versión inglesa más accesible de la obra de Attar *Parliament of the Birds*, es la de 1954, traducida por C. S. Nott de una copia francesa y reeditada en 1961 en Londres. El Rev. Baring-Gould había demostrado en la época victoriana que la leyenda de Tell carecía de respaldo histórico. El *Diccionario de Fechas* de Hadyn, dice: "Las historias populares sobre él resultaron ser míticas, según lo demostró el profesor Kopf de Lucerna, 1872." (s.v. "Tell").

34 El culto del Ángel Pavorreal: fundado por el maestro Sufi Sheikh Adi ben Musafir (m. 1162). Se puede encontrar un capítulo sobre esta sociedad en el libro de Arkon Daraul, *Secret Societies* (Capítulo 15), Londres, 1961 y 1965, editado en Nueva York en 1961 con el título *A History of Secret Societies*. La simbología del culto se devela aplicando el sistema de "notación Abjad" que emplean los Sufis, descrito en Shah *The Sufis*, y utilizado ampliamente por poetas y Sufis. Véase también la Nota 93.

35 G. I. Gurdjieff dejó abundantes indicios de los orígenes Sufis de prácticamente todos los puntos de su 'sistema', aunque obviamente pertenece más específicamente a la forma Khajagan (Naqshbandi) de la enseñanza

derviche. Además de las prácticas del "trabajo", libros como *Beelzebub*, de Gurdjieff (también conocido como *All and Everything*, Nueva York, 1950, 1.238 páginas) y *Meetings with Remarkable Men*, del mismo autor, segunda impresión, 1963, abundan en referencias, a menudo semiencubiertas, al sistema Sufi. También cita por su nombre a los Naqshbandis, Kubravis y otros Sufis, en su "prospecto" *The Echo of Champs Elysées*, I, 37, parte 2, París 13-25 dic. 1923) cita como fuentes *interalia*, las prácticas derviches de los Naqshbandi, Qadiri, Qalandar, Kubravi y Mevlevi. Las obras de Maurice Nicoll *Psychological Commentaries* (Londres, 1952, 1953, 1957) y *The New Man* (Londres, 1950) abundan en ejemplos de métodos Sufis usados para interpretar documentos religiosos y de otra índole. Estas obras se apartan de la usanza Sufi por tratar los temas al azar y por ser dirigidos a una comunidad de estudiantes "accidental" en vez de a una seleccionada.

Con respecto a P. D. Ouspensky: principalmente mediante su contacto con G. I. Gurdjieff, este filósofo ruso menciona a los Sufis como una fuente de psicología antigua, por ejemplo, en *The Psychology of Man's Possible Evolution*, Londres, 1951, pág. 7. Ouspensky, sin embargo, no tuvo contacto directo con los derviches y no pudo efectuar la transposición necesaria de las ideas Súficas de sus fuentes en la literatura oriental y otras, a la terminología que utiliza en su "sistema". Si lo hubiera podido hacer, se habría dado cuenta de que su "sistema" había ignorado el requisito Sufi de "tiempo, lugar y cierta gente". Trata de sistematizar el material de Gurdjieff en *In Search of the Miraculous*, Londres, 1950, 1955, 1957, 1964, donde registra conversaciones con Gurdjieff. Tanto los Sufis Naqshbandi como los continuadores de Gurdjieff y Ouspensky, llaman a sus estudios "El Cuarto Camino". (Véase *The Fourth Way*, Ouspensky, Londres, 1957).

36 *Hammarskjöld y los Sufis:* Jalaludin Rumi es literalmente citado por él (*Markings*, Londres, 1964, pág. 95 y sigs.), y véase también (*Reader's Digest* citando a *Dagens Nyheter*, Estocolmo, 1962) su copia del poema Sufi traducido por sir William Jones (1746-94):

> Sobre rodillas paternas, un recién nacido desnudo;
> tú llorabas sentado mientras alrededor todos sonreían.
> Vive de tal forma que sumido en tu último y largo sueño,
> calmo puedas sonreír mientras alrededor todos lloran.

37 Las obras de Shakespeare no solo contienen muchas historias de origen persa, árabe y de otros lugares de Oriente, sino también lo que parecerían ser citas casi literales de la literatura Sufi. El profesor Nicholson notó uno o dos equivalentes en el *Diwan-i-Shams-i-Tabriz* en su traducción de ese libro (véase nota 32, arriba), en las págs. 290 y 291 (*et passim*). Véase también Garcin de Tassy, *Philosophical and Religious Poetry of the Persians*, París, 1864.

38 El profesor Kenneth Walker, (*Diagnosis of Man*, Londres, 1962), cita el uso que hace la escuela Sufi de Sanai-Rumi de la leyenda del "Elefante en la Oscuridad", para mostrar cómo el hombre moderno puede manosear partes de un problema en vez de centrarse en el corazón del mismo. Walker sigue a Gurdjieff; véase su *Study of Gurdjieff's Teaching*, (Londres, 1957).

39 Como "El cuento del patito feo"; véase Shah, *The Sufis*.

40 F. Hitchman, *Burton*, I, pág. 286.

41 Por L. A. Hill.

42 Por ejemplo, Saxe, J. G., *The Blind Men and the Elephant*, Londres, 1964, y C. Downing, (trad.), *Tales of the Hodja*, (Londres 1964).

43 Shah, *The Sufis*, págs. 208 y sigs. a 243. Orígenes orientales de las 'brujas': véase Bracelin, J. L., *Gerald Gardner -Witch*, Londres, 1960, pág. 75. y A. Daraul, *Witches and Sorcerers*, Nueva York, 1966, págs. 20, 23, 24, 73, 204.

44 Véase Shah, *The Sufis*, págs. 187, 191, 223, 389, y Daraul, A., *Secret Societies*, (Londres, 1961). Los Rosacruces afirman que su fundador trajo su conocimiento de Arabia, Fez y Egipto. Sus orígenes han sido rastreados por Daraul (A. Daraul, op. cit, pág. 195) hasta la Orden Sufi Qadiri.

45 Daraul, A., *Secret Societies*, Cap. 22; Jurji. E. J., *The Illuministic Sufis*, JAOS 57, págs. 90, 1937; y Brown, *The Dervishes*, Londres, 1868.

46 Véase Shah, *The Sufis*, para referencias sobre la influencia de el-Ghazali y otros sobre Europa occidental. La mayoría de los libros sobre el escolasticismo medieval y la historia de su pensamiento contienen referencias a esta fuente. Véase P. Hitti, *History of the Arabs* (nota 29, arriba), y G. Leff, *Mediaeval Thought*, Londres, 1953.

47 Leff (Ibid.); y O. B. Kapor, *Research Thesis on the Mystic Philosophy of Kabir* (Allahabad University Studies, 10, pág. 166, 1933).

48 Ivanow, W., *The Truth Worshippers of Kurdistan*, Leiden, 1953, págs. 57 a 68, *et passim*.

49 Las personas que llegaron ser conocidas como los Asesinos fueron una organización Sufi denominada originalmente *Asasin* ('Gente de la Fundación, los Fundamentales'), una rama de la cual se apoderó Hasan hijo de Saba, conocido como el Gran Asesino o el Viejo de las Montañas, en el siglo X de la era Cristiana.

Este nombre es una traducción errónea de su titulo usurpado, *Sheik el-Jabal* (Maestro de las Montañas), equivocadamente interpretado por los occidentales como su significado alternativo (Sheikh) de 'Senex del Monte', como lo llamaban los Cruzados. Se dice que los 'Aga Khanes' descienden de este mismo Hasan. Otro líder rival del culto está en Bombay. Sin embargo, la 'orden' original, continúa independientemente. Véase Sirdar Ikbal Ali Shah, "The General Principles of Sufism" (*Hibbert Journal*, vol. 20) (1921-22), págs. 523 a 535. En Occidente se ha creado una gran confusión debido a la traducción literal de los significados de los nombres árabes. En consecuencia, por ejemplo, mientras que "Algazel" parece ser el-Ghazali, no todos reconocen que "Doctor Maximus" ("El Más Grande Maestro") es el-Sheik el-Akbar (Ibn el-Arabi); ni a "Basil Valentine" ("El Rey Triunfante") como el-Malik el-Fatih, el alquimista; ni tampoco el pasaje contra las brujas *Errores Gaziorum*, como 'Ghulat aljazair' ("Sectas de Argelia").

50 Shah, *The Sufis*, pág. 309, 362-4.

51 Ibídem, pág. 309. Los materiales Yoga y Zen tienden en la actualidad a ignorar los requisitos especiales acerca de la elección del discípulo y el tipo de maestro.

52 Templarios, ibídem, págs. XIV, XIX, 225-7, 399.

53 Chaucer, ibídem, págs. XXII, 50, 104, 106, 115, 163, 166, 223, 393.

54 Prof. M. Asín Palacios: *Islam and the Divine Comedy* (Ibn el-Arabi, 1165-1240), traducido por H. Sunderland, (Londres, 1926), *La escatología musulmana en la Divina Comedia*, (Madrid, 1961).

55 Véase, por ejemplo Shamsudin Ahmad el-Aflaki, *Munaqib el-Arifin*: traducido por Redhouse como *The Acts of Adepts*, (Londres, 1881); reimpreso en facsímil,

editado por editorial Kingston como *Legends of the Sufis* (Londres 1965). Véase también el-Ghazali, *Alchemy of Happiness.*

56 Rumi (1207-73) nació en Balkh, Afganistán, y murió en Konia (Iconium), Turquía, donde en la actualidad la "danza de los derviches" está prohibida en público excepto como espectáculo turístico.

57 Abdul-Qadir de Gilán ("Sultán de los Amigos"), (1077-1166); Hadrat Bahaudin Naqshband (el-Shah), (1318-1389).

58 El "Subud" fue fundado por un indonesio, Muhammad Subuh, en 1934. Se sabe que la práctica indiscriminada del ejercicio *Latihan* da lugar a una condición hoy conocida en la literatura médica "como psicosis del Subud".

59 "La verdad viene después de los 'estados' y del éxtasis, y ocupa su lugar", [Kalabadhi, *Kitab el-Taaruf*, citando a Junaid de Bagdad (m. 910)]. En la versión de A. J. Arberry, *The Doctrine of the Sufis*, Cambridge, 1935, pág. 106: "Pero cuando llega la Verdad, el éxtasis mismo es desalojado."

60 En *Fihi Ma Fihi* (traducción de A. J. Arberry, Londres, 1961, titulada "Discourses of Rumi"): *The Mathnawi* (traducciones de R. A. Nicholson, Londres, 1926; J. W. Redhouse, Londres, 1881; E. H. Whinfield, Londres, 1887 y 1898; C. E. Wilson, Londres, 1910, etc.).

61 Primer libro de *Hadiqa* ("Jardín amurallado de la Verdad"), Calcuta, 1910, traducción de J. Stephenson; *Karnama* ("Libro del Trabajo") y *Diwan.*

62 *Mishkat el-Anwar* (traducción de W. H. T. Gairdner como *Niche for Lamps*, Real Sociedad Asiática, Londres, 1924, y Lahore, 1952). *Ihya el Ulum el-Din* ("Revival of Religious Sciencies").

63 *Futuhat al-Makkia* ("Aperturas en La Meca"); *Fusus el-Hikam* ("Engarces de la Sabiduría"); *Kimia-i-Sadat*

("Alquimia de la Felicidad"); *Tarjuman el-Ashwaq* ("Intérprete de deseos", traducido por Nicholson).

64 Véase Dietrici, *Der Darwinismus im 10 und 91. Jahrhundert*, Leipzig, 1878, y Rumi, *Mathnavi*.

65 Shabistari, *Garden of Mysteries/Secret Garden* (siglos XIII y XIV); Sayad Ahmad Hatif Isfahani, *Tarjiband*, y otros.

66 Por ejemplo: "El Mundo Oculto tiene nubes y lluvia, de un tipo distinto... hechas evidentes solo para los refinados: aquellos no engañados por la aparente completez del mundo ordinario' (Rumi, *Mathnavi*):

> *Ghaib ra abri wa abi digar ast*
> *Asman wa aftab-i-digar ast.*
> *Nayad an ilia ki bar pakan padid*
> *Barqiyan fi labs min khalkin jadid.*

67 Por ejemplo, en Hujwiri (siglo XI). *The Revelation of the Veiled*, s.v. "Recapitulation of their Miracles".

68 Véase, por ejemplo, No. IX en Nicholson, *Diwan-i-Shams-i-Tabriz*, pág. 32, (siglo XIII) texto original en persa.

69 Profesor Muhammad Ali Aini, *La Quintessence de la Philosophie de Ibn-i-Arabi* (traducido por A. Rechid, París, 1926, págs. 66-7).

70 Junaid de Bagdad (m. 910) respondió así a las mentes condicionadas: "Nadie alcanza al rango de la Verdad hasta que mil personas honestas testifiquen que es un hereje."

71 En árabe: *Al-turuqu illahi ka nufusi bani Adama* (véase Sirdar Ali Shah en *Islamic Sufism*, pág. 211).

72 Véase, por ejemplo, Saadi (1184-1263), *Gulistan*, del siglo XIII ("El Jardín de Rosas"), "Sobre las maneras de los Derviches", traducción de Agha Omar Ali-Shah.

Gulistan (Sheikh Muslihuddin Saadi Shirazi, *Le Jardín de Roses*, París, 1966). Cf. Ibn Hamdan, citado en el libro de Hujwiri, *Kashf*: "Estate seguro de no entrenar con música, en caso de que esto te sea un lastre para alcanzar percepciones aun superiores." Los derviches contemporáneos de la 'orden' Chishti se han apartado mucho de las instrucciones de su fundador acerca de este asunto, conformándose con un estado disociado o extático inducido por la escucha o la ejecución de música. El mismo Muinudin Chishti escribió en contra de esta práctica: "Saben que escuchamos música y que percibimos ciertos 'secretos' como consecuencia. Entonces tocan música y se sumergen en 'estados'. Sabe que todo aprendizaje debe cumplir con todos sus requisitos, no solamente la música, el pensamiento y la concentración. Recuerda: ¿de qué sirve la maravillosa producción de leche de una vaca que patea el balde?" (Risalat, *Epístolas para discípulos*).

73 Si bien de la boca para afuera todos hablan bien de las enseñanzas de Ibn el-Arabi, por ejemplo, no han asimilado palabras como estas, donde se refiere al Sufismo:

> Ella ha confundido a todos los instruidos del Islam,
> a todos los que estudiaron los Salmos,
> a cada rabino judío,
> a cada sacerdote cristiano.

O las famosas palabras de Abu-Said ibn Abi-Khair (1040):

> Mientras los colegios y minaretes no se hayan derrumbado,
> este sagrado trabajo nuestro no se habrá terminado.

Hasta que la fe se convierta en rechazo y el rechazo se convierta en creencia,
no habrá un verdadero musulmán.

Acerca de las limitaciones del "vehículo" religioso: "¿Qué puedo hacer, oh musulmanes? Ni yo mismo lo sé. No soy cristiano, ni judío, ni mago, ni musulmán. Ni del Este ni del Oeste" (*Diwan-i-Shams-i-Tabriz*, XXXII, pág. 124, versión persa).

74 Ibn el-Arabi, *Fusus el-Hikam* ("Engarces o Segmentos de la Sabiduría"), s.v. el-Fas el-Adamia ("Segmento de Adán"): parafraseado en S. A. Q. Husaini, *Ibn el-Arabi*, Lahore, edición de 1931, versión francesa: Burckhardt, T., *La Sagesse des Prophètes*, París, 1966, pág. 22.

75 Birge, J. K., *The Bektashi Order of Dervishes*, Londres, 1937, pág. 39, nota 3.

76 Brown, J. P., *The Darvishes* (Ed. H. A. Rose), Londres, 1927, pág. 475.

77 A veces estos cultos son deterioros de comunidades tales como las que describo en *Destination Mecca* (Londres, 1957), pág. 169.

78 Una penetrante percepción del hecho de que muchas ideas Sufis se han filtrado en las comunidades primitivas fue escrita hace dos años por el conocido poeta Ted Hughes: "Uno casi se sentiría inclinado a decir que el chamanismo bien podría ser un descendiente perdido y barbarizado del Sufismo." (En *The Listener*, Londres, octubre 29 de 1964, pág. 678).

79 P. Lawrence, *Road Belong Cargo* (Londres, 1964), contiene una descripción de este culto con una excelente bibliografía.

80 Vol. 290, No. 1754, págs. 481-595, y Vol. 291, No. 1756, págs. 123-35.

81 *Siraat* (idioma inglés), Delhi, Vol. I, No. 5, enero 1° de 1961, pág. 5, Cols. 1-3, "Sufism in a Changing World", por Selim Brook-White ("Murid").

82 *International Journal of Clinical and Experimental Hypnosis*, Vol. 10, N° 4 (octubre), págs. 271-4; Hallaj, J., "Hypnotherapeutic Techniques in a Central Asian Community". Reimpreso en R. E. Shor y M. T. Orne, *The Nature of Hypnosis* (Lecturas básicas selectas), Nueva York, 1965, Vol. 6, pág. 453.

83 Vol. 197, N° 1132, mayo de 1960, Foster. W., "The Family of Hashim", págs. 269-271.

84 Vol. clxii, N° 4210, diciembre 9 de 1965: Martin, D. R., "Below the Hindu Kush", pág. 870.

85 Algunos de estos artículos se han reeditado en *Documents on Contemporary Dervish Communities*, R. W. Davidson. (Londres 1966-7).

86 *The Times* (Londres), N° 55, 955, marzo 9 de 1964, "Elusive Guardians of Ancient Secrets", pág. 12, Cols. 6-8.

87 Revista *She* (Londres), marzo de 1963, pág. 58: (*"She Looks at Religión* N° 11") y también, septiembre de 1965, "The Hard High Life", por Mir S. Khan, págs. 68-70 (ambos artículos ilustrados).

88 Del monumental *Revivificación de las ciencias religiosas*, de el-Ghazali.

89 Sentencias sobre los Sufis y el Sufismo de los primeros maestros históricos de los Sufis:

Dhun-Nun el Egipcio (m. 860) : "Un Sufi es aquel cuya palabra concuerda con su conducta y cuyo silencio indica su estado, y que descarta las conexiones mundanas."

La adepta Rabia el-Adawia (m. 717): "El Sufi es aquel que no teme al infierno ni codicia el paraíso."

Abul-Hasan Nuri (m. 907): "El Sufismo es el renunciamiento a todos los placeres del mundo (transitorio)."

Hujwiri (siglo XI): "El seguidor del Sufismo es aquel que busca alcanzar el rango de estar muerto para sí y vivo para la verdad por medio de la lucha. Quien ha alcanzado este objetivo es denominado un Sufi."

Junaid de Bagdad (m. 910): "El Sufismo es un atributo en el cual reside la subsistencia del hombre."

Nuri: "El Sufi no tiene posesiones ni es poseído por nada."

Ibn el-Lalali (siglo XI): "El Sufismo es verdad sin formulación."

90 Rumi, "AQL" = intelecto real. También dijo: "El libro del Sufi no es alfabetismo y letras." (*Mathnavi*)

91 Así es como los diagramas psicológicos y otros se convierten en "mandalas" y "figuras mágicas".

92 Varias versiones de cuentos-enseñantes derviches de mi libro *Cuentos de los derviches* (Londres, 1967) han sido por esta razón representadas por los maestros Sufis como eventos que les sucedieron a ellos mismos.

93 Según expresa el profesor A. J. Arberry de Cambridge, la doctrina es oscura porque "se basa principalmente en experiencias que por su naturaleza misma son casi incomunicables". (*Tales from the Masnavi*, Londres, 1961, pág. 19). El término técnico para una forma de esto, el uso de las palabras que se escriben de manera similar y que tienen significados distintos, es *Jinas-i-Mukharif*; es muy usado en poesía. Gibb (*History of Ottoman Poetry*, I, pág. 118, 1900) exhibe su familiaridad con este sistema, pero no lo aplica en sus estudios.

94 Mahmud Shabistari (1317), como muchos maestros Sufis, habla acerca de la naturaleza transitoria de la formulación:

> Si el musulmán supiera qué es un ídolo,
> sabría que hay religión en la idolatría.

Si el idólatra supiera qué es la religión,
sabría en dónde se ha extraviado.
Él no ve en el ídolo más que la criatura obvia:
es por esto que, en la Ley Islámica, es un pagano.

(*Gulshan-i-Raz*, *"El Jardín de los Secretos"*)

El texto persa es:

Musulman gar bi-danist ki but chist
Bi-danisti ki din dar butparasti'st.
Agar mushrik zi din agah gashti
Kuja dar din i khud gumrah gashti.
Na did u dar but illa khalqi zahir:
Badan illat shud an dar Shara, Kafir.

95 Es evidente lo poco que se conoce esta parte importante de la transmisión Sufi en la "literatura sobre el tema" debido al hecho de que casi la única referencia al humor en el Sufismo fue actualmente hecha por un estudiante norteamericano (Birge; *The Bektashi Order of Dervishes*, pág. 88); e incluso la considera como una "peculiaridad característica" de la orden que está estudiando. Véase también Shah, *The Exploits of the Incomparable Mulla Nasrudin*, Jonathan Cape, Londres, 1966.

96 El caso mejor conocido es el de Husain ibn Mansur el-Hallaj, el gran mártir Sufi que fue descuartizado y su cadáver quemado por orden del califa el-Muqtadir, de la casa de Harún el-Rashid, en el año 922, supuestamente por haber afirmado que él era Dios. El profesor Louis Massignon se ha especializado en la literatura de Hallaj. Véase también la referencia N° 101. El gran maestro Suhrawardi también fue ejecutado por enseñar "filosofía antigua" en el siglo XII (véase referencia N° 19).

97 Acerca de grupos y movimientos condicionados y adoctrinados, véase E. J. Liftan, *Thought Reform* (Londres, 1961); J. Mann, *Changing Human Behaviour* (Nueva York, 1965); W. J. H. Sprott, *Human Groups* (Londres, 1958); M. Philips, *Small Social Groups in England* (Londres, 1965).

98 La historia de cómo Uwais fue visitado por los Compañeros de Muhammad después de la muerte del profeta es encontrada en muchos libros, incluyendo el conocido "Recital de los Amigos" (*Vidas de los santos*), de Fariduddin Attar, traducido como *Le Memorial des Saints*, por A. Pavet de Courteille (París, 1889, pág. 11). Véase la selección resumida en inglés del Dr. B. Behari, (*Fariduddin Attar's Tadhkiratul-Auliya*), Lahore, 1961.

99 Véase *Awarif-l-Ma'rif*, escrito en el siglo XIII por Sheikh Shahabudin Umar ibn Muhammad Suhrawardi, versión de Mahmud ibn Ali Alkashani, traducido del persa al inglés por el Tte. Cnel. H. Wilberforce Clarke: Calcuta, 1890.

100 El pasaje dice en árabe: "Sharibna ala dhikri alhabibi mudamatu / Shakirna bi ha min qabli an yukhlaka alkarmu." El profesor Hitti (op. cit., pág. 436) llama a Ibn el-Farid el único poeta místico árabe.

Versión de Wilberforce Clarke, véase arriba, referencia 82.

101 Véase profesor L. Massignon, *Le Diwan d'Al Hallaj*, (París, 1955), etc.

102 Véase su *Turkish Nationalism and Western Civilization*, (Londres, 1959).

103 Por ejemplo, el dictum de Ibn el-Arabi: "La gente cree que un Sheikh debería ostentar milagros y manifestar iluminación. El requisito para ser un maestro, sin embargo, es que posea todo lo que necesita el discípulo."

104 Registrado en *The Revelation of the Veiled*, de Hujwiri.

105   *Munaqib*; véase nota 55.

106   Escribió *Majma el-Bahrain* ("Confluencia de los dos mares"), traducido y publicado por la Sociedad Asiática de Bengala.

107   En un círculo Sufi incluso un solo miembro inadecuado perjudicará el esfuerzo del conjunto; esto es enunciado, por ejemplo, por Saadi en su *Gulistan*, "Acerca de las maneras de los derviches".

108   Omar Khayyam (m. 1123): para consideraciones sobre las enseñanzas Sufis khayyámicas, véase: Swami Govinda Tirtha, *The Nectar of Grace* - Omar Khayyam's Life and Works (Allahabad, 1941); y Shah, *The Sufis*, pág. 164-171. El poema citado es la cuarteta 24 del Bodleian, *MS*, editado por E. Heron-Allen (*The Rubaiyat of Omar Khayyam*, Londres, 1898), pág. 141. El texto original dice:

> Dar sauma'a wa madrasa wa deir wa kanisht
> Tarsinda zi dozakhand wa juya-i-bihisht.
> Ankas ki zi asrar-i-khuda ba-khabar ast:
> Z'in tukhm dar andarun-i-dil hich nakasht.

El *Rubaiyat* de Khayyam fue retraducido y publicado en 1967 por Robert Graves y Omar Ali-Shah, con comentarios críticos.

109   Véase la versión inglesa de Maulvi S. A. Q. Husaini, en *Ibn Al Arabi*, (Lahore, 1931), VI, I, pág. 38.

110   R. Simac, "In a Naqshbandi Circle", *Hibbert Journal*, (Spring, 1967) Vol. 65, N° 258. También véase Shah. *The Exploits of the Incomparable Mulla Nasrudin*, (Londres y Nueva York, 1966), y *Caravan of Dreams* (Londres, 1968).

PARTE II

Autores clásicos

1. El-Ghazali

EL FILÓSOFO Y Sufi del siglo XII, el-Ghazali, cita en su *Libro de la sabiduría* esta línea de el-Mutanabbi: "Al enfermo, el agua dulce en su boca le sabe amarga."

Esto podría muy bien tomarse como el lema de Ghazali. Ochocientos años antes de Pavlov, él señaló y recalcó (a menudo con parábolas interesantes y a veces con palabras asombrosamente "modernas") el problema del condicionamiento.

A pesar de Pavlov y de las docenas de libros y reportes sobre los estudios clínicos acerca de la conducta humana realizados desde la guerra de Corea, el estudiante común de las cuestiones de la mente no es consciente del poder del adoctrinamiento.* El adoctrinamiento, en sociedades totalitarias, es algo deseable siempre y cuando ahonde las creencias de dichas sociedades. En otras agrupaciones apenas se sospecha su presencia: esto es lo que hace que casi todos sean vulnerables a él.

La obra de Ghazali no solo antecede sino que excede al conocimiento contemporáneo de estos temas. Al momento de escribir estas líneas, la opinión instruida está dividida entre si

---

* Una de las más llamativas peculiaridades del hombre contemporáneo es que, aunque ahora tenga abundante evidencia científica que muestra lo contrario, le resulta muy difícil comprender que sus creencias no están de ninguna manera siempre ligadas a su inteligencia, su cultura o sus valores. Por lo tanto está casi excesivamente propenso al adoctrinamiento.

el adoctrinamiento (sea manifiesto o encubierto) es deseable
o no, y también si es inexorable o no.

Ghazali no solo señala que lo que la gente llama creencia
puede ser un estado de obsesión: claramente expone, según
los principios Sufis, que no es inexorable; pero insiste en que
es esencial que la gente sea capaz de identificarlo.
Sus libros fueron quemados por intolerantes mediterráneos,
desde España hasta Siria. Hoy en día no son arrojados a las
llamas, pero su efecto, excepto entre los Sufis, es quizá menor:
no son muy leídos.

Él consideraba la distinción entre opinión y conocimiento
como algo que podía perderse con facilidad. Cuando esto
sucede, le corresponde a aquellos que conocen la diferencia
el mostrarla lo más claramente posible.

Los descubrimientos científicos y psicológicos de Ghazali,
aunque ampliamente apreciados por académicos de todo tipo,
no recibieron la atención que merecen porque específicamente
niega que el método científico o lógico sea su origen: él arribó
a este conocimiento por medio de su educación en el Sufismo,
entre Sufis y a través de una forma de percepción directa
de la verdad que no tiene nada que ver con la intelección
mecánica. Esto, por supuesto, lo coloca de inmediato fuera
de órbita para los científicos. Lo que es bastante curioso, sin
embargo, es que sus descubrimientos son tan asombrosos que
uno pensaría que a los investigadores les habría interesado
descubrir cómo los realizó.

El "misticismo" ha sido tan desprestigiado como el perro
del proverbio: si no puede ser colgado, al menos puede ser
ignorado.* Esta es una medida de la psicología académica:

* Es un juego de palabras a partir del proverbio inglés: *Give a dog a
bad name and hang him.* El equivalente en español sería: "Hazte (o
cría) fama y échate a dormir."

acepta los descubrimientos del hombre si no puedes negarlos, pero ignora su método si no concuerdan con tus creencias sobre el método.

Si Ghazali no hubiera producido resultados valiosos, naturalmente habría sido considerado apenas un místico y una prueba de que el misticismo es educacional o socialmente improductivo.

Todos admiten que la influencia de Ghazali sobre el pensamiento occidental es enorme; pero esta misma influencia muestra el accionar del condicionamiento: los filósofos del cristianismo medieval que adoptaron muchas de sus ideas lo hicieron de forma tan selectiva, que ignoraron completamente los aspectos que eran turbadores para sus propias actividades adoctrinadoras.

El pensamiento de Ghazali intentó brindarle a una audiencia más amplia que la relativamente pequeña de los Sufis, una distinción final entre la creencia y la obsesión. Acentuó el rol de la educación en la inculcación de creencias religiosas, invitando a sus lectores a observar el mecanismo pertinente. Insistió en señalar que aquellos que son instruidos también pueden ser (y muy a menudo son) estúpidos; o intolerantes y obsesivos. También afirma que, además de tener información y poder reproducirla, existe algo llamado conocimiento, que casualmente es una forma superior de pensamiento humano.

El hábito de confundir opinión con conocimiento, un hábito que ha de ser encontrado todos los días en estos tiempos, Ghazali lo considera una epidemia.

Al decir todas estas cosas, con abundantes ilustraciones y en una atmósfera que absolutamente no propiciaba actitudes científicas, Ghazali no estaba sólo representando el papel de un diagnosticador: había adquirido su propio conocimiento de una manera Súfica, y advertía que la comprensión superior – de hecho ser un Sufi – solamente era posible para quienes podían ver y evitar los fenómenos que él estaba describiendo.

Ghazali produjo numerosos libros y publicó muchas enseñanzas. Cientos de años más tarde, su contribución al pensamiento humano y la relevancia de sus ideas permanecen indiscutibles. Reparemos en parte la omisión de nuestros predecesores, observando qué tiene para decir acerca del método. ¿Cuál era el Camino de el-Ghazali? ¿Qué tiene que hacer el hombre para ser como él, quien ciertamente fue uno de los gigantes de la filosofía y la psicología?

Ghazali acerca del camino

Un ser humano no es un ser humano mientras sus tendencias incluyan la autoindulgencia, la codicia, la furia y el atacar a otros.

Un estudiante debe reducir al mínimo la fijación de su atención sobre cosas habituales como su gente y su entorno, pues la capacidad de atención es limitada.

El discípulo debe apreciar a su maestro como a un médico que conoce la cura para su paciente; él servirá a su maestro. Los Sufis enseñan de formas inesperadas. Un experimentado galeno prescribe correctamente ciertos tratamientos; mas el observador externo podría estar bastante sorprendido con lo que dice y hace: no logrará ver la necesidad o la relevancia del procedimiento adoptado.

Es por esto que es improbable que el alumno sea capaz de formular las preguntas adecuadas en el momento correcto. Pero el maestro sabe qué y cuándo un individuo puede comprender.

Diferencia entre la actividad social e iniciática

Ghazali insiste en la conexión y también en la diferencia entre el contacto social o que distrae, y el contacto superior. Aquello que impide el progreso de un individuo y de un grupo de gente, a partir de comienzos loables, es el estabilizarse a sí mismos en la repetición y lo que es una base social disfrazada.

Si un niño, dice él, pide que le expliquemos los placeres contenidos en el ejercicio de la soberanía, quizá le digamos que es como el placer que él siente al hacer deporte; aunque, en realidad, los dos no tengan nada en común excepto que ambos pertenecen a la categoría del placer.

Parábola de la gente con un objetivo superior

Imán el-Ghazali relata una tradición de la vida de Isa, ibn Maryam: Jesús, hijo de María.

Un día Isa vio a algunas personas sentadas miserablemente sobre una pared a la vera del camino. Les preguntó: "¿Qué los aflige?" Ellos dijeron: "Nos volvimos así por nuestro temor al Infierno."

Isa retomó su senda, y vio un número de personas agrupadas desconsoladamente adoptando posturas varias al lado del camino. Él dijo: "¿Qué los aflige?" Ellos dijeron: "El deseo por el paraíso nos ha hecho así."

Isa retomó su camino, hasta que encontró un tercer grupo de personas. Se veían como quienes han sufrido mucho, pero sus rostros resplandecían de alegría.

Isa les preguntó: "¿Qué los ha hecho así?" Y ellos respondieron: "El Espíritu de la Verdad. Hemos visto la Realidad, y esto nos ha hecho ajenos a las metas menores."

Isa dijo: "Esta es la gente que llega a la meta. En el día del Juicio estos son quienes estarán en la presencia de Dios."

Las tres funciones del hombre perfeccionado

El hombre perfeccionado de los Sufis tiene tres formas de relación con la gente; estas varían de acuerdo con la condición de las personas. Las tres formas se ejercen según:

1. La forma de creencia que rodea al Sufi.
2. La capacidad de los estudiantes, a quienes se les enseña según su capacidad de comprensión.
3. Un círculo especial de gente que compartirá una comprensión del conocimiento que se deriva de la experiencia interior directa.

Atracción por las celebridades

Un hombre que es liberado del peligro de un feroz león no objeta que este servicio sea realizado por un desconocido o un individuo ilustre. Entonces, ¿por qué la gente busca conocimiento de las celebridades?

La naturaleza del conocimiento divino

El asunto del conocimiento divino es tan profundo, que realmente lo conocen solamente aquellos que lo tienen.

Un niño no tiene verdadero conocimiento de los logros de un adulto. Un adulto corriente no puede comprender los logros de un hombre ilustrado.

Del mismo modo, un hombre educado aún no puede comprender las experiencias de los santos iluminados o Sufis.

Amor e interés propio

Si uno ama a alguien porque eso causa placer, uno no debería considerar que está amando a esa persona en absoluto. En realidad, y aunque esto no sea percibido, el amor está dirigido hacia el placer. La fuente del placer es el objeto secundario de atención, y es percibido solamente debido a que la percepción del placer no está lo suficientemente desarrollada para que el sentimiento verdadero sea identificado y descripto.

Debes estar preparado

Debes prepararte para la transición en la que no habrá ninguna de las cosas a las cuales te has acostumbrado, dice Ghazali. Después de la muerte, tu identidad tendrá que responder a estímulos de los cuales aquí tienes la posibilidad de obtener una muestra. Si permaneces apegado a las pocas cosas que te resultan familiares, esto solamente te hará sentir miserable.

Ignorancia

La gente se opone a las cosas porque las ignora.

Ceremonias de música y movimiento

Tales reuniones deben celebrarse de acuerdo con los requisitos de tiempo y lugar. Los espectadores cuyos motivos son indignos deberán ser excluidos. Los participantes deben sentarse en silencio y no mirarse entre sí: ellos buscan lo que quizá surja de sus propios "corazones".

La mujer estéril

Un hombre visitó a un médico y le dijo que su esposa no podía concebir. El médico vio a la mujer, le tomó el pulso y dijo:

"No puedo tratar su esterilidad porque he descubierto que de todas maneras usted morirá dentro de cuarenta días."

Cuando escuchó esto, la mujer quedó tan preocupada que no pudo comer nada durante los cuarenta días siguientes.

Pero no murió en el plazo predicho.

El marido discutió el asunto con el médico, quien dijo:

"Sí, lo sabía. Ahora será fértil."

El esposo preguntó cómo había sucedido esto.

El doctor le dijo:

"Su esposa era muy gorda, y esto estaba interfiriendo con su fertilidad. Yo sabía que lo único que le iba a quitar el gusto por la comida sería el miedo a morir. Ahora ella está, por lo tanto, curada."

La cuestión del conocimiento es muy peligrosa.

La danza

Un discípulo había pedido permiso para participar en la "danza" de los Sufis.

El Sheikh le dijo: "Ayuna por completo durante tres días. Luego haz que te cocinen platos exquisitos. Si entonces prefieres la 'danza', podrás tomar parte en ella."

Una cualidad debe tener un vehículo

La velocidad, que se transforma en una virtud cuando se la encuentra en un caballo, no tiene ventajas por sí misma.

El yo idiota

Si no puedes encontrar en un hombre un ejemplo apropiado de dedicación, estudia las vidas de los Sufis. El hombre también debería decirse a sí mismo: "¡Oh, alma mía! Te crees que eres listo y te molestas cuando te llaman idiota. ¿Pero qué otra cosa eres en verdad? Haces ropa para el invierno, pero no te aprovisionas para otra vida. Eres como un hombre en invierno que dice: 'No me pondré ropa abrigada, pero depositaré mi confianza en la amabilidad de Dios para protegerme del frío.' Él no se percata de que, además de haber creado el frío, Dios puso ante el hombre los medios para protegerse de él."

El hombre fue hecho para aprender

Un camello es más fuerte que un hombre; un elefante es más grande; un león es más valeroso; el ganado puede comer más que el hombre; los pájaros son más viriles. El hombre fue hecho con el propósito de aprender.

El precio del conocimiento

"Sin duda que hay un precio para este conocimiento. Ha de ser dado solamente a quienes puedan conservarlo y no perderlo."

Libro del conocimiento, citando a Ikrima

Comentario de Junubi:

> Este conocimiento es por supuesto el conocimiento Sufi. No se refiere al conocimiento que está en los libros: algo que puede ser anotado o preservado

de una forma fáctica, porque tal material no se despreciaría al serle mostrado a alguien que quizá sea incapaz de beneficiarse de él. Es el conocimiento entregado en tiempo y forma el que verifica y da vida al conocimiento que está en los libros. "Dar conocimiento que se perderá" se refiere a permitir que ciertos "estados" de reconocimiento de la verdad sean engendrados en un individuo antes de que esa persona esté en condiciones de preservar tal estado: por lo tanto, esta pierde sus ventajas y el conocimiento se pierde.

Comentario de Ahmad Minai:

Debido a la dificultad para captar este hecho, y también a una pereza comprensible, los intelectuales han decidido "abolir" toda enseñanza que no pueda ser contenida en libros. Esto no quiere decir que no exista; hace más difícil el encontrarla y enseñarla, ya que los tipos mencionados anteriormente (los intelectuales) han entrenado a la gente para que la busquen.

Posesiones

Posees solamente aquello que no se perderá en un naufragio.

Ganancia y pérdida

Me gustaría saber qué ha ganado realmente un hombre que no tiene conocimiento, y qué no ha ganado un hombre de conocimiento.

2. Omar Khayyam

OMAR KHAYYAM FUE un importante filósofo, científico e instructor práctico de Sufismo. Su nombre es muy conocido en la literatura europea principalmente debido a Edward FitzGerald, quien en épocas victorianas publicó unas pocas cuartetas de Omar en inglés. FitzGerald – al igual que (debemos señalarlo) muchos académicos orientales – imaginaba que, debido a que Khayyam hablaba en ocasiones desde puntos de vista diametralmente opuestos, este era una víctima de algún tipo de alteración mental. Esta actitud, aunque característica de muchos académicos, es tan profunda como la de un hombre que cree que si alguien le muestra algo tiene que creer en ello; y que si le muestra muchas cosas, debe estar sujeto a identificarse con ellas.

Sin embargo, FitzGerald fue culpable de mucho más que de su pobre capacidad de pensamiento. Su interpolación de propaganda anti-Sufi en su versión de Khayyam no puede ser perdonada ni siquiera por sus más fervientes partidarios, quienes como resultado tienden a ignorar esta increíble deshonestidad y a vociferar sobre otros temas.

Los poemas enseñantes de Omar Khayyam, y aquellos de otros miembros de su escuela que han formado parte de este material, están basados en la terminología y en las alegorías especiales del Sufismo. Swami Govinda Tirtha realizó una investigación y traducción completa en 1941, publicada bajo el título *The Nectar of Grace*.

Este libro es la palabra final sobre la cuestión del significado (en la medida en que pueda traducirse al inglés) de los materiales. Es interesante notar que son pocos los académicos occidentales que han hecho uso de este trabajo esencial en sus estudios sobre Khayyam.

El resultado es que Khayyam permanece efectivamente casi desconocido.

EL SECRETO

El secreto debe mantenerse alejado de todas las
    no-personas;
el misterio debe esconderse de todos los idiotas.
Mira lo que le haces a la gente:
el Ojo ha de estar escondido de todos los hombres.

LA HUMANIDAD

El círculo de este mundo es como un anillo:
no hay duda de que somos los Naqsh,
el Diseño de su engarce.

SEMILLAS COMO ESTAS

En celda y claustro, en monasterio y sinagoga:
algunos temen al infierno y otros sueñan con el
    Paraíso.
Mas ningún hombre que realmente conoce los
    secretos de su Dios,
siembra semillas como estas dentro de su corazón.

EL ENEMIGO DE LA FE

Yo bebo vino, y a diestra y siniestra los oponentes
    dicen:
"No bebas alcohol pues va en contra de la fe."
Dado que sé que el vino va en contra de la fe,
por Dios, déjenme beber: la sangre del enemigo me
    es lícita.

MEDITACIONES

Aunque el "vino" esté prohibido, esto es según
    quién lo beba
y en qué cantidad, y también con quién es bebido.
Cuando estos tres requisitos son cumplidos, habla
    sinceramente:
entonces, si los sabios no pueden beber "vino",
    ¿quién debería hacerlo?

Aquellos que buscan el ostracismo
y aquellos que pasan la noche en plegaria,
ninguno está en tierra firme: todos están en el mar.
Uno está despierto, y todos los demás están dormidos.

Me dormí, y la Sabiduría me dijo:
"Durmiendo, la rosa de la felicidad jamás floreció.
¿Por qué haces algo que está tan próximo a la muerte?
Bebe 'vino', pues tendrás mucho tiempo para dormir."

Amigos, cuando lleven a cabo una reunión,
mucho han de recordar al Amigo.
Cuando juntos beban exitosamente,
cuando llegue mi turno, "pongan el vaso boca abajo".

Aquellos que han partido antes que nosotros, Oh
    copero,
duermen sobre el polvo del orgullo.
Ve, bebe "vino", y escucha de mí la Verdad:
Aquello que solo han *dicho*, está en nuestras
    manos, Oh copero.

DEBAJO DE LA TIERRA

No eres oro, eres ignorantemente descuidado;
para que, una vez puesto bajo tierra,
cualquiera te saque nuevamente.

HOMBRE

Khayyam, ¿sabes acaso qué es el hombre de la
    tierra?
Un farol de fantasías, y dentro una lámpara.

NO VAYAS CON LAS MANOS VACÍAS...

Lleva un poco de substancia de Aquí para Allá;
no obtendrás ganancia alguna si vas con las
    manos vacías.

YO SOY

Cada grupo tiene una teoría sobre mí:
Yo soy mío; lo que soy, lo soy.

3. Attar de Nishapur

AUNQUE ATTAR ES uno de los más grandes maestros de la literatura clásica Sufi y un inspirador de Rumi, su libro *El memorial de los santos* (cuentos y enseñanzas de los sabios Sufis) tuvo que esperar casi siete siglos y medio para ser traducido al inglés. A pesar del creciente interés occidental en el Sufismo, fue el ermitaño hindú Dr. Bankey Behari quien publicó sesenta y dos selecciones de este libro en 1961.

Attar escribió en total alrededor de ciento catorce libros, entre los cuales los más famosos son el Súfico *El libro divino*, *La conferencia de los pájaros* y el *Libro del consejo*.

Sus enseñanzas eran transmitidas por medio de biografías ilustrativas, fábulas, máximas y apólogos que contienen no solamente enseñanza moral, sino alegorías que describen etapas específicas del desarrollo humano. En *La conferencia de los pájaros*, por ejemplo, explica las fases individuales de la conciencia humana, aunque estas son representadas como sucesos que ocurren a diferentes individuos o a una comunidad entera.

Attar usó el tema del "viaje" o la "búsqueda" como una analogía de las etapas sucesivas del alma humana en busca de la perfección.

Rechazó aceptar los honores de los mongoles que invadieron el Asia Central, y se comenta que murió a manos de los soldados del Genghis Khan, después de haber despedido a sus discípulos – enviándolos a lugares seguros – cuando predijo la invasión mongol del siglo XIII.

Las tradiciones del Sufismo afirman que el trabajo de Attar es importante porque, leído como un todo, ayuda a mantener el tejido social y los estándares éticos del Islam; mientras que las selecciones especiales de tal corpus contienen material iniciático que está encubierto por las partes pesadamente teológicas.

UNA RESPUESTA DE JESÚS

Algunos israelitas injuriaron a Jesús mientras caminaba por la zona judía de la ciudad.

Pero él respondió orando por ellos.

Entonces alguien le dijo:

"Has orado por estos hombres, ¿no sentiste furia contra ellos?"

Él contestó:

"Pude gastar solamente de lo que tenía en mi bolsa."

EL CORAZÓN

Alguien se acercó a un loco que lloraba de la forma más amarga posible.

Le dijo:

"¿Por qué lloras?"

El loco contestó:

"Lloro para atraer la piedad de Su corazón."

El otro dijo:

"Tus palabras son absurdas, pues Él no tiene un corazón físico."

El loco contestó:

"Eres tú quien se equivoca, pues Él es el dueño de todos los corazones que existen. A través del corazón puedes establecer tu conexión con Dios."

ACERCA DEL OFRECIMIENTO DE UNA DONACIÓN INACEPTABLE

¡Cómo! ¿Con una suma de dinero
borrarías mi nombre del Registro de los Derviches?

EL CUENTO DE FAZL-RABBI

Un día, un mísero anciano fue a ver a Fazl-Rabbi para discutir cierto asunto.

Debido a su debilidad y nerviosismo, el viejo clavó la punta de hierro de su bastón en el pie de Fazl-Rabbi, hiriéndolo.

Escuchando cortésmente lo que el viejo tenía para decir, Fazl-Rabbi no pronunció palabra, aunque palideció y luego se enrojeció por el dolor de la herida y el hierro que permanecía clavado en su pie.

Luego, cuando el otro hubo terminado con sus asuntos, Fazl-Rabbi tomó el papel que le presentaba y lo firmó.

Cuando el anciano se fue, feliz por haber tenido éxito con su solicitud, Fazl-Rabbi se permitió colapsar.

Uno de sus nobles asistentes le dijo:

"Mi señor, mientras la sangre manaba de su pie usted estaba allí sentado frente a aquel viejo senil que seguía perforándolo con su bastón de punta de hierro, y usted no dijo nada, absolutamente nada."

Fazl-Rabbi contestó:

"No di señal de dolor porque temí que la angustia del anciano acaso lo hubiese hecho retirarse confundido, abandonando la solicitud de mi ayuda. Era tan pobre, ¿cómo podría yo aumentar sus problemas al reaccionar de tal manera?"

Sé un hombre de verdad: aprende la nobleza de pensamiento y acción, como aquella de Fazl-Rabbi.

EL ESCLAVO SIN AMO

Deambulando bajo una túnica emparchada y con el rostro ennegrecido por el sol, cierto derviche llegó a Kufa donde fue visto por un mercader; este le habló, y decidió que debía de ser un esclavo perdido.

"Por tus modos suaves, te llamaré Kkair (bueno)", le dijo, "¿no eres un esclavo?"

"Eso soy", dijo Khair.

"Te llevaré a casa y podrás trabajar para mí hasta que encuentre a tu amo."

"Eso me gustaría", dijo Khair, "pues he estado buscando a mi amo durante mucho tiempo."

Él trabajó durante largos años con este hombre, quien le enseñó a ser un tejedor: de ahí su segundo nombre, *Nassaj* (tejedor).

Después de sus prolongados servicios, sintiéndose culpable por haberlo explotado, el mercader le dijo: "No sé quién eres, pero ahora puedes irte."

Khair Nassaj, el Gran Maestro del Camino, continuó sin arrepentimientos su viaje hacia La Meca pues había descubierto cómo proseguir su desarrollo a pesar de no tener nombre y ser tratado como un esclavo.

Fue el maestro de Shibli, de Ibrahim Khawwas y de muchos otros grandes Maestros de los Sufis. Murió hace más de mil años, a la edad de ciento veinte.

LA CAJA MÁGICA

Una vez un hombre quería vender una alfombra burda, y la ofreció en la calle.

La primera persona a quien se la mostró, dijo:

"Esta es una alfombra ordinaria y muy gastada."

Y la compró muy barata.

Entonces el comprador se puso de pie y le dijo a alguien que caminaba por allí:

"Aquí hay una alfombra suave como la seda, no hay otra igual."

Un Sufi que justo pasaba por allí escuchó la compra y el intento de venta de la misma alfombra con dos descripciones distintas.

Y dijo al vendedor:

"Por favor, comerciante de alfombras, ponme en tu caja mágica que puede transformar una alfombra burda en una fina... ¡quizá también convierta a un don nadie en una joya!"

LA LUNA

Preguntaron a la Luna:

"¿Cuál es tu deseo más fuerte?"

Respondió:

"Que el Sol se desvanezca y que quede velado para siempre tras las nubes."

LAS QUINIENTAS MONEDAS DE ORO

Uno de los seguidores de Junaid vino a verlo con una bolsa que contenía quinientas monedas de oro.

"¿Tienes más dinero aparte de este?", preguntó el Sufi.

"Sí, tengo".

"¿Deseas más?"

"Sí".

"Entonces debes guardarlo, dado que estás más necesitado que yo; pues nada tengo y nada deseo. Tú tienes muchísimo y aún quieres más."

EL LOCO Y EL MUECÍN

Un muecín en Isfahán había subido hasta la cima de un minarete para hacer el llamado a la oración.

Mientras tanto, un loco pasaba por allí y alguien le preguntó:

"¿Qué está haciendo ahí, en ese minarete?"

El loco dijo:

"Ese hombre allá arriba está de hecho sacudiendo una cáscara de nuez que no tiene nada dentro."

Cuando pronuncias los noventa y nueve nombres de Dios, estás, de igual modo, jugando con una cáscara de nuez hueca. ¿Cómo se puede comprender a Dios a través de nombres?

Dado que no puedes expresar con palabras la esencia de Dios, lo mejor es que no hables de nadie en absoluto.

Kitab-Ilahi

EL MARCO DE REFERENCIA RELIGIOSO

Un día, mientras el Compañero Omar hojeaba un libro sagrado judío, el profeta Muhammad le dijo:

"Eres demasiado descuidado con ese libro. Si quieres obtener de él algún beneficio, deberás convertirte en judío. Ser un judío perfecto es mejor que ser un musulmán incompleto; y perder el tiempo con el libro judío es de tibio y no te brindará ningún tipo de beneficio.

"Tu error es que no eres ni una cosa ni la otra al comportarte de este modo; no crees, ni tampoco descrees. Entonces, ¿cuál es tu condición? ¿Cómo puede ser descrita?"

Kitab-Ilahi

UN CUENTO SOBRE MOISÉS

Una vez Moisés estaba pidiendo a Dios que le mostrara a uno de los amigos de Dios, y una voz dijo:

"Ve a cierto valle y allí encontrarás a uno que ama, uno de los escogidos que transita la Vía."

Moisés fue y encontró a este hombre, vestido con harapos, acosado por todo tipo de insectos y cosas reptantes.

Dijo: "¿Puedo hacer algo por ti?"

El hombre contestó: "Emisario de Dios, tráeme un poco de agua, pues estoy sediento."

Cuando Moisés regresó con el agua, encontró al hombre yaciendo sin vida; partió en busca de un pedazo de tela para hacer una mortaja. Cuando volvió, descubrió que el cuerpo había sido devorado casi completamente por un león del desierto.

Moisés estaba muy angustiado y exclamó:

"Omnipotente y Omnisciente, conviertes el lodo en seres humanos. Algunos son llevados al paraíso, otros conducidos a la tortura; uno es feliz, otro es miserable. Esta es la paradoja que nadie puede comprender."

Entonces una voz interior le habló a Moisés, diciendo:

"Este hombre contaba con Nosotros para obtener agua, y luego le dio la espalda a esa confianza. Contó con Moisés para lograr sustento, confiando en un intermediario. Suya fue la culpa de haberle pedido ayuda a otro después de haber estado satisfecho con Nosotros…"

Tu corazón se apega una y otra vez a los objetos. Tienes que saber cómo mantener la conexión con tu origen…

Ilahi-Nama

LAS ALMAS ANTES DE LA CREACIÓN DEL CUERPO

Aprende acerca del tiempo en que había almas pero no cuerpos.

Esta fue una época que duró pocos años, pero cada uno de esos años fue uno de nuestros milenios.

Las almas formaban una fila. El mundo apareció ante su vista. Nueve de cada diez almas corrieron hacia él.

Luego les fue presentado el Paraíso a las almas que quedaban. De estas, nueve de cada diez corrieron hacia él.

Luego les fue mostrado el Infierno. Nueve de cada diez almas huyeron horrorizadas.

Entonces solo quedaban unas pocas: aquellas que habían permanecido impasibles sin sentirse atraídas por la tierra o por el Paraíso, ni habían temido el infierno.

La Voz Celestial les habló a estas sobrevivientes, diciendo:

"Almas idiotas, ¿qué es lo que quieren?"

Las almas respondieron al unísono:

"Tú, que todo lo sabes, sabes que es a Ti a quien deseamos, y que no queremos dejar Tu Presencia."

La voz les dijo:

"El deseo de Nosotros es peligroso, ocasiona dificultades e innumerables peligros."

Las almas le respondieron:

"Con alegría sufriremos cualquier cosa con tal de estar Contigo, y perderemos todo para así acaso ganar todo."

Ilahi-Nama

LA PRUEBA

Se relata que Shaqiq de Balkh les dijo una vez a sus discípulos:

"Deposité mi confianza en Dios y atravesé el desierto con apenas una pequeña moneda en el bolsillo. Hice el peregrinaje a La Meca y volví, y la moneda aún me acompaña."

Uno de los jóvenes se levantó y le dijo a Shaqiq:

"Si tenías una moneda en el bolsillo, ¿cómo puedes decir que confiabas en algo superior?"

Shaqiq contestó:

"No tengo nada para decir, pues este joven tiene razón. Cuando confías en el mundo invisible no hay lugar para provisión alguna, ¡sin importar lo pequeña que sea!"

Kitab-Ilahi

SOBRE MUHAMMAD, HIJO DE ISA

Muhammad, hijo de Isa, era uno de los amigos íntimos del Comendador de los Creyentes. Debido a la agilidad de su pensamiento, superaba a todos los demás.

Un día cabalgaba por las calles de Bagdad acompañado de una multitud de asistentes. La gente se preguntaba entre sí:

"¿Quién es este hombre grandiosamente engalanado, de buena monta y tan rico?"

Y una anciana que pasaba cojeando les contestó:

"Aquel es un hombre pobre, no uno rico. Pues, si Alá no le hubiese negado su favor, no tendría una vanidad semejante."

Al escuchar esto, Muhammad, hijo de Isa, desmontó inmediatamente de su caballo preciosamente engualdrapado, y admitió que ciertamente esta era su condición. Desde ese momento abandonó todo deseo de boato y riqueza.

LA PERCEPCIÓN DEL LOCO

Había un loco que no quería tomar parte en las oraciones de la congregación. Un viernes, después de muchas dificultades, la gente lo convenció para que asistiera.

Pero apenas el guía de la plegaria comenzó a recitar, el loco se puso a mugir como un buey.

La gente, suponiendo que solamente estaba volviendo a su locura pero al mismo tiempo deseosa de ayudarlo, lo reprendieron:

"¿No sabes lo que es Dios, que te pones a hacer ruido como un animal en medio de una congregación de creyentes?"

Pero el loco dijo:

"Yo sólo estaba haciendo lo mismo que el guía de la oración: mientras recitaba, él estaba comprando un buey, ¡y yo hablé como un buey!"

Cuando este extraño comentario le fue reportado al guía de la oración, él confesó:

"Cuando yo decía DIOS ES EL MÁS GRANDE, estaba de hecho pensando en mi granja. Y cuando llegué a la frase ALABADO SEA DIOS, pensé que debía comprar un buey: fue en ese momento que escuché los mugidos."

EL AVARO Y EL ÁNGEL DE LA MUERTE

Un avaro había acumulado, a través del esfuerzo, el comercio y los préstamos, trescientos mil dinares. Tenía tierras y edificios y toda clase de riquezas.

Entonces decidió que pasaría un año gozando, viviendo confortablemente, y luego decidiría cuál debería ser su futuro.

Pero apenas dejó de acumular dinero, se le apareció el Ángel de la Muerte para quitarle la vida.

El mísero trató, por medio de todos los argumentos posibles, de disuadir al Ángel quien, sin embargo, parecía inflexible. Entonces el hombre dijo:

"Concédeme apenas tres días más y te daré una tercera parte de toda mis posesiones."

El ángel declinó, y volvió a tirar de la vida del avaro para llevársela.

Entonces el hombre dijo:

"Si solamente me permites dos días más en la tierra, te daré doscientos mil dinares de mis reservas."

Pero el Ángel no quería escucharlo e incluso se negó a concederle siquiera un solo día de más por todas sus trescientas mil monedas.

Luego el mísero dijo:

"Por favor, entonces dame el tiempo suficiente para escribir algo muy breve."

Esta vez el Ángel accedió, y el avaro escribió con su propia sangre:

"Hombre, haz uso de tu vida. Yo no pude comprar ni una hora por trescientos mil dinares. Asegúrate de comprender el valor de tu tiempo."

LA CABEZA DEL ASNO

Un idiota vio la cabeza de un asno clavada sobre un palo en un jardín.

Preguntó: "¿Qué hace eso ahí?"

Le dijeron: "¡Ha sido puesta allí para evitar el mal de ojo!"

El tonto contestó:

"Ustedes son los que tienen el cerebro de un asno, ¡y por eso han puesto su cabeza! Cuando estaba vivo no podía evitar los golpes de la vara. Ahora que está muerto, ¿cómo puede repeler el mal de ojo?"

ABSURDIDAD E IGNORANCIA

Lo que parece absurdidad y no lo es, es mejor que la ignorancia del hombre que cree que lo es.

LUZ

El verdadero amante sólo encuentra la luz si, como la vela, es su propio combustible, consumiéndose a sí mismo.

CRISTIANOS Y MUSULMANES

Una vez un cristiano se convirtió en musulmán. Al día siguiente, sin embargo, comenzó a beber vino.

Su madre, al verlo ebrio, le dijo:

"Hijo mío, ¿qué estás haciendo? Actuando de esta manera has rechazado a Jesús y también has fracasado en el intento de agradar a Muhammad. ¡Quédate en la creencia que es tuya! Nadie puede ser un hombre y también venerar ídolos mientras abraza otro credo."

EL ÁRBOL QUE DESCONOCÍA SU ESTADO

Un día, un hombre taló un árbol.

Un Sufi que vio lo que ocurría, dijo:

"Mira esta rama verde que está llena de savia, feliz porque aún no sabe que la han cortado.

"Tal vez ignore el daño que ha sufrido: pero lo sabrá a su debido tiempo.

"Mientras tanto no puedes razonar con ella."

Esta separación, esta ignorancia: estas son el estado del hombre.

LA FLECHA

Cuando una flecha es disparada del arco, puede ir derecho o puede que no, según lo que haga el arquero.

Cuán extraño es entonces que cuando la flecha vuela sin desviarse, se debe a la destreza del arquero; pero cuando se desvía de su blanco, ¡es la flecha la que recibe las maldiciones!

EL REY MAHMUD Y LOS POROTOS

El poderoso rey Mahmud de Gazni, durante una partida de caza, se separó de su grupo. Vio el humo de una pequeña fogata y cabalgó hacia el lugar, donde encontró a una anciana con una olla.

Mahmud dijo:

"Hoy tienes al monarca como invitado. ¿Qué estás cocinando sobre el fuego?"

La vieja dijo:

"Un guiso de porotos."

El emperador le preguntó:

"Señora, ¿no me daría un poco?"

"No", dijo ella, "pues es solo para mí. Tu reino no vale lo que valen mis porotos. Acaso tú quieras mis porotos, pero yo no quiero nada de lo que tú tienes. Mis porotos valen cien veces más que todo lo que tienes. Mira a tus enemigos, que amenazan todas y cada una de tus posesiones. Yo soy libre y tengo mis propios porotos."

El poderoso Mahmud miró a la indiscutible dueña de los porotos, pensó en sus dominios en disputa, y lloró.

INCONSCIENTE

No sabes nada de ti mismo aquí y en este estado.

Eres como la cera en el panal: ¿qué sabe del fuego o del derretirse?

Cuando llega a la etapa en que es una vela de cera y se emite luz, entonces sí sabe.

De la misma manera, llegarás a saber que cuando estabas vivo, estabas muerto; y sólo creías que estabas vivo.

EL LOCO Y EL LUCHADOR

Un loco borrachín preguntó a los que cargaban el ataúd en un funeral:

"¿Quién era este hombre que ha caído en las garras de la muerte?"

Ellos contestaron: "Loco, este es el cuerpo de un campeón de lucha, un joven que estaba en la flor de su vida."

El loco dijo: "Murió debido al poder de un imponente adversario, desconociendo que esto le sucedería."

LOS DOS ANILLOS

Un hombre amaba a dos mujeres por igual; pidieron que les dijese cuál de ellas era su favorita.

El hombre les solicitó que esperaran un tiempo hasta que su decisión fuese develada.

Entonces encargó dos anillos exactamente iguales.

A cada una de las mujeres, por separado, le dio uno.

Después las llamó y les dijo:

"Amo más a la que posee el anillo."

ESTO, TAMBIÉN PASARÁ

Un poderoso rey, gobernante de muchos dominios, estaba en una posición de tal magnificencia que los sabios eran sus meros empleados. Y sin embargo un día se sintió confundido y convocó a los sabios.

Dijo:

"Ignoro la causa, pero algo me impele a buscar cierto anillo; uno que me permitirá estabilizar mi estado.

"Tengo que poseer tal anillo. Y este anillo habrá de ser uno que, cuando esté infeliz, me haga dichoso. Al mismo tiempo, si estuviese feliz y lo mirase, debería entristecerme."

Los sabios se consultaron entre sí, y se lanzaron a meditar profundamente; hasta que finalmente llegaron a una decisión acerca del carácter de este anillo que habría de satisfacer a su rey.

El anillo que elaboraron era uno que portaba esta inscripción:

ESTO, TAMBIÉN PASARÁ

EL REY QUE ADIVINÓ SU FUTURO

Un monarca, que además era astrólogo, leyó en sus astros que en cierto día y a una hora en particular lo alcanzaría un infortunio.

Por lo tanto construyó una casa de roca y apostó varios guardianes afuera.

Un día, mientras estaba dentro, se dio cuenta de que aún podía ver la luz del sol. Encontró una hendija y la rellenó para prevenir que la desgracia entrara. Al bloquear esta puerta se hizo a sí mismo prisionero con sus propias manos.

Y debido a esto el rey murió.

ESTE ESPACIO

Sobre una pared ubicada dentro de los arcos del salón de meditación en la *tekkia* de Attar, según se relata, estaban escritas las palabras:

"Reservado para el sabio (*Hakim*) Tamtim."

El Sheikh Attar dio instrucciones a sus discípulos más antiguos para que observaran la conducta de todos los recién llegados frente a esta inscripción.

Predijo que todos aquellos que reaccionaron a ella de cierta manera desarrollarían poderes místicos correcta y rápidamente; y que todos aquellos que dijeron o hicieron otras ciertas cosas se irían o serían echados.

Nunca les preguntó a sus discípulos cuál postulante había reaccionado de qué manera. Pero ellos observaron, con los años, que siempre resultaba ser tal como él lo había predicho.

Un día se le preguntó por qué dejaba la inscripción allí. Él dijo:

"Es para mostrarles a los que carecen de percepciones, que las reacciones aparentemente insignificantes a ciertas experiencias revelarán las capacidades internas o la falta de ellas a uno que sabe cómo hacer una prueba."

4. Ibn el-Arabi

MOHIUDIN IBN EL-ARABI es uno de los grandes Sufis de la Edad Media cuya vida y escritos hoy se ve que han penetrado profundamente tanto en el pensamiento de Oriente como de Occidente. Los árabes lo conocían como el Sheikh el-Akbar, "El más grande Sheikh", y el occidente cristiano como "Doctor Maximus", que es una traducción directa de este título. Murió en el siglo XIII.

¿DE DÓNDE VINO EL TÍTULO?

Jafar, el hijo de Yahya de Lisboa, estaba decidido a encontrar al "Maestro Sufi de la era", y de joven partió rumbo a La Meca, buscándolo. Allí conoció a un misterioso desconocido, un hombre de manto verde, quien antes de que se hubiese pronunciado palabra alguna, le dijo:

"Buscas al Sheikh Más Grande, al Maestro de la Era. Pero lo buscas en Oriente cuando él está en Occidente. Y hay otra cosa que está mal con tu búsqueda."

Envió a Jafar de regreso a Andalucía, para encontrar al hombre que él había llamado: Mohiudin, hijo de el-Arabi, de la tribu Hatim-Tai. "Él es el Más Grande Sheikh."

Sin contarle a nadie el por qué lo buscaba, Jafar encontró a la familia Tai en Murcia y preguntó por su hijo. Descubrió que de hecho había estado en Lisboa cuando Jafar comenzó sus viajes. Finalmente lo rastreó hasta Sevilla.

"Ahí", le dijo un clérigo, "está Mohiudin." Señaló a un mero niño en edad escolar que llevaba un libro sobre las Tradiciones y que en ese momento salía rápidamente de una sala de conferencias.

Jafar estaba confundido, pero detuvo al niño y le dijo:

"¿Quién es el Maestro Más Grande?"

"Necesito tiempo para contestar esa pregunta", dijo el niño.

"¿Acaso eres el *único* Mohiudin, hijo de el-Arabi, de la tribu de Tai?", preguntó Jafar.

"Yo soy él."

"Entonces no necesito de ti."

Treinta años después, en Alepo, Jafar se hallaba ingresando al salón de conferencias del Más Grande Sheikh, Mohiudin Ibn el-Arabi de la tribu de Tai. Mohiudin lo vio cuando entraba, y habló:

"Ahora que estoy preparado para responder la pregunta que me hiciste, no es necesario hacerla en absoluto. Hace treinta años, Jafar, no tenías necesidad de mí. ¿Acaso todavía no me necesitas? El Verde aludió a un error en tu búsqueda. Se refería al tiempo y al lugar."

Jafar, hijo de Yahya, llegó a ser uno de los más notables discípulos de el-Arabi.

LA VISIÓN EN MOSUL

Un Buscador muy versado en inducir significativas experiencias internas aún sufría la dificultad de interpretarlas constructivamente. Entonces recurrió al Gran Sheikh Ibn el-Arabi en busca de guía acerca de un sueño que lo había perturbado profundamente durante su estadía en Mosul, Irak.

Había visto al sublime Maestro Maaruf de Karkh como si estuviese sentado en medio de los fuegos del infierno. ¿Cómo podía el eminente Maaruf estar en el averno?

Lo que le faltaba era la percepción de su propio estado. Ibn el-Arabi, desde su comprensión del ser interior y la inexperiencia del Buscador, se dio cuenta de que la visión de Maaruf envuelto en llamas era la esencia del sueño. El fuego era explicado por la parte no desarrollada de la mente como si fuera algo dentro de lo cual Maaruf estaba atrapado. Su verdadero significado era una barrera entre el estado de Maaruf y el estado del Buscador.

Si el Buscador quisiese alcanzar un estado equivalente al de Maaruf (el reino de la consecución representado por la figura de Maaruf), tendría que atravesar un reino, simbolizado en la visión por un fuego envolvente.

A través de esta interpretación, el Buscador fue capaz de comprender su situación y encaminarse rumbo hacia lo que aún tenía que experimentar.

El error había sido suponer que una imagen de Maaruf era Maaruf, y un fuego era el fuego del infierno. No es solamente la impresión (*Naqsh*) sino la correcta visualización de la impresión, el arte que es llamado *Tasvir* (el dar significado a una imagen), lo que constituye la función de Los Correctamente Guiados.

LAS TRES FORMAS DE CONOCIMIENTO

Ibn el-Arabi de España les enseñaba a sus discípulos esta antiquísima máxima:

Hay tres formas de conocimiento. La primera es el conocimiento intelectual, el cual en realidad es solo información y recopilación de hechos, y su utilización para arribar a más conceptos intelectuales. Esto es intelectualismo.

La segunda es el conocimiento de los estados, los cuales incluyen tanto los emocionales como los estados extraños del ser, en los que el hombre cree haber percibido algo supremo pero de lo cual no puede hacer uso. Esto es emocionalismo.

La forma tercera es el conocimiento verdadero, el cual es llamado el Conocimiento de la Realidad. De esta forma, el hombre puede percibir lo que es correcto, lo que es verdadero, más allá de los limites del pensamiento y de los sentidos. Los académicos y los científicos se concentran en la primera forma de conocimiento. Los emocionalistas o experiencialistas utilizan la segunda. Otros usan ambas, o cualquiera de las dos alternadamente.

Pero los que alcanzan la verdad son aquellos que saben cómo conectarse con la realidad que yace más allá de estas dos formas de conocimiento. Estos son los verdaderos Sufis, los Derviches que han Logrado.

LA VERDAD

Ella ha confundido a todos los eruditos del Islam,
a todos los que han estudiado los Salmos,
a cada rabino judío,
a todo sacerdote cristiano.

UN AMOR SUPERIOR

El amante común adora un fenómeno secundario.
Yo amo lo Real.

EL AMOR ESPECIAL

Así como la luna llena aparece desde la noche, su
rostro asoma igual entre los bucles.
Desde el dolor surge la percepción de ella; los
ojos llorando sobre las mejillas, como el negro
narciso derramando lágrimas sobre una rosa.
Las meras bellezas son silenciadas; su hermosa
naturaleza es abrumadora.
Incluso el pensar en ella daña su sutileza (el
pensamiento es algo demasiado burdo para
percibirla). Si así fuera, ¿cómo podría ella ser
correctamente vista por un órgano tan torpe
como el ojo?
Su fugaz maravilla elude al pensamiento. Ella está
más allá del espectro visible.
Cuando la descripción trató de explicarla, ella
la venció. Cada vez que se hace tal intento, la
descripción es puesta a la fuga.
Porque está tratando de circunscribirla.
Si alguien buscándola rebaja sus aspiraciones
(para sentir en términos de un amor común)…
siempre habrá otros que no lo harán así.

LOGROS DE UN MAESTRO

La gente cree que un Sheikh debería realizar milagros y
manifestar iluminación. El único requisito de un maestro,
sin embargo, es que debería poseer todo lo que el discípulo
necesita.

EL ROSTRO DE LA RELIGIÓN

Ahora me llaman el pastor de las gacelas del
  desierto,
ahora un monje cristiano,
ahora un zoroástrico.
El Amado es Tres, y al mismo tiempo Uno:
así como los tres son en realidad uno.

MI CORAZÓN PUEDE ADOPTAR CUALQUIER APARIENCIA

Mi corazón puede adoptar cualquier apariencia. El corazón
varía de acuerdo con las variaciones de la conciencia más
recóndita. Puede aparecer en forma de un prado de gacelas,
un claustro monacal, un templo de ídolos, una Kaaba de
peregrinos, las tablas de la Torá para ciertas ciencias, el
legado de las hojas del Corán.

Mi deber es la deuda del Amor. Acepto libre y
gustosamente cualquier carga que sea puesta sobre mí. El
amor es como el amor de los amantes, excepto que en vez
de amar el fenómeno, yo amo lo Esencial. Esa religión, ese
deber, es mío, y es mi credo. Un propósito del amor humano
es demostrar el amor fundamental y verdadero. Este es el
amor que es consciente. El otro es el que hace al hombre
inconsciente de sí mismo.

EL ESTUDIO POR ANALOGÍAS

Se relata que Ibn el-Arabi se negaba a hablar en lenguaje
filosófico con cualquiera, sin importar lo ignorante o instruido

que fuese. Y sin embargo la gente parecía beneficiarse de su compañía. Las llevaba en expediciones, les daba comida, las entretenía con charlas sobre cientos de temas.

Alguien le preguntó: "¿Cómo puedes enseñar si parece que nunca hablas de la enseñanza?"

Ibn el-Arabi dijo: "Es por analogía." Y contó esta parábola.

Una vez, un hombre enterró por seguridad algo de dinero debajo de cierto árbol. Cuando regresó por él, ya no estaba. Alguien había puesto las raíces al descubierto y huido con el oro.

Fue a ver a un sabio y le contó su problema, diciendo: "Estoy seguro de que no hay esperanza de encontrar mi tesoro." El sabio le dijo que regresase dentro de unos días

Mientras tanto, el sabio recurrió a todos los médicos de la ciudad y les preguntó si habían recetado a alguien la raíz de cierto árbol como medicina. Uno de ellos se la había indicado a uno de sus pacientes.

El sabio llamó a este hombre y pronto descubrió que él era quien tenía el dinero. Se apoderó de él y se lo devolvió a su legítimo dueño.

"De una manera similar", dijo Ibn el-Arabi, "averiguo cuál es la verdadera intención del discípulo, y cómo puede aprender. Y le enseño."

EL HOMBRE QUE SABE

El Sufi que sabe la Verdad Suprema actúa y habla de modo tal que toma en consideración la comprensión, las limitaciones y los prejuicios dominantes ocultos de quienes lo escuchan.

Para el Sufi, la adoración significa conocimiento. Por medio del conocimiento logra la visión.

El Sufi abandona los tres yoes. El no dice "para mí", "conmigo" o "mi propiedad". No debe atribuirse nada a sí mismo.

Algo está oculto bajo una cáscara indigna. Buscamos objetivos menores, ignorando el premio de valor ilimitado.

La capacidad de interpretación significa que uno puede fácilmente leer algo dicho por un hombre sabio, de dos maneras completamente opuestas.

DESVIARSE DEL CAMINO

Quienquiera que se aparte del Código Sufi no logrará nada que valga la pena; aunque adquiera una reputación pública que retumbe hasta los cielos.

5. Saadi de Shiraz

Es DIFÍCIL ENCONTRAR palabras para esbozar una descripción de los logros de Saadi, el autor clásico del siglo XIII. Los críticos occidentales están sorprendidos de que Saadi haya escrito *El huerto* (*Bostan*) y *El jardín de rosas* (*Gulistan*), ambos grandes clásicos, en un lapso de dos o tres años. Estos trabajos mayores, conocidos por todos los persas y considerados como logros supremos, contienen una riqueza de material y una belleza poética que son casi incomparables. Saadi era un hombre sin recursos materiales, y pasó la mayor parte de su tiempo como un vagabundo sobre la faz de la tierra. Fue instruido por los maestros Sufis Gilani y Suhrawardi.

En el caso de *El jardín de rosas*, Saadi ha logrado la hazaña (aún no alcanzada en ningún idioma occidental) de escribir un libro tan simple en vocabulario y estructura, que es usado como un primer libro de texto para los estudiantes de la lengua persa, y parece contener solo aforismos moralizadores y cuentos; mientras que al mismo tiempo es reconocido por los Sufis más eminentes como un libro que oculta el espectro completo del conocimiento Sufi más profundo que puede ser puesto por escrito.

La sensación de asombro ante este logro, cuando uno ve los diferentes niveles de material entretejidos de esta manera, no puede ser expresada.

Estos dos libros no solo son fuentes de citas, proverbios y sabiduría práctica y textos sobre los estados de la mente: están escritos de una forma tal que son aceptados por los fanáticos religiosos más retrógrados. De esta manera, Saadi recibió, modeló y transmitió el conocimiento Sufi. Al elegir el formato de la literatura clásica aseguró para siempre la preservación y comunicación de su mensaje, pues nadie jamás podría eliminar a Saadi de la literatura persa; y así, de este modo, el Sufismo está protegido.

Los siguientes extractos están traducidos literalmente, para mostrar cómo ve los textos el lector común:

> Quita del oído de la conciencia el algodón del
>   descuido,
> para que la sabiduría de hombres muertos llegue a
>   tu oído.

LA PUERTA

> El infortunado es aquel que retira su cabeza de
>   esta puerta.
> Pues no encontrará otra puerta.

JOYAS Y POLVO

> Si una gema cae en el lodo, sigue siendo valiosa.
> Si el polvo asciende al cielo, permanece sin valor.

EL DÍA DE LA BATALLA

> En el día de la batalla, es el esbelto caballo – no el
>   torpe buey – quien será útil.

EL ALQUIMISTA Y EL TONTO

El alquimista muere con dolor y frustración, mientras que el tonto encuentra un tesoro en una ruina.

LA PERLA

Una gota de lluvia, goteando de una nube,
se avergonzó al ver el mar.
"¿Quién soy yo donde hay un mar?", dijo.
Cuando se vio a sí misma con el ojo de la humildad,
una concha la cobijó en su seno.

DOMINIO

El dominio del mundo de un extremo al otro
vale menos que una gota de sangre sobre la tierra.

EL LADRÓN Y LA FRAZADA

Un ladrón entró a la casa de un Sufi, y no encontró nada.
Mientras se iba, el derviche percibió su decepción y le arrojó
la frazada sobre la cual dormía para que no se fuese con las
manos vacías.

APRENDIZAJE

Nadie aprendió de mí el arte de la arquería
sin haberme transformado finalmente en su
    blanco.

EL INCULTO

Por un inculto en la comunidad,
los corazones de los sabios sufrirán dolor:
como si una piscina hubiese sido llenada con agua
    de rosas
y un perro cayera dentro, contaminándola.

ERUDITOS Y RECLUSOS

Dales dinero a los eruditos, para que puedan
    estudiar más.
Dales nada a los reclusos, para que permanezcan
    reclusos.

EL ESCORPIÓN

Le preguntaron a un escorpión:
"¿Por qué no sales en invierno?"
Él contestó:
"¿Cómo voy a querer salir en invierno, con el
    trato que recibo en verano?"

La madera verde puede doblarse:
Cuando está seca, es solo el fuego que la endereza.

EL ARCA

Cuando el capitán es Noé, ¿qué hay que temer?

EL DESTINO DE UN LOBEZNO

El destino de un lobezno es transformarse en lobo,
   incluso aunque sea criado entre los hijos del
   hombre.

EL ÁRBOL ESTÉRIL

Nadie apedrea a un árbol sin frutos.

VANAGLORIA

Aquel que tiene arrogancia en la cabeza:
no imagines que alguna vez escuchará la verdad.

EL CAMINO RECTO

Jamás he visto perderse a un hombre que estuviese
   en un camino recto.

JAULAS

Cuando un loro ha sido encerrado con un cuervo,
cree que salir de la jaula es un golpe de suerte.

TOPETANDO

Tú que juegas a topetar con un carnero,
pronto verás una cabeza rota.

UN ÁRBOL RECIENTEMENTE PLANTADO

Un árbol, recientemente plantado, puede ser arrancado por un solo hombre. Dale tiempo, y no será movido ni siquiera con una grúa.

HACIENDO EL BIEN AL MALVADO

El meramente hacer el bien al malvado acaso sea equivalente a hacerle el mal al bueno.

RECOMPENSA

Niño, no busques recompensa de A,
si trabajas en la casa de B.

CONOCER LAS PROPIAS FALTAS

A los ojos del sabio, el que busca pelear con un elefante no es realmente valiente.

Valiente es aquel que no dice improperios en la ira.
Un sinvergüenza maltrató a un hombre, quien
pacientemente dijo:
"Oh tú, de brillante porvenir: soy incluso peor de
lo que dices.
Conozco todas mis faltas, mientras que tú no las
conoces."

LAS ALTERNATIVAS

El santuario está frente a ti, y el ladrón detrás. Si continúas, triunfarás; si te duermes, morirás.

EL DERVICHE DESNUTRIDO

Cuando veo al pobre derviche desnutrido,
mi propia comida es dolor y veneno para mí.
Ese edificio sin una base firme: no lo construyas alto;
pero si lo haces... teme.

DORMIDO Y DESPIERTO

Cuando el sueño de un hombre es mejor que su
    vigilia...
sería preferible que muriera.

LA COSECHA

Sabrás en la cosecha
que la pereza es no sembrar.

RELATIVO

Una lámpara no tiene rayo alguno frente al sol;
e incluso un alto minarete en la ladera de una
    montaña se ve pequeño.
Cuando incendies la selva, si eres sabio,
evitarás a los tigres.

INFORMACIÓN Y CONOCIMIENTO

Por mucho que estudies, no podrás saber sin
    acción.
Un asno cargado con libros no es ni un intelectual
    ni un hombre sabio.
Vacío de esencia, ¿qué conocimiento tiene,
haya sobre él leña o libros?

EL CUIDADOR DE ELEFANTES

No trabes amistad con un cuidador de elefantes
si no tienes espacio para recibir a un elefante.

EL DERVICHE BAJO UN VOTO DE SOLEDAD

Un derviche bajo voto de soledad estaba sentado en el desierto
cuando pasó un rey con su comitiva. Sumido en un estado de
ánimo especial, no le prestó atención: ni siquiera levantó su
cabeza mientras pasaba la procesión.

El rey, emocionalmente superado por sus regias pretensiones,
se enfureció y dijo: "Estos que visten túnicas emparchadas
son tan impasibles como los animales y no poseen ni cortesía
ni la debida humildad."

Su visir se acercó al derviche diciéndole: "¡Oh, derviche! El
Sultán de toda la Tierra acaba de pasar a tu lado. ¿Por qué no
le rendiste la debida pleitesía?"

El derviche respondió: "Deja que el Sultán espere tributo
de quienes buscan beneficiarse de su benevolencia. Dile,
tamb007ién, que los reyes fueron creados para proteger a sus
súbditos. Los súbditos no fueron creados para servir a los
reyes."

SEGURIDAD Y RIQUEZA

En lo profundo del mar hay riquezas
    incomparables.
Pero si buscas seguridad, está en la orilla.

EL ZORRO Y LOS CAMELLOS

Un zorro fue visto huyendo aterrorizado. Alguien le preguntó qué lo estaba inquietando. El zorro contestó: "Están llevándose camellos para hacer trabajos forzados." "Tonto", le dijeron, "el destino de los camellos nada tiene que ver contigo, que ni siquiera te les pareces." "¡Silencio!", dijo el zorro, "pues si un intrigante afirmase que soy un camello, ¿*quién* trabajaría por mi puesta en libertad?"

MONEDAS DE ORO LLAMADAS NOBLES

Aquel que posee una bolsa llena de oro, tiene un lugar parecido a la luz de los ojos del hombre.
    Tal como lo expresó tan justamente el hijo del
        orfebre:
    "El noble es el hombre que tiene nobles de oro."

HABLAR

El hombre culto que sólo habla,
nunca penetrará en el corazón íntimo del hombre.

DISCÍPULOS Y SABIOS

Los discípulos en el poder son menos que niños;
los sabios son como un firme muro.
Los tontos han sido dotados con semejante
    provisión,
que cien eruditos se asombrarían por ello.

CABALLO Y CAMELLO

El caballo árabe corre rápido. El camello camina lentamente,
pero va día y noche.

DONDE EL LEOPARDO QUIZÁ ACECHE

Lo que puede parecerte un grupo de arbustos, bien podría ser
un lugar desde donde aceche un leopardo.

LA FUNDACIÓN DE LA TIRANÍA

La fundación de la tiranía en el mundo fue insignificante al
principio. Cada uno le fue agregando algo hasta que alcanzó
su magnitud actual. Por el medio huevo del cual el sultán
considera correcto apoderarse a la fuerza, sus tropas asarán
mil aves.

APARIENCIA PERSONAL

Ten las cualidades esenciales de un derviche...
¡entonces podrás lucir un chacó tártaro!

SI NO PUEDES SOPORTAR UNA PICADURA

Si no puedes resistir una picadura, no pongas tu dedo en un nido de escorpiones.

AMBICIÓN

Diez derviches pueden dormir bajo una sola frazada, pero dos reyes no pueden reinar en una misma tierra. Un hombre devoto comerá la mitad de su pan y dará la otra a los derviches. Un soberano podrá tener un reino, pero sin embargo tramará conquistar el mundo.

EL PELIGRO DEL ÉXTASIS

Si un derviche permaneciera en estado de éxtasis, estaría fragmentado en ambos mundos.

EL DERVICHE Y EL JINETE DE CAMELLOS

Cuando íbamos rumbo al sur de Arabia, un derviche descalzo y con la cabeza descubierta se unió a nuestra caravana en Kufa (en el Norte).

Noté que él no tenía ni un centavo, pero marchaba con paso decidido, recitando:

Ni agobio a un camello con mi peso
ni tampoco llevo la carga de un camello:
ni gobierno, ni soy gobernado.
Tampoco tengo ansiedades acerca del
pasado, el presente o el futuro.

Plenamente respiro, y plenamente vivo.

Un cierto mercader montado a un camello le aconsejó que regresara. De lo contrario, dijo, el derviche seguramente moriría por las adversidades y la falta de alimento.

Ignorando este consejo, el derviche continuó con su marcha.

Cuando arribamos al oasis de Beni Hamud, el mercader murió. El derviche, de pie junto al ataúd, exclamó:

Yo no morí por las adversidades;
pero tú, sobre tu camello, has muerto.

Los tontos encienden lámparas durante el día. A la noche se preguntan por qué no tienen luz.

EL HOMBRE ENFERMO

Durante la larga noche un hombre lloró
junto al lecho de un hombre enfermo.
Al amanecer, el visitante estaba muerto...
y el paciente estaba vivo.

EL DERVICHE EN EL INFIERNO

Una noche un rey soñó haber visto a un rey en el paraíso y a un derviche en el infierno.

El soñador exclamó: "¿Cuál es el significado de esto? Hubiera creído que las posiciones estarían invertidas."

Una voz respondió: "El rey está en el cielo porque respetaba a los derviches. El derviche está en el infierno porque pactó con los reyes."

HOMBRE DESCUIDADO

Quienquiera que aconseje a un hombre descuidado, está él mismo necesitado de consejo.

EL YOGUR DEL HOMBRE POBRE

Si un hombre pobre te regala un yogur, lo habrá comprado a tal precio, que consistirá en dos partes de agua y una de yogur verdadero.

LA PRESA DEL TIGRE

¿Qué puede cazar el tigre en los oscuros recovecos
de su propio cubil?

EL TONTO Y EL ASNO

Un tonto despotricaba contra un asno: él se mantenía impasible. Un hombre más sabio que observaba la escena, le dijo: "¡Idiota!, el burro nunca aprenderá *tu* lenguaje... mejor sería que guardaras silencio y en cambio dominases el idioma del asno."

EL CAMINO

Temo que no alcanzarás La Meca, ¡oh, nómade!,
¡Pues el camino que estás siguiendo conduce al
  Turquestán!

6. Hakim Jami

JAMI (1414-1492) ERA un genio y lo sabía, lo cual hacía que los eclesiásticos y literatos de su época se sintieran sumamente molestos, ya que la convención indicaba que ningún hombre era grande a menos que aparentara ser intensamente humilde. En su *Libro alejandrino de la sabiduría*, Jami muestra que el eslabón de transmisión esotérica Sufi de los Khajagan (Maestros) del Asia era el mismo que utilizaban los escritores místicos occidentales. Cita como maestros en la transmisión Sufi nombres tales como Platón, Hipócrates, Pitágoras y Hermes Trismegisto.

Jami fue discípulo de Sadedin Kashgari, jefe de los Naqshbandis, a quien sucedió en la dirección de la zona de Herat, en Afganistán. Su lealtad mayor era para con Khaja Obaidullah Ahrar, General de la Orden.

Uno de las sucintos dichos de Jami ilustra el problema de todos los maestros Sufis que se niegan a aceptar discípulos basándose en la propia valoración que hacen de sí mismos:

"Buscadores hay muchos, pero casi todos son buscadores de ventajas personales; puedo encontrar poquísimos buscadores de la verdad."

Ni tampoco esta era su única preocupación. Ciertos entusiastas religiosos en Bagdad, tratando de desacreditarlo, citaron mal uno de los párrafos de su *Cadena de oro* y crearon un revuelo que sólo se calmó luego de un ridículo y trivial debate público. Más que nada, Jami lamentó que semejantes cosas pudieran suceder en la así llamada comunidad humana.

Finalmente, los escritos y enseñanzas de Jami lo hicieron tan célebre que los monarcas contemporáneos, desde el sultán de Turquía para abajo, lo irritaban constantemente con ofertas de enormes cantidades de oro y otros regalos y peticiones para que adornara sus cortes. La aclamación de la gente también le molestaba, para sorpresa del pueblo que no llegaba a comprender que Jami no quería que lo adoptaran como un héroe, sino que hicieran algo consigo mismos.

Nunca se cansó de señalar que muchas personas que trataban de sobreponerse al orgullo, lo hacían porque de esta manera serían capaces de vanagloriarse de tal victoria.

CRECIMIENTO LUJURIOSO

Si la tijera no es utilizada diariamente para recortar la barba, no pasará mucho tiempo antes de que la barba, por su exuberante crecimiento, pretenda ser la cabeza.

UNIDAD

El amor se vuelve perfecto solamente cuando se trasciende
a sí mismo...
Convirtiéndose en Uno con su objeto;
produciendo Unidad del Ser.

LA PLEGARIA Y LA NARIZ

Vi a un hombre postrarse en oración, y exclamé:
"Depositas el peso de tu nariz sobre el piso,
con la excusa de que es un requisito del rezo."

EL MAESTRO

El soberano es el pastor y su rebaño es la gente.
Debe ayudarlos y salvarlos, no explotarlos ni
　　destruirlos.
¿El pastor está ahí para el rebaño, o el rebaño
　　para el pastor?

AMOR

El amor humano común es capaz de elevar al hombre a la
experiencia del amor verdadero.

LA NUBE SECA

La nube seca, sin agua, no puede tener la cualidad de brindar
luvia.

EL POETA Y EL MÉDICO

Un poeta fue a ver a un médico; le dijo: "Tengo toda clase de
síntomas terribles. Me siento infeliz e incómodo, mi pelo y mis
brazos y mis piernas están como si hubiesen sido torturados."

El médico contestó: "¿No es cierto que aún te falta
pronunciar tu última composición poética?"

"Eso es cierto", dijo el poeta.

"Muy bien", dijo el médico, "ten la amabilidad de recitarla."

Así lo hizo, y ante la insistencia del doctor repitió sus versos
una y otra vez. Entonces el médico dijo: "Ponte de pie, pues
ya estás curado. Lo que tenías adentro había afectado lo de
afuera. Ahora que ha sido liberado, estás nuevamente bien."

EL MENDIGO

Un mendigo fue hacia una puerta, pidiendo que se le dé algo. El dueño contestó, y dijo: "Lo siento mucho, pero no hay nadie en casa."

"No quiero a nadie", dijo el mendigo, "quiero comida."

HIPOCRESÍA

Está registrado en la Tradición de los Maestros que Jami dijo una vez, cuando se le preguntó sobre la hipocresía y la honestidad:

"¡Qué cosa tan maravillosa es la honestidad y qué cosa tan extraña la hipocresía!

"Deambulé desde La Meca a Bagdad, y puse a prueba la conducta de los hombres.

"Cuando les pedí que fueran honestos, siempre me trataban con respeto pues les habían enseñado que los hombres buenos siempre hablan así; y habían aprendido que debían mirar hacia abajo cuando la gente habla de honestidad.

"Cuando les dije que rehuyeran a la hipocresía, todos estuvieron de acuerdo conmigo.

"Pero no sabían que cuando les dije 'verdad', yo sabía que desconocían qué es la verdad, y que por ende tanto ellos como yo éramos entonces hipócritas.

"Tampoco sabían que cuando les dije que no fuesen hipócritas lo estaban siendo al no preguntarme el método. No sabían que yo también estaba siendo hipócrita al meramente decir: 'No sean hipócritas', porque las palabras no transmiten el mensaje por sí mismas.

"Por lo tanto, me respetaban cuando yo estaba actuando hipócritamente; se les había enseñado a hacer esto. Se respetaban a sí mismos mientras pensaban hipócritamente, pues es hipocresía creer que uno está siendo mejorado simplemente por pensar que es malo ser un hipócrita.

"La Senda conduce más allá: hacia la práctica y la comprensión donde no puede haber hipocresía; donde la honestidad está y no algo a lo cual el hombre apunte."

ORGULLO

No te jactes de no tener orgullo, pues es menos visible que la pata de una hormiga sobre una piedra negra en una noche oscura.

Y no creas que sacarlo desde adentro es fácil, pues extraer una montaña de la tierra con una aguja es más sencillo.

INTELECTO

Deja de ostentar intelecto y erudición; pues aquí el intelecto es un estorbo y la erudición una estupidez.

¿QUÉ HAREMOS?

La rosa se ha ido del jardín; ¿qué haremos con las espinas?
El Shah no está en la ciudad; ¿qué haremos con su corte?
Los justos son jaulas; la belleza y la bondad, el pájaro:
Cuando el pájaro haya volado, ¿qué haremos con la jaula?

EL ESTADO

La justicia y la imparcialidad, y no la religión o el
    ateísmo,
son lo necesario para la protección del Estado.

LA OLA MÁS PESADA

Ante Nushirvan el Justo los sabios discutían sobre cuál era la
ola más pesada en esta profundidad hecha de dolor.

Uno de ellos dijo que era la enfermedad y el sufrimiento;
otro, la vejez y la pobreza;

un tercero dijo que era acercarse a la muerte sin haber
realizado el trabajo suficiente.

Y al final esta fue aceptada.

7. Hakim Sanai

El Maestro Sanai vivió durante los siglos XI y XII, y se estima que es el primer maestro afgano que utilizó el tema del amor en el Sufismo. Rumi lo reconoció como uno de sus inspiradores.

Los fanáticos religiosos intentaron marcarlo como un apóstata del Islam, pero no tuvieron éxito. Como suele suceder, desde entonces sus palabras han sido regularmente utilizadas por los descendientes espirituales de estos clérigos cerrados para apuntalar sus propias pretensiones. Por medio de un proceso bastante conocido, cuando la terminología y la organización Sufi hubieron sido adoptadas por los entusiastas religiosos hasta tal punto que la distinción entre los Sufis y estos superficialistas se había borrado, los fanáticos trataron de afirmar más de una vez que Sanai no era en absoluto un Sufi. La razón de esto yace en que sus pensamientos no podían ser fácilmente reconciliados con la religiosidad estrecha.

El amurallado jardín de la verdad, uno de los trabajos más importantes de Sanai, está compuesto de una manera tal que se les pueden dar varias lecturas a los distintos pasajes. Esto produce un cambio en las percepciones, análogo a un cambio de enfoque sobre un solo y mismo objeto. Si se utilizan una serie de métodos interpretativos con este libro, un marco por demás interesante de material instructivo, casi un sistema es revelado.

Sanai también es conocido por su *La asamblea de los pájaros*, que en la superficie es una alegoría de la búsqueda humana para encontrar la iluminación superior. Su libro *Canciones derviches*, es la representación lírica de la experiencia Sufi.

EL HOMBRE DORMIDO

Mientras la humanidad permanezca como mero
    equipaje en el mundo,
será arrastrada como si en un bote estuviera
    dormida.
¿Qué pueden ver en el sueño?
¿Qué mérito o castigo verdadero puede haber allí?

EL LIBRO SELLADO

El progreso del humano es aquel de uno a quien se le ha dado un libro sellado, escrito antes de que naciera. Lo lleva dentro de sí hasta que "muere". Mientras el hombre esté sujeto al movimiento del Tiempo, no conocerá el contenido de aquel libro sellado.

NIVELES DE VERDAD

Lo que parece verdadero es apenas una distorsión
    mundana de la verdad objetiva.

MEDIOS Y FINES

"Ha" y "Ho" son sonidos que dejan de tener uso cuando los conocedores realmente saben.

EL INFANTE

El hombre no se da cuenta de que es como un infante en las manos de una enfermera. Algunas veces está contento con lo que le pasa, otras triste. La enfermera a veces reprende al niño, a veces lo calma. En ocasiones le da una nalgada, en otras comparte su tristeza. La persona superficial, el desconocido que pasa, acaso piense que la enfermera es desconsiderada con el niño. ¿Cómo puede él saber que este es el modo en que ella debe comportarse?

CÓMO Y POR QUÉ

La esencia de la verdad es superior a la terminología de "¿Cómo?" o "¿Por qué?"

SIGUE LA SENDA

No hables de tu pena… pues Él está hablando.
No Lo busques… pues Él está buscando.

Él siente hasta el roce de la pata de una hormiga;
si una piedra se mueve debajo del agua… Él lo sabe.

Si hay un gusano en una roca,
Él conoce su cuerpo, más pequeño que un átomo.

El sonido de su alabanza y su oculta percepción,
Él los conoce por Su sabiduría divina.

Él le ha dado al gusano su sustento:
Él te ha mostrado la Vía de la Enseñanza.

8. Jalaludin Rumi

El trabajo más importante de Rumi, generalmente considerado como uno de los libros más valiosos del mundo, es su *Mathnavi-i-Maanavi* (*Coplas de significado interior*). Su charla de sobremesa (*Fihi Ma Fihi*), sus cartas (*Maktubat*), *Diwan* y la hagiografía *Munaqib el-Arifin*, todos contienen partes importantes de sus enseñanzas.

Los siguientes fragmentos, tomados de todas estas fuentes, son temas de meditación que pueden ser considerados como aforismos y declaraciones de dogma, o como consejos sabios. Su uso Súfico, sin embargo, va mucho más allá de esto. Rumi, como otros autores Sufis, planta sus enseñanzas dentro de un contexto que con eficiencia puede tanto encubrir como mostrar su significado interno. Esta técnica cumple con las funciones de impedir que quienes son incapaces de utilizar el material en un nivel superior puedan experimentar eficazmente con él: permitiéndoles a aquellos que quieren poesía, elegir poesía; entreteniendo a la gente que desea historias; estimulando el intelecto de quienes valoran tales experiencias.

Una de sus sentencias más reveladoras es el título de su charla de sobremesa: "En él lo que está en él" ("Obtienes de ello lo que ahí hay para ti").

Rumi tenía el incómodo hábito Sufi de sobresalir en sus habilidades literarias y poéticas por encima de todos sus contemporáneos, mientras afirmaba constantemente que dicho logro era menor comparado con el de ser un Sufi.

¡QUÉ LEJOS HAS LLEGADO!

Originariamente, eras barro. De ser mineral, te volviste vegetal. De vegetal, te transformaste en animal; y de animal, en hombre. Durante estos períodos el hombre no sabía a dónde estaba yendo, pero no obstante era llevado en un largo viaje. Y aún tienes que pasar a través de cien mundos diferentes.

EL CAMINO

El Camino ha sido trazado.

Si te apartas de él, perecerás.

Si tratas de interferir con las señales en el camino, serás un malvado.

LOS CUATRO HOMBRES Y EL INTÉRPRETE

Cuatro hombres recibieron una moneda.

El primero era un persa. Dijo: "Con esto compraré un poco de *angur.*"

El segundo era un árabe. Dijo: "No, porque *yo* quiero *inab.*"

El tercero era un turco. Dijo: "Yo no quiero *inab*, quiero *uzüm.*"

El cuarto era un griego. Dijo: "*Yo* quiero *stafil.*"

Dado que no sabían qué yacía detrás de los nombres de las cosas, los cuatro comenzaron a pelear. Tenían información pero no conocimiento.

Un hombre de sabiduría, de haber estado presente, habría logrado la reconciliación, diciéndoles: "Yo puedo satisfacer las necesidades de todos ustedes con una misma y única moneda. Si honestamente depositan su confianza en mí, su moneda se transformará en cuatro; y cuatro en discordia se convertirán en uno."

Tal hombre sabría que cada uno, en su propio idioma, quería la misma cosa: uvas.

YO SOY LA VIDA DE MI AMADO

¿Qué puedo hacer, musulmanes? No me conozco a
    mí mismo.
No soy cristiano, ni judío, ni mago, ni musulmán.
No soy del Oriente ni del Occidente; ni de la tierra
    ni del mar.
Tampoco soy de la mina de la naturaleza, ni de los
    cielos circundantes;
ni de tierra ni de agua ni de aire ni de fuego;
ni del trono, ni del suelo; de la existencia, del ser.
No soy de la India, China, Bulgaria, Saqseen;
ni del reino de los iraquíes o del Jorasán;
ni de este mundo ni del siguiente: del cielo o del
    infierno;
ni de Adán, Eva, los jardines del Paraíso o el Edén;
mi lugar sin lugar, mi rastro sin huella.
Ni cuerpo ni alma: todo es la vida de mi Amado...

LOS BÚHOS Y EL HALCÓN DEL REY

Un halcón real se posó un momento sobre el muro de unas ruinas habitadas por búhos. Los búhos le temían. Él dijo: "Este puede parecerles un lugar muy próspero, pero mi lugar es sobre la muñeca de un rey."

Algunos de los búhos gritaron a los otros: "¡No le crean! Es una artimaña para robarnos nuestro hogar."

OTRA DIMENSIÓN

El mundo oculto tiene sus nubes y lluvia, pero son de un tipo diferente.

Su cielo y su sol son de otra índole.

Este se hace evidente solamente para los refinados: aquellos no engañados por la aparente completez del mundo ordinario.

BENEFICIÁNDOSE POR LA EXPERIENCIA

La Verdad Exaltada nos impone
calor y frio, angustia y dolor,
terror y debilidad de riqueza y cuerpo;
todo junto, para que la joya de nuestro ser más
    íntimo
se vuelva evidente.

DESPERTAR

Puede que un hombre esté en éxtasis, y puede que otro hombre trate de despertarlo; se considera bueno el hacerlo. Sin embargo, puede que este estado sea malo para él, y puede que el despertar sea bueno para él. Despertar a un durmiente es bueno o malo según quién lo haga. Si el despertador posee logros superiores, esto elevará el estado de la otra persona. Si no los tiene debilitará la conciencia del otro hombre.

ÉL NO ESTABA EN NINGÚN OTRO LUGAR

A la cruz y a los cristianos, de un extremo al otro, examiné: Él no estaba en la cruz. Fui al templo hindú, a la pagoda antigua: en ninguno de ellos había señal alguna. Hacia las mesetas de Herat fui, y a Kandahar; miré: Él no estaba en las alturas o en los valles. Resueltamente fui a la cumbre de la [fabulosa] montaña de Kaf: allí apenas estaba la morada del [legendario] pájaro Anqa. Fui a la Kaaba de La Meca: Él no estaba allí. Pregunté por Él a Avicena el filósofo: Él estaba fuera de alcance para Avicena... Miré dentro de mi propio corazón: en ese, su lugar, lo vi. No estaba en ningún otro lado...

AQUELLOS QUE SABEN, NO PUEDEN DECIR

Cuando se le enseña a alguien los Secretos de la Percepción,
sus labios son sellados para evitar que hable de la Conciencia.

JOHA Y LA MUERTE

Un niño lloraba y gritaba ante el ataúd de su padre, diciendo:

"¡Padre!, te están llevando a un lugar donde no hay nada que cubra el suelo. No hay luz, comida, ni puertas, ni vecino servicial..."

Joha, alarmado pues la descripción parecía justa, le gritó a su propio padre:

"¡Respetado progenitor, por Alá, lo están llevando a *nuestra* casa!"

LA INTELIGENCIA Y LA PERCEPCIÓN REAL

La inteligencia es la sombra de la Verdad objetiva.
¿Cómo puede la sombra competir con la luz del
  sol?

LA VERDADERA REALIDAD

De esto no existe comprobación académica en el
  mundo,
pues está escondida, y escondida, y escondida.

EL ESPÍRITU HUMANO

Ve más alto: ¡Contempla el Espíritu Humano!

EL DESAPEGO TRAE PERCEPCIÓN

¡Oh corazón! Hasta que, en esta prisión de
  engaño,
puedas ver la diferencia entre esto y aquello,
por un instante desapégate de este pozo de tiranía:
párate afuera.

TÚ Y YO

Feliz el momento en que nos sentamos en la
  glorieta, Tú y yo;
en dos formas y con dos rostros: con un alma,
  Tú y yo.

El color del jardín y el canto de los pájaros darán
el elixir de la inmortalidad
apenas entremos en la huerta, Tú y yo.
Las estrellas del cielo se asoman para
contemplarnos: les mostraremos la mismísima
luna, Tú y yo.
Tú y yo, sin "Tú" o "yo", nos volveremos uno a través
de nuestra degustación:
Felices, a salvo de la conversación ociosa, Tú y yo.
Los alegres loros del cielo nos envidiarán...
cuando riamos de tal manera, Tú y yo.
Es más extraño, que Tú y yo aquí en este rincón...
en un soplo ambos estemos en Irak y en Jorasán:
Tú y yo.

DOS CAÑAS

Dos cañas beben de un arroyo. Una es hueca, la otra es una
caña de azúcar.

QUÉ HABRÉ DE SER

He crecido una y otra vez como pasto;
he experimentado setecientos setenta moldes.
Morí a la mineralidad y me transformé en vegetal;
y desde la vegetatividad perecí y me volví animal.
Morí a la animalidad y me transformé en hombre.
Entonces, ¿por qué temer a la desaparición a
través de la muerte?
La próxima vez que muera,
me aflorarán alas y plumas como los ángeles;

y luego volaré más alto que los ángeles.
Aquello que no puedes imaginar: eso habré de ser.

EL HOMBRE DE DIOS

El Hombre de Dios está ebrio sin vino;
el Hombre de Dios está saciado sin carne.

El Hombre de Dios está extasiado, sorprendido;
el Hombre de Dios no tiene ni comida ni sueño.

El Hombre de Dios es un rey bajo un humilde
  manto;
el Hombre de Dios es un tesoro en una ruina.

El Hombre de Dios no es de viento ni de tierra;
el Hombre de Dios no es de fuego ni de agua.

El Hombre de Dios es un mar sin orilla;
el Hombre de Dios hace que lluevan perlas sin que
  haya nubes.

El Hombre de Dios tiene cien lunas y cielos;
el Hombre de Dios tiene cien soles.

El Hombre de Dios es sabio a través de la Verdad;
el Hombre de Dios no es un erudito de un libro.

El Hombre de Dios está más allá tanto de la fe
  como de la incredulidad;
para el Hombre de Dios ¿qué "pecado" o "mérito"
  hay allí?

El Hombre de Dios se alejó del no ser;
El Hombre de Dios ha venido, cabalgando
   sublimemente.

El Hombre de Dios está oculto, ¡Oh Shamsudin!
Busca y encuentra... al Hombre de Dios.

LA VERDAD

El Profeta dijo que la Verdad ha declarado:
"No estoy escondida ni en lo que es alto ni en lo
   que es bajo;
ni en la tierra ni en los cielos ni en el trono.
Esto es certeza, Oh amado:
Estoy escondida en el corazón de los fieles.
Si me buscas, búscame en estos corazones."

LA CIENCIA

La Ciencia de la Verdad desaparece en el
   conocimiento del Sufi.
¿Cuándo comprenderá la humanidad este dicho?

POLVO SOBRE EL ESPEJO

La Vida/Alma es como un espejo nítido; el cuerpo
   es polvo sobre él.
La belleza nuestra no es percibida, pues estamos
   debajo del polvo.

ACCIÓN Y PALABRAS

Yo a la gente le doy lo que quiere. Recito poesía pues la desean como entretenimiento.

En mi propio país, a la gente no le gusta la poesía. Durante mucho tiempo he buscado a quienes quieren acción, pero todo lo que quieren son palabras. Estoy dispuesto a mostrarles acción: pero nadie patrocinará esta acción. Entonces les regalo... palabras.

La ignorancia del tonto termina por dañar, no importa cuán unido esté su corazón al tuyo.

TRABAJO

El trabajo no es lo que la gente cree que es.

No es solo algo que, cuando está en funcionamiento, puedes verlo desde afuera.

¿Cuánto tiempo habremos, en este mundo
   terrenal, de llenar nuestro regazo con polvo y
   piedras y sobras?
Dejemos la tierra y volemos a los cielos;
dejemos la infancia y vayamos a la asamblea del
   Hombre.

LA CASA

Si diez hombres quieren entrar a una casa y solo nueve encuentran la manera, el décimo no debe decir: "Esto es lo que dispuso Dios."

Debe descubrir cuáles fueron sus propias fallas.

BÚHOS

Solamente los pájaros de dulce voz son
    aprisionados.
A los búhos no se los mantiene en jaulas.

ESFUERZOS

Ata a dos pájaros juntos.
No serán capaces de volar, a pesar de que ahora
    tengan cuatro alas.

BUSCANDO

Busca una perla, hermano, dentro de una concha;
y busca la destreza entre los hombres de palabra.

ESTA TAREA

Tienes una labor que realizar. Haz cualquier otra cosa, haz
cualquier cantidad de cosas, ocupa tu tiempo por completo;
mas si no cumples con esta tarea habrás perdido todo tu
tiempo.

LA COMUNIDAD DEL AMOR

La gente del Amor está escondida en el pueblo;
como un hombre bueno rodeado de los malvados.

UN LIBRO

El objetivo de un libro puede ser instruir,
sin embargo también lo puedes usar como
almohada...
aunque su objetivo sea brindar conocimiento,
dirección, beneficio.

EPITAFIO DE JALALUDIN RUMI

Cuando estemos muertos no busques nuestra tumba en la
tierra, mas encuéntrala en el corazón de los hombres.

PARTE III

Las cuatro Órdenes mayores

Las cuatro Órdenes mayores

Contexto

Todos los maestros derviches emplean formulaciones para proyectar sus enseñanzas. Tomados separadamente, como es el caso cuando la gente examina cosas con información insuficiente, estos procedimientos, materiales e ideas pueden parecer asociados con otros credos y con prácticas que datan de tiempo inmemorial, o que pertenecen a campos que no son, estrictamente hablando, metafísicos.

Pero, dado que el conocimiento básico de los derviches no es a menudo conocido por estos observadores, las razones por las que los Sufis eligen ciertos métodos, por no hablar de la eficacia de los métodos mismos, permanecen igualmente desconocidos.

Podremos fácilmente distinguir como destacados a los siguientes métodos utilizados por derviches para ayudar a engendrar estados superiores de la mente en sus discípulos:

1. Impactos auditivos, visuales y otros.
2. Materiales verbalizados, incluyendo leyendas y parábolas, destinados a establecer en la mente no una creencia sino una pauta, un diseño que le ayude a funcionar de "otra" manera.
3. Trabajar, orar, ejercitar, al unísono y con el propósito de engendrar, liberar y hacer fluir una cierta dinámica

(no una emocional o de adoctrinamiento) que impulse el "trabajo".

4. El empleo de lugares, objetos, símbolos, etcétera, que se mantienen para complementar las cogniciones humanas ordinarias, no para entrenarlas.

5. La organización de grupos locales y otros, compuestos por personas escogidas por la inherente posibilidad de su armonización dentro de una comunidad esotérica, para estimular el desarrollo de algo dentro de la comunidad: no una comunidad magnetizada alrededor de una idea.

6. La selección, entre formulaciones tradicionales u otras, de prácticas y procedimientos únicamente con el criterio de funcionalidad. ¿Funcionará esto exitosamente, dado un cierto tipo de persona en una cierta cultura?

7. La creación de comunidades de trabajo seleccionando agrupaciones vocacionales (y otras) localmente aprobadas que también puedan ser útiles en el "trabajo" derviche. La introducción de sistemas de agrupamiento que quizá pueda faltar en la cultura local porque no tiene atracción psicológica o validez económica.

8. La producción de procedimientos, técnicas y materiales que puedan ser empleados para conectarse con el aspecto interior del ser de una persona, sin alterar sus actividades habituales basadas en condicionamientos locales o temporales. La operación derviche es por lo tanto una empresa altamente especializada y compleja. Las características principales de las escuelas derviches bien conocidas – danzar, saltar, escuchar y hacer música y demás – son todas popularizaciones ignorantemente imitativas de una "tecnología" originalmente muy sofisticada cuya pericia es el conocimiento instantáneo de los maestros en lo referido a cuáles procesos aplican en qué circunstancias.

Una vez que estos hechos básicos son conocidos, dos importantes aseveraciones de los derviches parecen prácticas y plausibles:

1. La unidad de todos los derviches y del "trabajo" se hace más factible. La aparente contradicción entre un "Camino" y otro es eliminada. La práctica, por ejemplo, de los sheikhs Naqshbandi de iniciar discípulos dentro de cualquiera de las Órdenes se vuelve comprensible aun en un nivel intelectual. La afirmación acerca de la insolvencia de los imitadores que se concentran sobre unas pocas técnicas, se entiende con mayor claridad.

2. Se observa que la conexión entre las antiguas filosofías prácticas y las actuales se ha basado sobre la unidad de nivel superior del conocimiento, no sobre las apariencias. Esto explica por qué el musulmán Rumi tiene discípulos cristianos, zoroástricos y otros; por qué se dice que el gran "maestro invisible" Sufi, Khidr, es judío; por qué el príncipe mogol Dara Shikoh identificó enseñanzas Sufis en los Vedas Hindúes, y sin embargo continuó siendo un miembro de la orden Qadiri; por qué se puede decir que Pitágoras y Salomón fueron maestros Sufis. También explica por qué los Sufis aceptarán que algunos alquimistas han sido Sufis, como también la comprensión de los factores de desarrollo subyacentes en la filosofía evolutiva de Rumi, o el "cristianismo" de Hallaj; por qué, de hecho, se dice que Jesús está, en cierto sentido, a la cabeza de los Sufis.

La importancia de esta información, sin embargo, no termina aquí. Es esencial para cada potencial estudiante del Sufismo recordar que todas las formulaciones, ejercicios, Órdenes y técnicas que estudie fuera de una escuela Sufi, representan el manto externo de un trabajo educacional intensivo actual o ya reemplazado, que podría ser presentado en una de muchísimas otras formas. No puede, por lo tanto, legítimamente decidir que tal o cual principio o práctica Sufi es atractivo para él (ergo útil) y otros no. Sean atractivos o no, estos principios y prácticas son marcos de trabajo a través de los cuales la enseñanza ha sido, o está siendo, proyectada. Al tratar especialmente con material histórico, solo los imitadores (por muy piadosos que sean) piensan que cierta práctica ha de ser recomendada solamente porque fue utilizada por tal o cual maestro.

Debido a la doctrina de "tiempo, lugar y gente", los ejercicios Sufis son de valor:

1. Para quienes se sienten atraídos por las técnicas. Son personas que solo buscan un mero estímulo psicológico común. No son místicos ni metafísicos, aunque a menudo creen que lo son.

2. Para propósitos de información, para familiarizar a posibles discípulos con la variedad y tipo de ejercicios que utilizan los derviches.

3. Para desarrollar las capacidades del individuo y del grupo únicamente cuando son correctamente prescriptos por una escuela Sufi perteneciente a la cultura de la cual proviene la mayoría de sus adherentes. Para poder beneficiarse de los materiales escritos, es absolutamente necesario que el lector examine los relatos de la teoría y la práctica Sufi con una comprensión clara de los puntos anteriores.

Las Órdenes derviches fueron originalmente establecidas con el propósito de regularizar y poner a disposición de candidatos seleccionados las técnicas especiales que fueron perfeccionadas por el Fundador de cada Orden.

Esas Órdenes que son generalmente conocidas en Oriente, incluyendo las Cuatro Órdenes Mayores cuyos materiales se estudian aquí, actualmente han estabilizado sus rituales y la aceptación de miembros exclusivamente según la cultura oriental y la religión del Islam. Hoy en día la enseñanza en estas órdenes está limitada exclusivamente a musulmanes.

1. La Orden Chishti

KHWAJA ("MAESTRO") ABU-ISHAK Chishti, "el sirio", nació a principios del siglo X. Era descendiente del profeta Muhammad y afirmó que las enseñanzas internas de la Familia de Hashim eran su "linaje espiritual". Sus continuadores son una rama de la Línea de los Maestros, que más tarde se hizo conocida como los Naqshbandi ("La Gente del Diseño").

Esta comunidad Chishti, originada en Chisht, Jorasán, se especializó en el empleo de la música en sus ejercicios. Los derviches errantes de la Orden eran conocidos como Chist o Chisht. Entraban a un pueblo tocando una animada melodía con flauta y tambor para convocar a la gente, antes de recitar un cuento o leyenda de significado iniciático.

Rastros de esta figura aparecen incluso en Europa, donde encontramos al *chistu* español con indumentaria e instrumentos muy parecidos: una especie de bufón itinerante. Incluso puede que la atribución etimológica de los diccionarios occidentales al latín *gerere* "hacer" como origen de la palabra "bufón" (*jester* en inglés) sea de hecho fantasiosa, y que el original yazca en el *chisti* afgano.

Como en el caso de otras Órdenes Sufis, las metodologías especializadas de los Chishtis pronto se cristalizaron en un simplificado amor por la música: la excitación emocional producida por la música confundida por una "experiencia espiritual".

Los Chishtis causaron su impacto más perdurable en la India. Durante los últimos nueve siglos, sus músicos han sido apreciados en todo el subcontinente.

Los materiales siguientes son representativos de la instrucción y tradición Chishti.

CAUSA Y EFECTO

Abu-Ishak Shami Chishti dijo:

Mi maestro, Khaja Hubaira, un día me llevó a dar un paseo por el pueblo.

Un hombre montado en un burro no nos abría paso en una estrecha calle, y como fuimos lentos en quitarnos de su camino nos maldijo rotundamente.

"Ojalá sea castigado por ese comportamiento", gritó la gente desde sus puertas.

El Khaja me dijo:

"¡Qué tonta es la gente! No se dan cuenta de cómo suceden realmente las cosas. Solo ven una clase de causa y efecto, mientras que algunas veces el efecto, como ellos lo llamarían, aparece antes que la causa."

Yo quedé perplejo y le pregunté qué quería decir.

"Ese hombre", dijo, "ya ha sido castigado por el comportamiento que recién nos mostró. El jueves pasado pidió ser admitido en el círculo del Sheikh Adami, y fue rechazado. Solo cuando se dé cuenta será capaz de entrar en el círculo de los elegidos. Hasta entonces, continuará comportándose así."

EL JARDÍN

Había una vez, cuando la ciencia y el arte de la jardinería estaba aún bien establecida entre los hombres, un maestro jardinero. Además de conocer todas las cualidades de las plantas, sus valores nutritivos, medicinales y estéticos, se le había dispensado el conocimiento de la Hierba de la Longevidad, y vivió durante muchos siglos.

A través de sucesivas generaciones, visitó jardines y cultivó lugares por todo el mundo. En un paraje plantó un jardín maravilloso, instruyó a la gente cómo mantenerlo e incluso les enseñó la teoría de la jardinería. Pero al habituarse a ver que algunas de las plantas crecían y florecían cada año, pronto olvidaron que tenían que recoger las semillas de otras, que algunas especies se propagaban por medio de estacas, que otras necesitaban agua de más, etcétera. El resultado fue que finalmente el jardín se volvió salvaje, y la gente comenzó a considerarlo como el mejor jardín que podía existir.

Luego de haberles dado muchas oportunidades para aprender, el jardinero los expulsó y reclutó a otro grupo de ayudantes. Les advirtió que si no mantenían correctamente al jardín y no estudiaban sus métodos, sufrirían por ello. Ellos, a su vez, olvidaron: y dado que eran holgazanes se ocupaban solo de las frutas y flores que eran de fácil mantenimiento, y dejaron que las demás muriesen. Algunos de los primeros aprendices volvían cada tanto y decían: "Deberían hacer esto y aquello", pero los alejaban gritándoles: "*Ustedes* son los que se apartan de la verdad en este asunto."

Pero el maestro jardinero perseveró. Hizo otros jardines dondequiera que pudo, y sin embargo ninguno era perfecto; excepto aquel que él mismo y sus principales ayudantes cuidaban. Cuando se supo que había muchos jardines e incluso muchos métodos de jardinería, las personas de un jardín visitaban aquellos de los otros, para aprobar, criticar o discutir. Se escribieron libros, se realizaron asambleas de jardineros y se crearon categorías según lo que ellos creían era el orden correcto de prioridad.

Así como suele suceder con la gente, la dificultad de los jardineros sigue siendo la atracción en demasía por lo superficial. Dicen: "Me gusta esta flor", y quieren que también les guste a los demás. Quizá sea, a pesar de su atractivo o abundancia, una mala hierba que está sofocando otras plantas que podrían proveer las medicinas o los alimentos que la gente y el jardín necesitan para su sustento y permanencia.

Entre estos jardineros hay quienes prefieren plantas de un solo color; puede que a estas las describan como "buenas". Hay otros que solo se ocupan de las plantas mientras se rehúsan a cuidar los senderos o las entradas o incluso las cercas.

Cuando finalmente murió el anciano jardinero, dejó como donativo el conocimiento completo de la jardinería, distribuido entre las personas que lo comprenderían según sus capacidades. Así, la ciencia y también el arte de la jardinería perduraron como una herencia esparcida por muchos jardines y también en algunos registros de ellos.

Las personas que son educadas en uno u otro jardín, generalmente han recibido una instrucción tan poderosa acerca de los méritos o deméritos de la forma en que los habitantes ven cosas, que son casi incapaces – aunque hagan el esfuerzo – de comprender que tienen que regresar al concepto de "jardín". En el mejor de los casos, generalmente solo aceptan, rechazan, suspenden el juicio o buscan aquello que imaginan que son los factores comunes.

De vez en cuando surgen verdaderos jardineros. Tal es la abundancia de semijardineros, que cuando escuchan acerca de los reales, la gente dice: "Oh, sí. Tú hablas de un jardín como el que nosotros ya tenemos, o imaginamos." Ambos, lo que tienen y lo que imaginan, son defectuosos.

Los verdaderos expertos, quienes no pueden razonar con los cuasijardineros, en su mayoría se asocian entre sí, poniendo en este o aquel jardín algo del stock total que le permitirá mantener su vitalidad hasta cierto punto.

A menudo están forzados a enmascararse, pues la gente que quiere aprender de ellos pocas veces sabe acerca del hecho de que la jardinería es un arte o una ciencia que subyace a todo lo que hayan escuchado antes. Entonces hacen estas preguntas: "¿Cómo puedo lograr flores más bellas sobre estas cebollas?"

Los jardineros auténticos acaso trabajen con esta gente porque a veces se pueden crear jardines verdaderos para beneficio de toda la humanidad. No duran mucho tiempo, pero es únicamente a través de ellos que el conocimiento puede realmente ser aprendido y la gente puede venir a ver qué es verdaderamente un jardín.

EL GRUPO DE SUFIS

Un grupo de Sufis, enviados por su preceptor a cierto distrito, se estableció en una casa.

Con el fin de evitar atención indeseable, únicamente el hombre a cargo – el Diputado Jefe – enseñaba en público. El resto de la comunidad comenzó a realizar tareas aparentes, fingiendo ser sirvientes en su casa.

Cuando este maestro murió, los miembros de la comunidad reorganizaron sus funciones, revelándose como místicos avanzados.

Pero los habitantes del país no solo los rechazaban por imitadores, sino que de hecho decían: "¡Qué vergüenza! Miren cómo han usurpado y distribuido el patrimonio del Gran Maestro. ¡Y encima estos miserables sirvientes ahora se comportan como si ellos mismos fueran Sufis!"

La gente común, solo debido a falta de experiencia en la reflexión, no tiene los medios para juzgar situaciones tales como estas. Por lo tanto, tienden a aceptar meros imitadores que toman el lugar de un maestro y rechazan a quienes verdaderamente continúan con su trabajo.

Cuando un maestro abandona una comunidad, al morir o por otra causa, quizá la intención sea que su actividad continúe... o quizá no. Tal es la codicia de la gente común, que siempre supone que esta continuidad es deseable. Tal es su relativa estupidez, que no pueden ver la continuidad si no toma la forma más burda posible.

CUANDO LA MUERTE NO ES MUERTE

A cierto hombre que se lo creía muerto lo estaban preparando para el entierro, cuando revivió.

Se sentó, pero lo impactó tanto ver la escena que lo rodeaba, que se desmayó.

Lo colocaron en un ataúd, y el cortejo fúnebre partió hacia el cementerio.

Justo cuando llegaban a la fosa recobró el conocimiento, levantó la tapa del féretro y gritó pidiendo auxilio.

"No es posible que haya revivido", dijeron los dolientes, "porque su muerte ha sido certificada por expertos competentes."

"¡Pero estoy vivo!", gritó el hombre.

Apeló a un conocido e imparcial científico y jurisconsulto que estaba allí presente.

"Un momento", dijo el experto.

Se volvió hacia los dolientes, contándolos: "Ahora bien, ya hemos escuchado lo que el supuesto muerto tenía para decir. Ustedes cincuenta testigos díganme cuál consideran que es la verdad."

"Está muerto", dijeron los testigos.

"¡Entiérrenlo!", dijo el experto.

Y entonces fue sepultado.

LA HABITACIÓN EXTRA

Cierto hombre necesitaba dinero, y la única forma de conseguirlo era vendiendo su casa. Sin embargo, no quería desprenderse de su totalidad.

Así que acordó, por contrato con los nuevos dueños, tener el uso completo e irrestricto de una habitación en la cual podría guardar, cuando quisiese, cualquiera de sus pertenencias.

Al principio el hombre guardaba pequeños objetos en su cuarto y solía ir a verlos sin molestar a nadie. Luego, al cambiar ocasionalmente de trabajo, almacenaba ahí las herramientas de su oficio. Aún los nuevos dueños no protestaban.

Finalmente, comenzó a guardar gatos muertos en la habitación hasta que la casa se volvió inhabitable debido al efecto de su descomposición.

Los dueños apelaron a la justicia, pero los jueces sostuvieron que la molestia era compatible con el contrato. Al final le vendieron la casa a su primer dueño, sufriendo grandes pérdidas.

LOS SIETE HERMANOS

Érase una vez un padre sabio que tenía siete hijos. Mientras crecían, les enseñó todo lo que pudo; pero antes de poder completar su educación percibió algo que hizo que lo más importante fuera la seguridad de sus hijos. Se dio cuenta de que una catástrofe iba a aplastar su país. Los jóvenes eran temerarios y no podía confiar del todo en ellos. Sabía que si decía: "Nos amenaza una catástrofe", ellos responderían: "Nos quedaremos contigo para enfrentarla."

Entonces le dijo a cada uno de sus hijos que debían llevar a cabo una misión, y que habrían de partir inmediatamente. Envió al primero hacia el norte, al segundo rumbo al sur, al tercero al oeste y al este el cuarto. Los tres restantes fueron enviados a destinos desconocidos.

Tan pronto como hubieron partido, el padre, utilizando su conocimiento especial, logró llegar a un distante país para proseguir con cierto trabajo que había sido interrumpido por la necesidad de educar a sus hijos.

Luego de haber completado sus misiones, los primeros cuatro hijos regresaron a su país. El padre había planificado de tal manera la duración de sus tareas que estarían seguros y ocupados en la lejanía hasta que les fuera posible volver al hogar.

Los hijos, de acuerdo con sus instrucciones, regresaron al lugar que habían conocido durante su juventud; pero ahora no se reconocían el uno al otro. Cada uno sostenía ser el hijo de su padre, y ninguno creía en los demás. El tiempo y el clima, los sufrimientos y los excesos habían hecho su trabajo, y la apariencia de los hombres era distinta.

Debido a que estaban tan amargamente enfrentados, y a que cada uno había decidido evaluar al otro por su estatura, su barba, el color de su piel y la manera de hablar – los cuales habían cambiado – ningún hermano permitió durante meses que otro abriera la carta de su padre que contenía la respuesta a su problema y el resto de su educación.

Pero era tal la sabiduría del padre, que había anticipado esto. Supo que sus hijos no podrían aprender nada más hasta que fueran capaces de comprender que habían cambiado muchísimo. La situación actual es que dos de los hijos se han reconocido mutuamente aunque con cierta indecisión. Han abierto la carta. Están tratando de adaptarse al hecho de que lo que creían fundamental son realmente – del modo en que las usan – externalidades sin valor; aquello que valoraron durante tantos años como las raíces mismas de su importancia acaso sean en realidad sueños vanos y ahora inútiles.

Los otros dos hermanos, al observarlos, no están satisfechos de que hayan mejorado por su experiencia y no quieren emularlos.

Tres de los hermanos que fueron en otras direcciones aún no han arribado al encuentro.

En cuanto a los otros cuatro, pasará algún tiempo antes de que verdaderamente se den cuenta de que los únicos medios de supervivencia en sus exilios – las superficialidades que consideraban importantes – son precisamente las barreras para su comprensión. Todos están aún lejos del conocimiento.

PERSPECTIVA DE CAMELLO

Una vez un hombre le preguntó a un camello si prefería ir cuesta arriba o cuesta abajo.

Y el camello dijo: "Lo importante para mí no es la cuesta arriba o la cuesta abajo... ¡sino la carga!"

EL JURAMENTO

Un hombre muy atribulado juró una vez que si todos sus problemas se resolvían, vendería su casa y entregaría todas las ganancias a los pobres.

Llegó el momento en que se dio cuenta de que debía cumplir su juramento. Pero no quería regalar tanto dinero; entonces ideó una salida.

Puso en venta la casa pidiendo por ella una moneda de plata. Incluido con la propiedad, sin embargo, había un gato. El precio que pedía por este animal era de diez mil monedas de plata.

Otro hombre compró la casa y el gato. El primer hombre donó a los pobres la sola moneda de plata y se quedó con las otras diez mil.

La mente de muchas personas trabaja así. Resuelven seguir una enseñanza: pero interpretan su relación con ella según su propia conveniencia.

"EL SUFI ES UN MENTIROSO"

El Sufi se encuentra en la posición de un extranjero en otro país o de un invitado en una casa. Quien se encuentre en alguna de estas dos condiciones debe pensar en la mentalidad local.

El Sufi verdadero es un hombre "cambiado" (*abdal*), siendo el cambio una parte esencial del Sufismo. El hombre común no cambia: de ahí la necesidad del disimulo.

Un hombre va a un país donde la desnudez es honorable y el llevar ropa es considerado una deshonra. Para poder continuar habitando en el país debe desprenderse de sus ropas. Si meramente dice: "Usar ropas es mejor, la desnudez es deshonrosa", se coloca a sí mismo fuera del alcance de la gente del país que está visitando.

Por lo tanto abandonará el país o – si es que allí tiene que cumplir ciertas funciones – aceptará tales costumbres o ganará tiempo. Si el tema de la excelencia o no de usar ropa surge en una conversación, probablemente tenga que disimular. Aquí hay un conflicto de hábitos.

Hay un conflicto aun mayor entre el pensamiento habitual y el pensamiento inhabitual. El Sufi, porque ha experimentado (al igual que otros) tantas cosas, conoce niveles de existencia que no puede justificar con argumentos, aunque solo sea porque todos los argumentos ya han sido probados por alguien en algún momento u otro, y algunos han prevalecido y son considerados "sensatos".

Su actividad, como la de un artista, está reducida a la ilustración.

SOBRE LA MÚSICA

Ellos saben que escuchamos música y que en ella percibimos ciertos secretos.

Entonces hacen música y se sumergen en "estados".

Sabe que cada aprendizaje debe poseer *todos* sus requisitos, no solamente música, pensamiento, concentración.

Recuerda:

> Inútil es la maravillosa producción de leche
> de una vaca que patea el balde.

Hadrat Muinudin Chishti

CÓMO EL HOMBRE SE ELEVA MÁS ALTO

Hay dos cosas: lo bueno y aquello que tiene que convertirse en bueno; la realidad y la pseudorealidad. Hay Dios y hay hombre.

Si un hombre busca la Verdad, debe ser apto para la recepción de la verdad. Él no sabe esto. En consecuencia, al creer en la existencia de la Verdad, él supone que por lo tanto es capaz de percibirla. Esto no está de acuerdo con la experiencia, pero se lo sigue creyendo.

Después de mi muerte, por ejemplo, la gente continuará utilizando partes de lo que ha sido cuidadosamente armonizado como un medio para contactar la verdad, como si fuera una especie de hechizo o talismán para abrir una puerta. Tocarán y escucharán música, contemplarán figuras escritas, se juntarán, simplemente porque han visto que tales cosas se hacían.

Pero el arte está en la correcta combinación de los elementos que ayudan a hacer que el hombre sea digno de conectarse con la Verdad real, no en una pálida imitación de ellos.

Recuerda siempre que la ciencia (*ilm*) para establecer el puente entre lo exterior y lo interior es rara y transmitida solo a unos pocos. Inevitablemente habrá muchos que prefieran convencerse a sí mismos de la realidad de una experiencia menor, en vez de encontrar al proveedor de la esencia.

Hadrat Muinudin Chishti

EL MISTERIO DE LOS SUFIS

Esta canción urdu la cantan los seguidores del santo Chishti del siglo XIX, Sayed Mir Abdullah Shah, cuyo santuario está en Delhi. La intención es mostrar que los Sufis son conocidos por algo que todos comparten, algo que no es adecuadamente representado por medio de nombres, rituales o insignias: a pesar de que todas estas cosas tengan alguna relevancia para la misteriosa unidad interior del ser.

Veo a un hombre libre sentado en el suelo.
En sus labios una flauta de caña, su túnica
    emparchada, sus manos curtidas por el trabajo.
¿Puede este ser uno de los Grandes Elegidos?
Sí, oh mi Amigo, ¡es Él!

Sheikh Saadi Baba, Sultán Arif Khan, Shah
    Waliullah el-Amir.
Tres olas de un solo mar. Tres reyes con atuendos
    de mendigo.
¿Pueden ser los Grandes Elegidos?
Sí, oh mi Amigo, ¡todo es Él!
¡Todo es ÉL, todo es ÉL, todo es ÉL!

Musulmán, hindú, cristiano, judío y sikh.
Hermanos en sentido secreto: ¿pero quién lo sabe
   interiormente?...
¡Oh Compañeros de la Cueva!
¿Por qué el hacha, el cuenco de mendigo?
¿Por qué la piel de cordero, el cuerno y el gorro?
¿Por qué la piedra en el cinturón?
Mira: cuando en tu sangre fluye el vino,
¡Todo es Él, mi Amigo, es Él!

¿Vas a las cimas de las montañas?
¿Estás sentado en un templo?
¡Búscalo cuando un Maestro llegue,
busca la joya dentro de la mina!
¡Todo es Él, mis amigos, compañeros,
   TODO ES ÉL!

2. La Orden Qadiri

Este "Camino" fue organizado por los seguidores de Abdul-Qadir de Gilan, quien nació en Nif, distrito de Gilan, al sur del Mar Caspio. Murió en 1166 y usó una terminología muy similar a la que emplearon más tarde los Rosacruces en Europa.

Hadrat ("la Presencia") Abdul-Qadir se especializó en la inducción de estados espirituales, llamada la Ciencia de los Estados. Sus actividades han sido descriptas por sus seguidores con términos tan exagerados, que su supuesta personalidad guarda muy poca semejanza con sus propias definiciones del carácter de un maestro Sufi.

El fervoroso abuso de técnicas extatogénicas es casi con certeza la causa del deterioro de las organizaciones Qadiri. Esto sigue un patrón común entre los entusiastas, cuando la producción de un estado alterado de la mente se transforma en un fin y no en un medio controlado adecuadamente por un especialista.

Los siguientes fragmentos incluyen materiales instructivos tradicionales de la disciplina Qadiri, y también algunas observaciones incisivas del mismo Abdul-Qadir.

Al igual que en el caso de Jalaludin Rumi, se suponía que Abdul-Qadir había exhibido marcadas capacidades sobrenaturales durante su niñez temprana, y sus hagiografías están llenas de relatos sobre aquellas.

LA ROSA DE BAGDAD

Todos los derviches usan la rosa (*ward*) como emblema y símbolo de la palabra *wird* (ejercicios de concentración) con la cual rima.

Abdul-Qadir, fundador de la orden Qadiri, fue parte de un incidente que le dio su título de Rosa de Bagdad. Se cuenta que Bagdad estaba tan llena de maestros místicos, que cuando Abdul-Qadir llegó a las puertas decidieron enviarle un mensaje. Por lo tanto los místicos le despacharon, a las afueras, un recipiente lleno de agua hasta el borde. El significado era claro: "La copa de Bagdad está repleta."

A pesar de que era invierno y fuera de temporada, Abdul-Qadir produjo una rosa en flor que colocó sobre el agua para indicar tanto sus extraordinarios poderes como el hecho de que había lugar para él.

Cuando este signo les fue traído a ellos, la asamblea de los místicos gritó: "Abdul-Qadir es nuestra Rosa", y se apresuraron a escoltarlo hacia la ciudad.

LA VID

Cierto hombre plantó una vid, conocida por ser del tipo que produce uvas comestibles únicamente después de treinta años.

Sucedió que mientras la plantaba, el Comendador de los Creyentes pasó por ahí, se detuvo y dijo:

"Eres un optimista notable si esperas vivir hasta que ese tipo de vid dé frutos."

"Quizá no", dijo el hombre, "pero al menos mis sucesores vivirán para beneficiarse de mi trabajo, como todos nosotros nos beneficiamos del trabajo de nuestros predecesores."

"En cualquier caso", dijo el monarca, "si se producen uvas, tráeme algunas. Siempre y cuando ambos hayamos escapado a la espada de la muerte que constantemente está pendiendo sobre nosotros."

Retomó su camino.

Algunos años después, la vid comenzó a dar uvas deliciosas. El hombre llenó una gran canasta con los mejores racimos y fue al palacio.

El Comendador de los Creyentes lo recibió y le dio un espléndido regalo de oro.

Se corrió la voz: "A un campesino insignificante le dieron una enorme suma a cambio de una canasta llena de uvas."

Cierta mujer ignorante, al oír esto, llenó de inmediato una canasta con sus propias uvas y se presentó ante la guardia del palacio, diciendo: "Demando la misma recompensa que le fue otorgada al hombre esta mañana. Aquí está mi fruta. Si el rey da dinero a cambio de fruta, aquí hay fruta."

Tales palabras le fueron reportadas al Comendador de los Creyentes, cuya respuesta fue: "A quienes actúan por imitación, y por la arrogancia que subyace bajo la falta de investigación sobre las circunstancias que tratan de imitar, dejen que los ahuyenten." La mujer fue echada, pero estaba tan molesta que no se tomó el trabajo de preguntar al viñador qué había sucedido realmente.

EL MAESTRO Y EL PERRO

Un maestro Sufi que caminaba con un estudiante por la calle, fue atacado por un perro feroz.

El discípulo se enfureció y gritó:

"¿Cómo te atreves a acercarte a mi maestro de semejante manera?"

"El perro es más coherente que tú", dijo el sabio, "porque le ladra a cualquiera, en concordancia con sus hábitos y proclividades, mientras que tú me consideras tu maestro y eres completamente insensible a los méritos de los muchos iluminados con los cuales nos hemos cruzado en este viaje, descartándolos sin mirarlos dos veces."

ESTADOS Y CHACALES

El chacal piensa que se ha dado un festín, cuando en realidad apenas ha comido las sobras que dejó el león.

Yo transmito la ciencia de producir "estados". Esto, si se usa solo, causa daño. Quien lo use solamente se hará famoso, incluso poderoso. Conducirá a los hombres a adorar los "estados", hasta que sean casi incapaces de regresar a la vía Sufi.

Abdul-Qadir de Gilan

EL PILLO, LAS OVEJAS Y LOS ALDEANOS

Había una vez un pillo que fue atrapado por la gente de una aldea. Lo ataron a un árbol para considerar el sufrimiento que le iban a imponer y se fueron habiendo decidido arrojarlo al mar esa noche al finalizar la jornada laboral.

Pero un pastor, que no era muy inteligente, pasó por allí y le preguntó al astuto pillo por qué estaba atado de esa forma.

"Ah", dijo el pícaro, "unos hombres me pusieron aquí porque no quise aceptar su dinero."

"¿Por qué quieren dártelo, y por qué no lo tomas?", preguntó el sorprendido pastor.

"Porque soy un contemplador y quieren corromperme", dijo el pillo: "son unos impíos."

El pastor sugirió que él debería tomar el lugar del pícaro y le aconsejó huir y ponerse fuera del alcance de los impíos.

Entonces cambiaron lugares.

Los aldeanos regresaron después del anochecer, pusieron un bolsa sobre la cabeza del pastor, lo ataron y lo arrojaron al mar.

A la mañana siguiente se asombraron de ver al pillo entrando en la aldea con un rebaño de ovejas.

"¿Dónde has estado y de dónde sacaste esos animales?", le preguntaron.

"En el mar hay espíritus bondadosos que recompensan de esta manera a todos los que se arrojan en él y se 'ahogan'", dijo el pícaro.

En menos tiempo del que se tarda en contarlo, la gente corrió hasta la orilla y se arrojó al mar.

Así fue como el pillo se apoderó de la aldea.

EL HORRIBLE DIB-DIB

Una noche, un ladrón que pretendía robar a una anciana trepó hasta la ventana abierta de su hogar, y se puso a escuchar. Estaba acostada sobre la cama y el ladrón la oyó hablar, con poderosa emoción, de una manera muy extraña. Ella decía:

"¡Ahh ... el Dib-Dib, el horrible Dib-Dib!, ¡este abominable Dib-Dib acabará conmigo!"

El ladrón pensó:

"Esta desdichada mujer sufre de una terrible enfermedad: ¡El maligno Dib-Dib, del cual jamás había escuchado antes!"

Luego, al aumentar el volumen de sus lamentos, empezó a decirse a sí mismo:

"¿Me habré contagiado yo también? Después de todo, casi pude sentir su aliento al asomarme por la ventana ..."

Cuanto más pensaba en ello, más aumentaba su temor de haber efectivamente contraído el dañino Dib-Dib. Un momento después sus extremidades comenzaron a temblar. A duras penas pudo llegar tambaleando a su casa al encuentro con su mujer, a quien le dijo entre quejas y lamentos:

"El siniestro Dib-Dib, no hay ninguna duda de que he caído en las garras del maldito Dib-Dib ..."

Su esposa, presa del miedo, lo acostó de inmediato. ¿Qué cosa terrible había atacado a su esposo? Al principio imaginó que debió haber sido atacado por algún animal salvaje llamado un Dib-Dib. Pero a medida que se volvía menos y menos coherente y no veía marca alguna en su cuerpo, la mujer comenzó a temer que fuera una cuestión de origen sobrenatural.

La persona mejor capacitada para lidiar con semejante problema que ella conocía era, por supuesto, el santo local: era algo parecido a un sacerdote, versado en la Ley, conocido como el Sabio Faqih.

La mujer fue de inmediato a la casa del sabio y le rogó que fuera a ver a su esposo. El Faqih, pensando que acaso este sería un campo donde su santidad especial podría ser útil, se apresuró a visitar al ladrón.

Cuando este vio al hombre de fe junto a su cama, pensó que su fin estaba incluso más cerca de lo que había temido. Juntando todas sus fuerzas, murmuró:

"La vieja que vive al final de la calle, ella tiene el maldito Dib-Dib y me lo ha contagiado. ¡Ayúdame, si puedes, reverendo Faqih!"

"Hijo mío", dijo el Faqih, aunque también él mismo estaba perplejo, "recuerda el arrepentimiento y ora pidiendo misericordia, pues acaso las horas que te quedan sean pocas."

Dejó al ladrón y se encaminó hacia la cabaña de la anciana. Espiando por la ventana escuchó claramente su voz lastimosa mientras se retorcía y temblaba:

"Infame Dib-Dib, me estás matando... detente, detente maligno Dib-Dib, me estás chupando la sangre de mi vida..."

Y continuó así por un rato, ocasionalmente sollozando y a veces permaneciendo en silencio. El mismo Faqih empezó a sentir como si un escalofriante viento helado lo atravesara. Comenzó a temblar, y sus manos que agarraban el marco de la ventana la hicieron sonar como un castañeteo de dientes.

Al oír el ruido, la vieja saltó de la cama y tomó las manos del ahora aterrorizado Faqih.

"¿Qué haces tú, un hombre respetable e instruido, a estas horas de la noche, mirando por las ventanas de gente decente?", le gritó.

"Buena pero desdichada mujer", balbuceó el erudito, "te escuché hablar del horrendo Dib-Dib y ahora temo que se haya apoderado con sus garras de mi corazón como ya lo ha hecho con el tuyo, y que yo esté física y espiritualmente perdido ..."

"¡Increíble tonto!", gritó la vieja. "¡Pensar que durante todos estos años te he admirado como hombre de libros y sabiduría! ¡Escuchas que alguien dice 'Dib-Dib' e imaginas que te va a matar *a ti*!. ¡Mira hacia aquel rincón y verás lo que en realidad es el abominable Dib-Dib!"

Y señaló una canilla goteando, la cual el Faqih de repente advirtió que al perder agua hacía el sonido *dib-dib-dib* ...

Pero los teólogos son resistentes. En apenas un instante se sintió maravillosamente recuperado por el alivio de sus preocupaciones y corrió de vuelta a la casa del ladrón, pues tenía trabajo que hacer.

"Vete de aquí", gruñó el ladrón, "porque me abandonaste cuando te necesitaba, y la vista de un rostro tan deprimente me ofrece poca tranquilidad en cuanto a mi estado futuro..."

El anciano lo interrumpió:

"¡Desgraciado e ingrato! ¿Crees que un hombre de mi piedad y erudición dejaría sin resolver un problema como este? Entonces, presta mucha atención a mis palabras y actos, y te enseñaré cómo he trabajado incansablemente, de acuerdo con mi mandato celestial, por tu seguridad y mejoría."

La palabra "mejoría" inmediatamente focalizó la atención tanto del ladrón como de su esposa sobre la imponente dignidad del supuesto sabio.

Tomó un poco de agua en sus manos y pronunció ciertas palabras sobre ella. Entonces hizo prometer al ladrón que nunca más robaría. Finalmente lo roció con el agua preparada pronunciando larguísimas palabras y gesticulando grandiosamente, para terminar con:

"¡Huye, sucio e infernal Dib-Dib, por donde has venido, para jamás regresar a afligir a este desdichado!"

El ladrón se sentó sobre la cama, ya curado.

Desde aquel día hasta hoy el ladrón jamás volvió a robar. Tampoco le ha contado a nadie acerca de la cura milagrosa porque, a pesar de todo, aún no simpatiza mucho con el sabio y sus ideas. Y la vieja, normalmente chismosa, no ha hecho correr la voz acerca de la idiotez del Faqih. Planea eventualmente sacarle provecho: quizá surja alguna ocasión para intercambiar favores.

Y, por supuesto, el Faqih ... bueno, el Faqih no desea que los detalles se propaguen por ahí, y tampoco contará la historia.

Pero, tal como sucede con los humanos, cada uno de los involucrados ha contado su propia versión, en estricta confidencia por supuesto, a otra persona. Y es por eso que has podido conocer la historia *completa* de la mujer, el ladrón, el sacerdote y el terrible Dib-Dib.

EL LADRÓN, EL COMERCIANTE Y LA LEY

Un ladrón irrumpió en una tienda. Mientras estaba allí, un agudo punzón que el comerciante había dejado sobre un estante pinchó uno de sus ojos, y lo cegó.

El ladrón recurrió a la ley, diciendo: "La pena por robar es la prisión, pero la pena por la negligencia que causa la pérdida de un ojo es considerada un daño criminal."

"Él vino a robarme", dijo el comerciante en su defensa.

"Eso será tratado por otra corte", dijo el juez. "Aquí no nos concierne."

"Si tomas todas mis posesiones", dijo el ladrón, "mi familia morirá de hambre mientras yo esté en prisión. Esto claramente no es justo para con ellos."

"Entonces ordenaré que le saquen un ojo al comerciante como represalia", dijo el juez.

"Pero si haces eso", dijo el comerciante, "perderé más que el ladrón, y no sería equitativo. Soy un joyero, y la pérdida de un ojo arruinaría mi capacidad de trabajo."

"Muy bien", dijo el juez, "dado que la ley es imparcial y nadie debe sufrir más de lo justo; y puesto que toda la comunidad participa en las ganancias o pérdidas de algunos de sus miembros, traigan a un hombre que solamente necesite un ojo – por ejemplo un arquero – y sáquenle el otro ojo."

Y así se hizo.

AYUDA A SUS AMIGOS...

¡Ayuda a Sus Amigos, cualquiera que sea su apariencia! Un día escucharás: "Estaba necesitado, y no Me ayudaste. Aquellos que ayudaron a Mis Amigos, me ayudaron a Mí."

Ibn el-Arif el-Qadiri
(Citando una tradición del Profeta Muhammad)

LA PAGA Y EL TRABAJO

Una vez un caballo se encontró con una rana. El caballo dijo: "Llévale de mi parte este mensaje a la serpiente, y podrás quedarte con todas las moscas que me rodean."

La rana contestó: "Me gusta la paga, pero no puedo decir que sea capaz de completar la tarea."

LA PLANTA

Un día fue vista una flor en una maceta en la entrada de la casa de Abdul Qadir; junto a ella había una nota: "Huele esto y adivina qué es."

A cada persona que entraba, se le daba elementos para escribir y se la invitaba a que escribiera la respuesta al enigma, si así lo deseaba

Al final del día, Abdul-Qadir le entregó a un discípulo la caja que contenía todas las respuestas. Dijo:

"Todos los que contestaron 'Una rosa' pueden permanecer, si así lo desean, para proseguir con la enseñanza. Quien no haya escrito nada o cualquier otra respuesta que no sea 'Una rosa', deberá retirarse."

Alguien preguntó: "¿Es necesario recurrir a métodos tan superficiales para juzgar idoneidad para el discipulado?"

El gran maestro contestó: "Yo conozco las respuestas, pero deseo demostrarles a los demás que las manifestaciones superficiales señalan el carácter interior." Y acto seguido le entregó al grupo una lista que contenía, a pesar de que él no había visto las respuestas de los concurrentes, los nombres de quienes habían escrito 'Una rosa'.

Esto ilustra un significado de la frase: "Lo obvio es el vínculo con lo Verdadero." Lo que Abdul-Qadir veía interiormente también podía ser mostrado exteriormente. De esta forma, y por esta razón, se espera que los discípulos tengan una cierta clase de conducta.

LA TRANSMISIÓN DE BARAKA

Abdul-Qadir reunió a todos sus adherentes en Bagdad y les dijo:

"Les ruego que nunca olviden lo que ahora voy a decirles, porque de lo contrario se transformarán en fuente de grandes errores. Me dirijo a aquellos de ustedes que seguirán siendo más ignorantes que los demás, porque los Conocedores y los Logradores nunca cometerán el error que ahora voy a describir.

"Durante el período del Deber y la Repetición [ciertos ejercicios] mucha gente adquiere la capacidad de afectar a otros con una extraña experiencia. Esto produce temblores, excitación y muchos otros sentimientos, e indica una etapa de conciencia. Puede haber visiones de grandes maestros o de influencia divina.

"Actuando sobre el 'corazón' no preparado, tales experiencias deben ser instantáneamente detenidas, pues no pueden progresar hacia un contacto real con lo Divino hasta que algo más haya sido cultivado en el discípulo.

"Esta apertura de la capacidad, una vez que ha sido descubierta por los ignorantes o inmaduros, se esparce especialmente entre los aldeanos y otras gentes simples hasta que se dan el gusto de probarlo regularmente, creyéndolo un estado verdadero. De hecho es apenas una señal, un signo de algo. Cuando sucede, debe ser reportado, y aquellos que lo experimentan deben someterse a un período adecuado de preparación.

"La insistencia con esta práctica en el pasado agotó la capacidad de los seguidores de santos y profetas, quienes equivocadamente creían haber sido los destinatarios de *Baraka* (la gracia). Los que Logran no se atreven a inducir este estado una vez que ha aparecido. Quienes se gratifican con él, acaso nunca Logren.

"Sigan solamente las prácticas del Maestro, quien sabe por qué ocurren estas cosas y quien debe adaptar el estudio en consecuencia."

3. La Orden Suhrawardi

SHEIKH ZIAUDIN JAHIB Suhrawardi, siguiendo la disciplina del antiguo Sufi Junaid, es señalado como el fundador de esta Orden en el siglo XII. Tal como es el caso de casi todas las Órdenes, los maestros Suhrawardi son aceptados por los Naqshbandis y otros.

La India, Persia y África han sido influidas en su actividad mística por los métodos y personajes de la Orden, aunque los Suhrawardi están entre los grupos Súficos más fragmentados.

Sus prácticas varían desde la producción del éxtasis místico al ejercicio de la completa quietud para la "percepción de la Realidad".

Los materiales instructivos de la Orden son a menudo, en apariencia, simples leyendas u obras de ficción. Para los devotos, sin embargo, contienen materiales que son esenciales en la preparación del terreno para las experiencias que en algún momento el discípulo deberá atravesar. Sin ellos, se cree, existe la posibilidad de que el estudiante simplemente desarrolle estados alterados de la mente que lo harán inepto para la vida común.

BEN YUSUF EL CARPINTERO

Había una vez un carpintero llamado Nazar ben Yusuf. Durante muchos años pasó todo su tiempo libre estudiando antiguos libros que contenían fragmentos casi olvidados de conocimiento. Tenía un fiel sirviente, y un día le dijo: "He alcanzado la edad en la cual deben usarse las antiguas ciencias para asegurar mi existencia continua. Por lo tanto quiero que me ayudes a llevar a cabo un proceso que me rejuvenecerá y me hará inmortal."

Cuando explicó el proceso, el sirviente al principio se mostró por demás reacio a realizarlo. El sirviente tenía que descuartizar a Nazar y ponerlo en un enorme barril lleno de ciertos líquidos.

"No puedo matarte", dijo el sirviente.

"Sí, debes hacerlo, porque de todas formas moriré y estarás afligido. Toma esta espada y monta guardia junto al barril sin decirle a nadie qué estás haciendo realmente. Después de veintiocho días, destapa el barril y déjame salir. Me encontrarán rejuvenecido."

Entonces el sirviente aceptó, y dio inicio al proceso.

Después de algunos días, sin embargo, el sirviente en su soledad comenzó a sentirse intensamente incómodo, y lo asaltaron toda clase de dudas; luego comenzó a acostumbrarse a su extraño rol. Regularmente gente venía a la casa preguntando por su amo, pero apenas podía decir: "No está aquí en este momento."

Finalmente llegaron los representantes de la ley, sospechando que el sirviente había matado a su amo. "Déjanos registrar la casa", dijeron. "Si no encontramos nada, te llevaremos detenido bajo sospecha y es probable que no seas liberado hasta que tu amo reaparezca."

El sirviente no sabía qué hacer, ya que para entonces solo habían pasado veintiún días. Pero al final se decidió y dijo:

"Déjenme en este cuarto con este barril por unos minutos, y estaré listo para ir con ustedes."

Entró en el cuarto y levantó la tapa del barril.

Al instante, un hombrecillo mucho más joven pero exactamente igual a su amo, aunque de apenas un palmo de altura, saltó fuera del barril y corrió varias veces alrededor de este, repitiendo:

"Fue demasiado pronto, fue demasiado pronto ..."

Y entonces, mientras el horrorizado hombre observaba, el pequeño ser se esfumó.

El sirviente salió del cuarto y los oficiales lo arrestaron.

A su amo nunca más se lo vio, aunque hay muchas leyendas acerca de Nazar ben Yusuf el carpintero; pero estas debemos dejarlas para otra oportunidad.

LA JOVEN QUE REGRESÓ DE LA MUERTE

En tiempos remotos había una hermosa joven: la hija de un buen hombre, una mujer entre las mujeres, rara por su belleza y la delicadeza de su carácter.

Cuando estaba en la edad para casarse, tres jóvenes, aparentemente dotados de las más altas capacidades y de futuro promisorio, pidieron su mano.

Habiendo decidido que sus méritos eran iguales, el padre le dejó la decisión final a ella.

Pero los meses pasaban y la joven parecía incapaz de decidirse.

Y de repente un día cayó enferma. A las pocas horas había muerto.

Los tres jóvenes, unidos en la tristeza, llevaron su cuerpo al cementerio y lo sepultaron en lo más profundo de una agonía silenciosa.

El primer joven hizo del cementerio su hogar, pasando ahí sus noches en pena y meditación, incapaz de comprender el obrar del destino que la había arrebatado.

El segundo joven se puso en camino y vagabundeó por el mundo en busca de conocimiento, como un faquir.

El tercer joven dedicó su tiempo a consolar al afligido padre.

Ahora bien, el joven que se había convertido en faquir se topó durante uno de sus viajes con un cierto lugar donde residía un hombre con reputación en las artes misteriosas. Continuando su búsqueda de conocimiento, golpeó la puerta, se presentó, y fue admitido a la mesa del señor de la casa.

Cuando estaban por empezar a comer, un niño pequeño rompió a llorar. Era el nieto del sabio, quien tomó al niño y lo arrojó al fuego.

El faquir dio un salto y comenzó a dejar la casa, gritando: "¡Demonios infames! Ya he sufrido lo suficiente las tristezas del mundo, ¡pero este crimen sobrepasa a todos los registrados por la historia!"

"No le des importancia", dijo el señor de la casa, "porque las cosas simples parecen complicadas cuando hay una ausencia de conocimiento."

Dicho esto, recitó una fórmula y agitó un extraño emblema, y el niño salió caminando del fuego, indemne.

El faquir memorizó las palabras y el diseño, y a la mañana siguiente estaba de regreso en el cementerio donde su amada había sido enterrada.

En menos tiempo del que se tarda en contarlo, la joven estaba de pie frente a él, completamente resucitada.

Ella regresó a su padre, mientras que los jóvenes discutían acerca de cuál de ellos había ganado su mano.

El primero dijo: "He estado viviendo en el cementerio, manteniendo contacto con ella a través de mis vigilias, atendiendo la necesidad de su espíritu de apoyo terrenal."

El segundo dijo: "Ambos ignoran el hecho de que fui yo quien en realidad viajó por el mundo en busca de conocimiento, y quien en última instancia la resucitó."

El tercero dijo: "Yo me he afligido por ella, y he vivido aquí como esposo y yerno, consolando a su padre y ayudando con su mantenimiento."

Entonces apelaron a la joven. Ella dijo:

"El que encontró la fórmula para revivirme fue humanitario; el que cuidó a mi padre se portó con él como un hijo; el que yació junto a mi tumba… actuó como un amante. Me casaré con *él*."

LA PARÁBOLA DEL ANFITRIÓN Y LOS INVITADOS

El maestro es como un anfitrión en su propia casa. Sus invitados son quienes están intentando estudiar el Camino. Estas son personas que nunca antes han estado en una casa, y apenas tienen una vaga idea acerca de cómo podría ser una casa. No obstante, existe.

Cuando los invitados entran a la casa y ven el lugar reservado para sentarse, preguntan: "¿Qué es esto?" Se les dice: "Este es un lugar donde nos sentamos." Entonces se sientan en sillas, apenas vagamente conscientes de la función de la silla.

El anfitrión los entretiene, pero ellos continúan haciendo preguntas, algunas irrelevantes. Como buen anfitrión, no los culpa por esto. Quieren saber, por ejemplo, dónde y cuándo van a comer. No saben que nadie está solo, y que en ese mismo momento hay otras personas cocinando el alimento y que hay otro cuarto donde se sentarán a comer. Como no pueden ver la comida o su preparación, están confundidos, quizá dubitativos, a veces disgustados.

El buen anfitrión, conociendo los problemas de los invitados, tiene que tranquilizarlos para que sean capaces de disfrutar de la comida cuando sea servida. Al comienzo no están en un estado para aproximarse al alimento.

Algunos de los invitados son más rápidos para comprender y relacionar las cosas de la casa unas con otras. Estos son quienes pueden comunicarlo a los amigos más lentos. El anfitrión, mientras tanto, le da a cada invitado una respuesta según su capacidad para percibir la unidad y función de la casa.

No basta con que una casa exista – y que sea preparada para recibir invitados – pues el anfitrión ha de estar presente. Alguien debe ejercer activamente la función de anfitrión, de manera que los desconocidos, que son los invitados y con quienes el anfitrión tiene la responsabilidad, se acostumbren a la casa. Al comienzo, muchos no son conscientes de que son invitados, o más exactamente qué significa ser un invitado: qué le pueden traer, qué les puede dar.

El invitado experimentado, quien ha aprendido acerca de casas y hospitalidad, finalmente está cómodo en su calidad de invitado y por ende en una posición para comprender más acerca de casas y sobre muchas facetas de vivir en ellas. Mientras aún está tratando de entender qué es una casa o de recordar las reglas de etiqueta, su atención está demasiado ocupada por estos factores para ser capaz de observar, digamos, la belleza, el valor o la función de los muebles.

ASTROLOGÍA

Una vez un Sufi supo, a través de la presciencia, que una ciudad pronto sería atacada por un enemigo. Se lo dijo a su vecino quien, dándose cuenta de que era un hombre veraz pero simple, le aconsejó:

"Estoy seguro de que tienes razón, y debes contarle al monarca. Pero, si quieres que te crea, por favor dile que lo adivinaste, no por tu sabiduría, sino por astrología. Entonces él actuará, y quizá el pueblo se salve."

El Sufi así lo hizo, y la ciudad fue librada por medio de las adecuadas precauciones que se tomaron.

DICHO DEL SHEIKH ZIAUDIN

La autojustificación es peor que la ofensa original.

TRES CANDIDATOS

Tres hombres llegaron hasta el círculo de un Sufi, buscando ser admitidos a sus enseñanzas.

Uno de ellos se distanció casi de inmediato, enojado por el comportamiento errático del maestro.

Al segundo, otro discípulo le dijo (bajo instrucciones del maestro) que el sabio era un fraude; abandonó poco después.

Al tercero se le permitió hablar, pero no se le ofreció enseñanza alguna durante tanto tiempo, que perdió el interés y dejó el círculo.

Cuando estos tres aspirantes se hubieron ido, el maestro instruyó así a su círculo:

"El primer hombre era un ejemplo del principio: 'No juzgues cosas fundamentales por lo que ves.' El segundo fue una ilustración del mandato: 'No juzgues cosas de importancia profunda por lo que escuchas.' El tercero era un ejemplo del dictum: 'Nunca juzgues por lo que se dice, o no se dice.'"

Cuando un discípulo le preguntó por qué los aspirantes no podrían haber sido instruidos sobre estos asuntos, el sabio replicó:

"Estoy aquí para dar conocimiento superior, no para enseñar aquello que la gente pretende ya saber desde la infancia."

ESO ME HACE PENSAR EN ...

Suhrawardi dijo:
Fui a ver a un hombre, y nos sentamos a conversar.

Pasaba un camello a paso lento y le pregunté:

"En qué te hace pensar eso?"

Él contestó:

"En comida."

"Pero tú no eres árabe: ¿desde cuándo es alimento la carne de camello?"

"No, no es eso", dijo el hombre. "Verás, todo me hace pensar en comida."

4. La Orden Naqshbandi

Los Maestros

La Escuela derviche llamada Khajagan (Maestros) surgió en el Asia central e influyó poderosamente en el desarrollo de los imperios turco e indio. La Orden dio nacimiento a muchas escuelas especializadas, las cuales adoptaron nombres individuales. Muchas autoridades consideran que es la primera de todas las "cadenas de transmisión" místicas.

Khaja Bahaudin Naqshband (m. circa 1389) es una de las figuras más importantes de esta escuela. Después de su época se llamó la Cadena Naqshbandi: Los "Diseñadores" o "Maestros del Diseño".

Bahaudin pasó siete años como cortesano, siete cuidando animales y siete construyendo caminos. Estudió con el formidable Baba el-Samasi, y se le atribuye haber retornado a los principios y prácticas originales del Sufismo. Los Sheikhs Naqshbandi son los únicos que tienen la autoridad para iniciar discípulos dentro de todas las otras Órdenes de derviches.

Debido a que nunca han adoptado públicamente ningún ropaje especial, y a que sus miembros nunca han llevado a cabo actividades que atrajeran la atención, los eruditos no han podido reconstruir la historia de la orden y a menudo ha sido difícil identificar a sus miembros. En parte porque es una tradición de los "Maestros" el trabajar enteramente dentro del marco social de la cultura en la cual operan, los Naqshbandis en el Medio Oriente y en Asia Central han obtenido la reputación de ser principalmente beatos musulmanes.

CÓMO SURGIÓ LA ORDEN

Tres derviches partieron rumbo al Viaje Más Largo.

Cuando regresaron, la gente les preguntó:

"¿Qué fue lo que más los ayudó para completar el viaje, a encontrar el camino, a soportar las privaciones y a lograr el regreso?"

El primero contestó: "Los gatos y los ratones, porque al observarlos en el mundo común me enseñaron tanto la importancia de la quietud como de la actividad."

El segundo respondió: "La comida, porque me permitió aguantar y ser comprensivo."

El tercero dijo: "Los ejercicios, porque me enseñaron a ser activo y unificado."

Los ignorantes que había entre los oyentes trataron de copiar este consejo ciegamente. No tuvieron éxito pero, aunque no lo parecía, se apartaron del camino de los derviches.

Los semiignorantes que estaban entre los oyentes, dijeron: "No los emularemos estrictamente, pero trataremos de combinar estos principios."

No tuvieron éxito, pero al menos se alejaron del camino de los derviches dejándolos en paz, ya que creyeron que ahora poseían todas las enseñanzas.

Entonces los derviches dijeron a los que quedaban:

"Ahora les enseñaremos cómo, correctamente combinados, los secretos y las cosas más comunes de esta vida quizá hagan posible la consecución del Viaje Más Largo."

Esta es la Enseñanza.

Fue de esta forma que surgió la Orden [de los Maestros].

Es de esta manera que los externalistas y la gente interior continúan comportándose.

TRES VISITAS A UN SABIO

Bahaudin Naqshband fue visitado por un grupo de buscadores.

Lo encontraron en su patio, rodeado de sus discípulos, en medio de lo que obviamente parecía ser una ruidosa fiesta.

Algunos de los recién llegados dijeron:

"Qué desagradable... esta no es forma de comportarse, cualquiera sea el pretexto." Trataron de reconvenir al Maestro.

Otros dijeron:

"Esto nos parece excelente... nos gusta esta clase de enseñanza y deseamos participar."

Sin embargo otros dijeron:

"Estamos algo perplejos y queremos saber más sobre este enigma."

Los demás se dijeron uno al otro:

"Quizás haya alguna sabiduría en esto, pero no sabemos si deberíamos preguntar o no."

El Maestro los echó a todos.

Y toda esa gente difundió, en conversaciones y en escritos, sus opiniones sobre la ocasión. Aun quienes no aludieron directamente a su experiencia fueron afectados por ella, y sus palabras y obras reflejaron sus creencias sobre ello.

Un tiempo después, algunos miembros de este grupo volvieron a pasar por allí. Y fueron a ver al Maestro.

Desde la puerta notaron que él y sus discípulos estaban sentados en el patio, ahora decorosamente, en profunda contemplación.

"Esto está mejor", dijeron algunos de los visitantes, "pues evidentemente ha aprendido de nuestras protestas."

"Esto es excelente", dijeron otros, "porque la última vez indudablemente solo estaba probándonos."

"Esto está demasiado sombrío", dijeron otros, "pues podríamos haber encontrado caras largas en cualquier parte."

Y había otras opiniones, tanto expresadas como no.

El sabio, cuando terminó el tiempo de reflexión, despachó a estos visitantes.

Mucho después, un pequeño número regresó buscando su interpretación de lo que habían experimentado.

Se presentaron en la puerta de entrada, y miraron hacia el patio. El maestro estaba sentado allí, solo, ni de fiesta ni en meditación. Ahora sus discípulos no estaban por ningún lado.

"Por fin podrán escuchar la historia completa", dijo, "pues he podido despedir a mis discípulos, ya que la tarea ha sido realizada.

"Cuando vinieron por primera vez, aquellos estudiantes habían sido demasiado serios: yo estaba en el proceso de aplicar el correctivo. La segunda vez que vinieron, habían estado demasiado alegres: yo estaba aplicando el correctivo.

"Cuando un hombre está trabajando, no siempre se explica ante visitantes casuales, por más interesados que crean estar. Cuando una acción está en progreso, lo que cuenta es la correcta operación de dicha acción. En estas circunstancias, la evaluación externa se vuelve una preocupación secundaria."

UNA MANERA DE ENSEÑAR

Bahaudin estaba sentado con algunos discípulos cuando varios de sus seguidores entraron al salón de reunión.

El-Shah les pidió, uno por uno, que dijeran por qué estaban allí.

El primero dijo: "Tú eres el hombre más grande de la tierra."

"Yo le di una poción cuando estaba enfermo, y por eso él piensa que soy el hombre más grande de la tierra", dijo el-Shah.

El segundo dijo: "Mi vida espiritual se ha abierto desde que se me permitió visitarte."

"Estaba inseguro y cohibido, y nadie lo escuchaba. Me senté con él, y a la serenidad resultante él la llama su vida espiritual", dijo el-Shah.

El tercero dijo: "Tú me comprendes, y todo lo que pido es que me permitas escuchar tus discursos, por el bien de mi alma."

"Él necesita atención y desea que se la presten, aunque sea para que lo critiquen", dijo el-Shah. "A esto lo llama 'el bien de su alma'."

El cuarto dijo: "Fui de un maestro a otro, practicando lo que enseñaban. Fue solo cuando me diste un *wazifa* [ejercicio] que verdaderamente sentí la iluminación del contacto contigo."

"El ejercicio que le di a este hombre", dijo el-Shah, "era uno inventado, en absoluto relacionado con su vida 'espiritual'. Tuve que exponer su ilusión de espiritualidad antes de poder llegar a la parte de este hombre que es realmente espiritual, y no sentimental."

EL SUCESOR

Zabit ibn el-Munawwar, el místico de altos logros, murió dejando a la gente del poblado de Balkh sin un maestro verdadero. El venerable Elsayar, entonces un hombre de escasos cuarenta años, fue despachado por Bahaudin desde el Turquestán para que se transformara en el preceptor de este poblado.

Cuando Elsayar (¡bendiciones sobre su más íntima conciencia!) llegó a Balkh y fue al Khanqah, encontró al diputado (Khalifa) sentado en el piso rodeado de sus estudiantes, organizando los asuntos de la comunidad.

Se le asignó un lugar en las cocinas. Solo un discípulo lo reconoció como el Sucesor, pero Elsayar le pidió que guardara silencio. "Aquí ambos somos de un grado muy bajo", le dijo.

Un mes más tarde, cuando el Gran Sheikh de Jorasán estaba visitando el Khanqah, pasó por la cocina y exclamó:

"¡El Amigo Real está aquí! ¡Y los amigos irreales están en todas partes!"

Nadie comprendió esta observación hasta que llegó una carta del Khajagan dirigida a Elsayar como el Sucesor Designado.

Después de eso fue tratado con grandes honores. Azimzada, el discípulo que había reconocido al Sucesor, a su vez llegó a ser el jefe del monasterio.

LOS MAESTROS MÁS ANTIGUOS

Bahaudin, sumido en ensoñaciones, se lanzó a sí mismo hacia el pasado.

Le dijo a un grupo de buscadores visitantes:

"Acabo de ver a, y estar en compañía de, los maestros de los tiempos más remotos, que se cree murieron hace mucho."

Le dijeron: "Por favor, dinos qué apariencia tenían."

Él dijo: "Tal es su actitud para con la enseñanza que ellos hubieran pensado que *ustedes* eran demonios.

"Las cosas son de tal forma que, si ustedes los hubieran visto, habrían considerado que *ellos* eran una compañía bastante inadecuada para ustedes; y no estarían haciendo preguntas sobre ellos."

POR QUÉ HICE ESO

Un día, un hombre fue a ver al gran maestro Bahaudin.

Le pidió ayuda para resolver sus problemas, y guía en el camino de la Enseñanza.

Bahaudin le dijo que abandonara los estudios espirituales y se retirara inmediatamente de su salón de audiencias.

Un visitante de corazón amable comenzó a recriminar a Bahaudin.

"Tendrás una demostración", dijo el sabio.

En ese momento un pájaro entró al cuarto y revoloteó de aquí para allá, sin saber a dónde ir para poder escapar.

El Sufi esperó a que el ave se posara cerca de la única ventana abierta de la habitación, y entonces de repente aplaudió.

Alarmado, el pájaro voló directamente a través de la abertura hacia la libertad.

"Para él, ese ruido debe de haber sido una especie de shock, hasta una ofensa, ¿no estás de acuerdo?", dijo Bahaudin.

ENSEÑANZA INDIRECTA

Un discípulo fue a ver a El-Shah Bahaudin Naqshband de Bujara.

Después de sentarse en su asamblea durante algunos días, el discípulo principal de Bahaudin le hizo una seña para que se acercara al Sheikh y le hablase.

"He venido", dijo el hombre, "de parte del Sheikh Ridwan. Espero que tú me des algo."

"¿De parte de quién?"

"Del Sheikh Ridwan".

Bahaudin le pidió al hombre que repitiera lo que había dicho. Y luego se lo pidió de nuevo, una y otra vez, hasta que el hombre estuvo convencido de que Naqshband era sordo y probablemente estúpido.

Cuando este intercambio se hubo prolongado por más de una hora, Bahaudin dijo:

"No puedo escucharte. No he oído una sola palabra de lo que has dicho."

El discípulo se levantó y comenzó a retirarse, murmurando: "¡Que Dios te perdone!"

El-Shah, ya no sordo, dijo inmediatamente: "Y a ti, y también al Sheikh Ridwan."

EL AIRE DE QASR-EL-ARIFIN

Se cuenta que una vez el rey de Bujara envió a buscar a Bahaudin Naqshband para que lo aconsejara sobre cierto asunto.

Su mensaje decía:

"Está viniendo un embajador, y debo tenerte conmigo cuando él esté aquí para consultarte. Por favor, ven de inmediato."

Bahaudin mandó esta respuesta:

"No puedo ir, dado que por el momento dependo del aire de Qasr-el-Arifin, y no tengo forma de llevarlo conmigo guardado en frascos."

Al principio el rey se sintió perplejo y luego molesto. A pesar de la gran importancia de Bahaudin como sabio, decidió reconvenirlo por su falta de cortesía.

Mientras tanto, la visita del embajador fue cancelada y entonces el rey, después de todo, no tuvo que tratar con él.

Un día, meses más tarde, el rey estaba sentado en su corte cuando un asesino se abalanzó sobre él. Bahaudin Naqshband, quien en ese mismo momento había entrado en el salón del trono, saltó sobre el hombre y lo desarmó.

"A pesar de tu descortesía, estoy en deuda contigo, Hadrat el-Shah", dijo el rey.

"La cortesía de aquellos que saben consiste en estar disponibles cuando alguien los necesita, no en esperar sentados a embajadores que no van a llegar", dijo Bahaudin.

RESPUESTAS DE BAHAUDIN

Muchas preguntas, una respuesta.
Llegué a una ciudad donde la gente se arremolinó
    a mi alrededor.
Dijeron: "¿De dónde eres?"
Dijeron: '¿A dónde vas?"
Dijeron: "¿En compañía de quiénes viajas?"
Dijeron: "¿Cuál es tu linaje?"
Dijeron: "¿Cuál es tu patrimonio?"
Dijeron: "¿Cuál es tu legado?"
Dijeron: "¿A quién comprendes?"
Dijeron: "¿Quién te comprende a ti?"
Dijeron: "¿Cuál es tu doctrina?"
Dijeron: "¿Quién tiene la doctrina completa?"
Dijeron: "¿Quién no tiene ninguna doctrina?"

Yo les dije:
"Lo que les parece múltiple, es uno.
Lo que les parece simple, no lo es.
Lo que les parece complejo, es fácil.
La respuesta a todos ustedes es: 'Los Sufis'."

EL SUFI QUE SE LLAMABA PERRO A SÍ MISMO

El derviche Maulana, jefe de la Orden Naqshbandi y uno de sus más grandes maestros, estaba un día sentado en su Zavia cuando un clérigo furioso irrumpió.

"¡Te sientas ahí", gritó el intruso, "perro como eres, rodeado de discípulos que te obedecen en cada cosita! Yo, en cambio, llamo a los hombres a esforzarse por la misericordia divina a través de la oración y la austeridad, tal como se nos exige."

Al escuchar la palabra "perro", varios de los Buscadores se pusieron de pie para expulsar al fanático.

"Deténganse", dijo Maulana, "pues 'perro' es ciertamente una buena palabra. Soy un perro que obedece a su amo, mostrando a las ovejas, por medio de señas, la interpretación de los deseos de nuestro Amo. Como un perro, yo enfurezco al intruso y al ladrón. Y contento muevo mi cola cuando se acercan los Amigos de mi amo.

"Así como ladrar y menear la cola y amar son atributos del perro, nosotros los realizamos: pues nuestro Maestro nos tiene, y no ladra o mueve la cola por sí mismo."

NOCIONES QUERIDAS

Se le preguntó a Sadik Hamzawi:

"¿Cómo llegaste a suceder, por su propio deseo, al sabio de Samarcanda, habiendo sido apenas un sirviente en su casa?"

Respondió: "Él me enseñó lo que quiso enseñarme, y yo lo aprendí. Una vez dijo: 'No puedo enseñarles a los otros discípulos de la misma manera, porque ellos quieren hacer las preguntas, exigen las reuniones, imponen el marco de trabajo; por lo tanto ellos solo se enseñan a sí mismos lo que ya saben.'

"Le dije: 'Enséñame lo que puedas, y dime cómo aprender.' Así es como me transformé en su sucesor. La gente tiene nociones preciadas acerca de cómo deben ocurrir la enseñanza y el aprendizaje. No pueden tener las nociones y también el aprendizaje."

RECITAL NAQSHBANDI

Pero esto que cuentas es un cuento viejo ... dicen ellos.

Pero esto que cuentas seguramente sea un cuento nuevo... dicen algunos.

Cuéntalo una vez más... dicen ellos.

O, no lo cuentes otra vez... dicen otros.

Pero ya he escuchado todo esto antes... dicen algunos.

O, pero así no es como se lo contaba... dice el resto.

Y esta, esta es nuestra gente, derviche Baba: este es el hombre.

SENTENCIAS DE LOS KHAJAGAN

RUDBARI:	Corazón a corazón es un medio esencial para transmitir los secretos del Camino.
MAGHRIBI:	El aprendizaje está en la actividad. Aprender sólo por medio de palabras es una actividad menor.
KHURQANI:	En un determinado momento, se puede transmitir más al distraer la atención inútil que al atraerla.
GURGANI:	El maestro y el discípulo producen juntos la enseñanza.
FARMADHI:	La experiencia de los extremos es el único camino hacia el obrar apropiado del término medio en el estudio.

HAMADANI:	El servicio a la humanidad no es solo útil para vivir correctamente. Es gracias a este servicio que el conocimiento interior puede ser preservado, concentrado y transmitido.
YASAVI:	La actividad local es la tónica del Camino Derviche.
BARQI:	La estética es apenas la forma inferior de la percepción de lo Real.
ANDAKI:	El esfuerzo no es esfuerzo sin *zaman*, *makan*, *ikhwan* (tiempo correcto, lugar adecuado, gente apropiada).
GHAJDAWANI:	Nosotros trabajamos en todas partes y en todo momento. La gente cree que un hombre es importante si es famoso. Lo opuesto puede igualmente ser cierto.
AHMAD SADIQ:	El signo del Hombre que ha Logrado es no confundir lo figurativo con lo específico, o lo literal con lo simbólico.
FAGHNAVI:	Nuestra ciencia no es del mundo: es de los mundos.
REWGARI:	La estupidez es buscar algo en un lugar donde la imaginación indocta espera encontrarlo. Está, de hecho, en cualquier parte de donde la puedas extraer.
RAMITANI:	La información se vuelve fragmentada, el conocimiento no. Lo que origina la fragmentación en la información es el academicismo.
SAMASI:	El hombre piensa muchas cosas. Él piensa que es Uno. Por lo general él es varios. Hasta que se vuelva Uno, no podrá en absoluto tener ninguna idea clara de lo que él es.

SOKHARI:	Enviamos un pensamiento a la China y se hace chino, ellos dicen; porque no pueden ver al hombre que lo envió. Mandamos un hombre a la India y dicen que solamente es un turkestani.
NAQSHBAND:	Cuando la gente dice "llora", no quieren decir "llora siempre". Cuando dicen "no llores", no pretenden que seas constantemente un bufón.
ATTAR:	Puede que un verdadero documento contenga siete niveles de la verdad. Un escrito o discurso que aparenta no tener significado, quizá tenga otras tantas capas de la verdad.
KHAMOSH:	No es una cuestión de si puedes aprender por medio del silencio, la palabra, el esfuerzo, la sumisión. Es una cuestión de cómo se hace, no "que se haga".
KASHGARI:	Si aún preguntas: "¿Por qué tal o cual persona enseñó de esta u otra manera, y cómo se aplica esto a mí?"... eres incapaz de comprender la respuesta con la suficiente profundidad.
CHARKHI:	No importa dónde esté la verdad en tu caso, tu maestro puede ayudarte a encontrarla. Si solamente aplica una serie de métodos para todos, no es un maestro y menos aún el tuyo.
SAMARQANDI: (KHWAJA AHRAR)	Por cada truco o imaginación, existe una realidad de la cual aquellos son una falsificación.
AL-LAHI:	No vivimos en el Oriente o el Occidente; no estudiamos en el Norte ni enseñamos en el Sur. No estamos limitados de esta

forma, pero puede que nos veamos obligados a hablar de esta manera.

AL-BOKHARI: Acaso el Camino sea a través de una gota de agua. Puede, asimismo, estar a través de una compleja prescripción (instrucciones).

ZAHID: Cuando veas a un Sufi estudiando o enseñando algo que parece pertenecer a un campo que no es el de la espiritualidad, deberás saber que *ahí* está la espiritualidad de la época.

DERVISH: Cuando es el momento de la quietud, quietud; cuando lo es de estar en compañía, compañía; en el lugar del esfuerzo, esfuerzo; en el momento y lugar de cualquier cosa, cualquier cosa.

SAMARQANDI AMINI(K)I: Pasa del tiempo y el lugar a la atemporalidad e inespacialidad, y de ahí a los otros mundos: allí está nuestro origen.

SIMAQI: Si tomas lo que es relativo como absoluto, puede que estés perdido. Si existe este riesgo, no tomes nada.

SIRHINDI: No hables solamente de los Cuatro Caminos, o de los Setenta y Dos Senderos, o de los "Senderos tan numerosos como las almas de los Hombres". En cambio habla del Camino y del lograr. Todo está subordinado a eso.

MASUM: La Esencia (*Dhat*) se manifiesta solo en la comprensión.

ARIF: Pero puede *desarrollarse* independiente-mente de eso. Estos hombres llamados *daravish* (derviches) no son lo que tú crees que son. Piensa, por lo tanto, en

	lo Real. Es algo que es como tú piensas que es.
BADAUNI:	No puedes destruirnos si estás en contra nuestra. Pero de acuerdo nos puedes dificultar las cosas aun si crees que estás ayudando.
JAN-I-JANAN:	El hombre puede participar de lo Perpetuo; no lo hace únicamente por creer que puede pensar acerca de ello.
DEHLAVI:	Gastamos espacio en un lugar. No pongas una señal para marcar el lugar. En cambio toma del material que se adhiere al lugar, mientras esté allí.
QANDAHARI:	Tú escuchas mis palabras. Escucha también que hay otras palabras además de las mías. Estas no están destinadas a ser oídas con el oído físico. Dado que sólo me ves a mí, crees que no hay más Sufismo que el mío. Estás aquí para aprender, no para recopilar información histórica.
JAN-FISHAN:	Puede que sigas un arroyo. Date cuenta de que conduce al Océano. No confundas el arroyo con el Océano.

MILAGROS Y TRUCOS

Una vez Bahaudin recibió a un mendigo Qalandar que se ofreció para realizar milagros y así probar que era un representante del más grande de todos los maestros místicos.

El-Shah dijo:

"Estamos aquí en Bujara, la única comunidad cuya fe no es ni producida ni sostenida por hechos extraordinarios llamados milagros, ni en el más mínimo detalle. Pero para ti es valioso actuar frente a la asamblea completa de derviches y también ante todos los que vienen a vernos."

En consecuencia arregló que el próximo día festivo fuera reservado para la actuación del extraño Qalandar.

Durante un día entero el mendigo realizó milagro tras milagro: resucitó a los muertos, caminó sobre el agua, hizo hablar a una cabeza sin cuerpo y muchas otras maravillas.

La gente de Bujara estaba alborotada. Algunos afirmaban que ese hombre debía de ser un discípulo del diablo, pues no querían adoptar su forma de vida o atribuirle ningún poder benéfico. Algunos de los partidarios periféricos de el-Shah se declararon satisfechos de que "un nuevo sol hubiera nacido", y trataron de hacer arreglos para partir hacia donde estuviere su monasterio. Algunos de los discípulos más nuevos de el-Shah le rogaron que realizara milagros similares, para demostrar que era capaz de ello.

Bahaudin no hizo nada por tres días. Entonces, frente a una inmensa concurrencia, comenzó a realizar lo que solo puede ser llamado milagros. Una tras otra, la gente veía cosas que difícilmente podían creer. Vieron, escucharon y tocaron cosas que jamás fueron imaginadas en las tradiciones sobre las maravillas de los santos más grandes de todos los tiempos.

Entonces Bahaudin les mostró, uno por uno, cómo eran realizados los trucos, y que eran... trucos.

"Aquellos de ustedes que sean buscadores de malabarismos... sigan el camino de los malabares", dijo, "porque yo realizo un trabajo más serio."

RESPONSABILIDAD

Cierta noche un ladrón, tratando de entrar por la ventana de una casa que intentaba robar, cayó al suelo cuando se rompió el marco de la ventana y se fracturó la pierna.

Fue al juzgado para demandar al dueño de la casa. Este hombre dijo:

"Demanda al carpintero que colocó la ventana."

El carpintero dijo: "El constructor no hizo correctamente la abertura para la ventana."

Cuando se lo llamó al constructor, dijo: "Mi falla fue causada por una hermosa mujer que pasaba mientras yo trabajaba en la ventana."

La mujer fue encontrada, y dijo: "Llevaba puesto un hermoso vestido aquel día. Normalmente, nadie me mira. La culpa es del vestido que estaba sutilmente teñido con franjas multicolores."

"Ahora tenemos al culpable", dijo el juez; "llamen al hombre que realizó el teñido, y será considerado responsable por el daño hecho a la pierna del ladrón."

Cuando encontraron al tintorero, resultó ser el esposo de la mujer. Y este era... el ladrón mismo.

FALSEDAD

Un día un hombre fue a ver a un maestro Sufi y le describió cómo cierto falso maestro estaba prescribiendo ejercicios para sus seguidores.

"Obviamente el hombre es un impostor. Les pide a sus discípulos que 'no piensen en nada'. Es bastante fácil *decirlo*, porque impresiona a algunas personas. Pero es imposible no pensar en nada."

El maestro le preguntó:

"¿Por qué has venido a verme?"

"Para señalar lo absurdo de este hombre y también para hablar de misticismo."

"¿Seguro que no es para que apoye tu opinión de que este hombre es un impostor?"

"No, eso ya lo sé."

"¿No para mostrarnos a los que estamos aquí sentados que tú sabes más que el hombre crédulo y ordinario?"

"No, de hecho quiero que me guíes."

"Muy bien. La mejor guía que puedo dar es aconsejarte que... no pienses en nada."

Este hombre se retiró inmediatamente de la reunión, convencido de que el maestro era un farsante.

Pero un desconocido que se había perdido el comienzo de estos sucesos y unido a la asamblea justo cuando el sabio estaba diciendo "La mejor guía que puedo dar es aconsejarte que no pienses en nada", se sintió profundamente impresionado.

"No pensar en nada, ¡qué idea más sublime!", se dijo a sí mismo.

Y se marchó luego de esa sesión, sin haber escuchado nada que contradijera la idea de no pensar en nada.

Al día siguiente, uno de los estudiantes le preguntó al maestro cuál de los hombres había estado en lo cierto.

"Ninguno", dijo. "Ellos todavía tienen que aprender que su codicia es un velo, una barrera. Su respuesta no está en una palabra, una visita, una solución fácil. Solo por el contacto continuo con una enseñanza el estudiante absorbe, poco a poco, aquello que gradualmente se asimila hasta llegar a una comprensión de la verdad. Así el buscador se convierte en un encontrador."

"El maestro Rumi dijo: 'Dos hombres se acercan a ti, uno habiendo soñado con el paraíso, el otro con el infierno. Preguntan cuál es la realidad. ¿Cuál es la respuesta?' La respuesta es asistir a los discursos de un maestro hasta que estés en armonía."

ESTUDIOS Y CARAVANAS

El sheikh Rewgari fue visitado por un hombre que suplicó afanosamente durante mucho tiempo ser aceptado como discípulo.

El sheikh conversó con él acerca de su vida y sus problemas, y luego lo despachó diciéndole: "Tu respuesta te será enviada a su debido tiempo."

Entonces el sheikh llamó a uno de sus discípulos más antiguos, y le dijo: "Ve a la casa de tal y tal persona (el aspirante a discípulo), y sin mencionar mi nombre ofrécele un empleo seguro y lucrativo en tu negocio de caravanas."

Poco después le llegó al sheikh un mensaje del aspirante a discípulo:

"Ruego que me disculpes por no esperarte, ya que recientemente la fortuna ha decretado que se me dé una excelente posición con uno de los mercaderes más importantes de esta ciudad, y debo dedicarle todo mi tiempo a esto por el bienestar de mi familia."

El sheikh Rewgari adivinó correctamente en muchas ocasiones que los visitantes iban a verlo solo porque habían sufrido decepción en sus vidas. Este no es un ejemplo extraño de sus acciones en tales situaciones.

LOS EJERCICIOS INTERNOS

Cada Hombre Perfeccionado es en cierto sentido igual a cada uno de los otros. Esto significa que, correctamente armonizado por medio de la energía de la Escuela, un discípulo puede establecer comunicación con todos los Grandes, tal como ellos están en comunicación entre sí, a través del tiempo y del espacio.

Hemos renovado la sustancia de la tradición de los Antiguos. Muchos de los derviches dedicados no lo han hecho, y debemos permitirles hacer lo que quieren practicar. No te enzarces en discusiones con ellos. "Tú en tu camino, y yo en el mío."

Los deberes y prácticas de una Escuela forman un todo: la Verdad, la manera de enseñar y los participantes forman *una mano*, en la cual el ignorante puede que solamente vea la desemejanza entre los dedos, no la acción combinada de la mano misma.

Bahaudin Naqshband

SOBRE TU RELIGIÓN

A través de la literatura derviche nos encontrarás diciendo repetidamente que no nos concierne tu religión o incluso tu falta de ella. ¿Cómo puede esto conciliarse con el hecho de que los creyentes se consideran a sí mismos los elegidos?

El refinamiento del hombre es la meta, y la enseñanza interior de todos los credos religiosos apuntan a esto. Para poder lograrlo, hay siempre una tradición transmitida por una cadena viviente de adeptos que seleccionan candidatos a quienes impartir este conocimiento.

Esta enseñanza ha sido transmitida a toda clase de hombres. Dada nuestra dedicación a la esencia, hemos reunido, en el Camino Derviche, a todas aquellas personas que están poco interesadas en las apariencias; y de este modo mantenemos pura, en secreto, a nuestra capacidad para continuar la sucesión. En las dogmáticas religiones de los judíos, los cristianos, los zoroástricos, los hindúes y el Islam literalista, este elemento precioso se ha perdido.

Nosotros devolvemos el principio vital a todas estas religiones, y es por esto que verás a tantos judíos, cristianos y otros entre mis seguidores. Los judíos dicen que nosotros somos los verdaderos judíos; los cristianos, cristianos.

Es solo cuando conozcas el Factor Superior que advertirás la verdadera situación de las religiones actuales y de la incredulidad misma; y esta misma incredulidad es una religión con su propia forma de creencia.

Ahmad Yasavi

EL PALACIO DE LOS ILUMINADOS
RAZONES PARA LA FUNDACIÓN DE UNA ESCUELA

La Vía (Orden) de los Maestros obtiene su sustancia en sucesión ininterrumpida desde los tiempos más remotos. Mantiene su conexión, en forma paralela, con los maestros antiguos y contemporáneos por la comunicación directa del ser.

Ahora bien, muchos externalistas han sido confundidos por el hecho de que hay diferentes Órdenes y formulaciones en nuestra Vía. Están todavía aun más perplejos pues, a pesar de que los adherentes de una escuela estimen, reverencien y sigan a un maestro y sus métodos, pueden muy bien unirse a otro en cualquier momento dado.

La razón no está lejos, si sabes cómo buscarla. La respuesta está en nuestro antiguo aforismo: "Háblale a cada uno según su comprensión."

La tarea del maestro es enseñar. Para poder enseñar debe tomar en consideración las preocupaciones presentes e ideas fijas de sus estudiantes. Debe, por ejemplo, emplear los modismos de Bujara con los discípulos de Bujara y los de Bagdad, en Bagdad.

Si sabe lo que está enseñando, ordenará la forma externa de los medios para enseñarlo así como uno construiría la forma física de una escuela según sus propias necesidades.

También están involucradas la naturaleza y las descripciones de los discípulos, y sus potencialidades.

Toma como ejemplo las reuniones musicales. No asistimos a ellas ni empleamos la música. Esto es porque para nuestro tiempo y en nuestra posición, hay más daño que beneficio. La música, escuchada correctamente, mejora el acercamiento a la Consciencia. Pero dañará a la gente que no esté suficientemente preparada, o que no es del tipo adecuado, para escucharla y ejecutarla.

Aquellos que no saben esto han adoptado la música como algo sagrado en sí mismo. A los sentimientos que experimentan mientras se entregan a ella los confunden con sublimes. En realidad la utilizan con el propósito menor de suscitar sentimientos, emociones, que no es una base para aumentar el progreso.

Los derviches se unen a la Orden más apropiada para su naturaleza interior. Permanecen con su maestro hasta que los ha desarrollado lo máximo posible. Después de esto puede que se vayan o sean enviados a otro maestro, para participar en los ejercicios especiales que acaso ofrezca. Esto es así porque quizá haya una faceta de ellos que podría beneficiarse con esta especialización.

En la Vía de los Maestros seguimos las bases del Trabajo Derviche. Algunos de nuestros ejercicios se emplean de una forma, algunos de otra. Algunos son revocados, porque no se aplican a este tiempo o este lugar. Lo mismo ocurre con todas las otras escuelas. Es por esta razón que aquí encontrarás maestros que tienen el Manto del Permiso para enrolar discípulos en todas las Órdenes, pero que trabajan con esta comunidad de acuerdo con sus necesidades, basados en la ciencia original sobre la cual están cimentadas todas las demás formas.

Nuestra escuela está fundada sobre la autoridad verificable e impecable de nuestros predecesores en sucesión ininterrumpida y documentada de genealogía espiritual. No sabes, sin embargo, cuán poco cuentan estas exterioridades (que te satisfacen por nuestra reputación moral) comparadas con la fundamental Verdad de la Experiencia, que es nuestra invisible y poderosa herencia.

Bahaudin Naqshband

PARTE IV

Entre los Maestros

Un encuentro con Khidr

Khidr es el "guía oculto" de los Sufis, y se cree que es el guía anónimo de Moisés en el Corán. Este "Verde" es a menudo denominado "el Judío", y ha sido equiparado a figuras legendarias tales como San Jorge y Elías. Este cuento – o informe – es característico de las funciones sobrenaturales que se le atribuyen a Khidr, tanto en la tradición popular como entre los maestros derviches.

Una vez, estando yo parado a orillas del río Oxus, vi a un hombre caer al agua. Otro, vestido como un derviche, corrió para ayudarlo pero también fue arrastrado por la corriente. De repente vi a un tercer hombre, vestido con un reluciente manto esmeralda, lanzarse al río. Pero ni bien tocó la superficie su forma pareció cambiar: ya no era un hombre, sino un tronco. Los otros dos lograron aferrarse a él y juntos lo acercaron a la ribera.

Apenas pudiendo creer lo que veían mis ojos los seguí a cierta distancia, ocultándome entre los arbustos que por allí crecían. Los dos hombres, jadeantes, ganaron la orilla; el tronco se alejó flotando. Lo miré hasta que, fuera de la vista de los otros, se dejó arrastrar hacia la ribera y el hombre del manto verde, empapado, pisó tierra. El agua comenzó a brotarle; antes de que pudiera alcanzarlo, estaba casi seco.

Me arrojé delante de él, exclamando: "Tú has de ser la Presencia Khidr, El Verde, Maestro de los Santos. Bendíceme, para que yo logre." Tenía miedo de tocar su manto, pues parecía ser de fuego verde.

Él dijo: "Has visto demasiado. Comprende que yo vengo de otro mundo y protejo, sin que lo sepan, a quienes tienen que realizar un servicio. Puedes haber sido un discípulo del Sayed Imdadullah, pero no eres lo suficientemente maduro para saber qué estamos haciendo en nombre de Dios."

Cuando levanté la vista, se había ido; y todo lo que pude escuchar fue una ráfaga que atravesaba el aire.

Después de regresar de Jotán, vi al mismo hombre. Estaba tendido sobre un colchón de paja en una posada cerca de Peshawar; me dije: "Si antes fui inmaduro, esta vez seré maduro."

Lo tomé del manto, que era muy común... aunque debajo creí ver algo resplandeciente de color verde.

"Acaso seas Khidr", le dije, "pero tengo que saber cómo un hombre aparentemente común como tú realiza tales maravillas, y por qué. Explícame tu oficio, para que yo también pueda practicarlo."

Rió. "¡Eres impetuoso, mi amigo! La última vez fuiste demasiado testarudo... y aún continúas siéndolo. Vamos, dile a cada persona que te encuentres que has visto a Khidr Elías; te encerrarán en el manicomio, y cuanto más te quejes de que tienes razón, con más fuerza te encadenarán."

Entonces sacó un guijarro. Lo miré fijamente... y me encontré paralizado, convertido en piedra hasta que hubo recogido sus alforjas y se marchó.

Cuando cuento esta historia, la gente ríe o, creyéndome un narrador de historias, me hace regalos.

HASAN DE BASORA

Cuando se le preguntó: "¿Qué es el Islam y quiénes son los musulmanes?", respondió:

"El Islam está en los libros y los musulmanes en la tumba."

LO QUE EL HOMBRE REALMENTE SABE

Los hombres suponen, presuntuosamente, que conocen la Verdad y la percepción divina. En realidad no saben nada.

Juzjani

SUFIAN THAURI

Un hombre soñó con un Sufi que había sido premiado por sus buenas acciones. "Hasta fui recompensado por quitar una cáscara de fruta del camino, pues alguien podría haber resbalado al pisarla", dijo el Sufi.

Cuando esto le fue informado a Sufian Thauri, dijo:

"¡Cuán afortunado es al no haber sido castigado por cada ocasión en la que fue caritativo y sintió un placer personal por ello!"

Ghazali

PECADO

Pecar contra Dios es una cosa; pero pecar contra el hombre es peor.

Sufian Thauri

EL HOMBRE DEBE ESTAR EN EL ESTADO CORRECTO

Uwais el-Qarni dijo a unos visitantes:

"¿Buscan a Dios? Si es así, ¿por qué han venido a mí?"

Los visitantes solo creían que buscaban a Dios. Sus presencias y emanaciones los delataban.

"Si no es así", continuó Uwais, "¿qué quieren de mí?"

Dado que eran intelectuales y emocionalistas, no pudieron comprenderlo.

BAYAZID BISTAMI

Le preguntaron a un mago adorador del fuego por qué no se convertía en musulmán.

Respondió:

"Si se refieren a que debería ser un hombre tan bueno como Bayazid, me falta valor. Sin embargo, si lo que quieren decir es que yo debería ser un hombre tan malo como ustedes, lo detestaría."

CLASE

Las clases más bajas de la sociedad son aquellas que en esta vida se enriquecen en nombre de la religión.

Ibn El-Mubarak

NOMBRES

Tú me llamas cristiano para enojarme y sentirte contento. Otros se dicen cristianos para vivenciar otras emociones. Pues bien, si nos estamos sirviendo de palabras emocionantes, te llamaré adorador del diablo. Eso debería brindarte una agitación que te complacerá durante algún tiempo.

Zabardast Khan

BAYAZID BISTAMI

Un hombre devotamente religioso, discípulo de Bayazid, le dijo a este un día:

"Me sorprende que quien acepta a Dios no vaya a la mezquita para adorarlo."

Bayazid respondió:

"Yo, por otra parte, estoy sorprendido de que todos los que conocen a Dios puedan adorarlo sin perder sus sentidos, invalidando su plegaria ritual."

SERVICIO

No serviré a Dios como un obrero a la espera de mi salario.

Rabia El-Adawia

SER UN CREYENTE

Probablemente te consideres un creyente, aunque seas un creyente en la incredulidad.

Pero no podrás creer realmente en nada hasta que no seas consciente del proceso por el cual has alcanzado tu posición.

Antes de hacerlo, debes estar preparado para suponer que quizá todas tus creencias sean erróneas, que lo que consideras una creencia puede ser apenas una variedad del prejuicio causado por tu entorno... incluyendo el legado de tus ancestros por quienes acaso sientas aprecio.

La verdadera creencia pertenece al dominio del conocimiento real.

Hasta que tengas conocimiento, la creencia es una fusión de meras opiniones, más allá de lo que te parezca.

Las opiniones fusionadas sirven para la vida común. La verdadera creencia posibilita que se realicen estudios superiores.

Atribuido a Alí

EL HERRERO DE NISHAPUR

Abu Hafs, el herrero de Nishapur, demostró señales de extrañas dotes mediante el poder de su atención desde los primeros días de su discipulado. Fue aceptado como alumno por el Sheikh Bawardi, y regresó a su herrería para continuar su trabajo. Mientras su mente estaba concentrada, sacó una pieza de hierro candente de la fragua con sus propias manos. Y aunque no sintió el calor, su ayudante se desmayó al ver este hecho inusitado.

Cuando era Gran Sheikh de los Sufis del Jorasán, fue notado que no hablaba árabe y utilizaba un intérprete para comunicarse con los visitantes de Arabia. Sin embargo, cuando visitaba a los grandes Sufis de Bagdad se expresaba tan bien en ese idioma que jamás pudo superarse la pureza de su discurso.

Cuando los sheikhs de Bagdad le pidieron que les dijera el significado de la generosidad, dijo: "Escucharé que otro la defina primero."

El Maestro Junaid dijo entonces: "La generosidad es no identificarla consigo mismo, y no tomarla en consideración."

Abu Hafs comentó: "El sheikh ha hablado bien. Pero siento que la generosidad significa el hacer justicia sin reclamar justicia."

Junaid dijo a los otros: "¡Pónganse todos de pie! Porque Abu Hafs ha trascendido a Adán y a toda su raza."

Abu Hafs solía decir: "Abandoné el trabajo y después retorné a él. Luego él me abandonó, y yo nunca regresé a él."

Hujwiri
La revelación de lo velado

SHIBLI Y JUNAID

Abu-Bakr, hijo de Dulaf, hijo de Jahdar (El-Shibli), y Abu'l Qasim el-Junaid, "Pavo Real de los Sabios", son dos de los primeros maestros clásicos de los Sufis. Ambos vivieron y enseñaron hace más de mil años. La historia del discipulado de Shibli bajo Junaid, brindada aquí, proviene de *La revelación de lo velado*, uno de los primeros libros más importantes sobre el tema. El mismo Junaid fue espiritualizado por la influencia de Ibrahim, hijo de Adam ("Ben Adhem" en el poema de Leigh Hunt), que era, como Buda, un príncipe que había abdicado para seguir el camino y que murió en el siglo VIII.

Shibli, un orgulloso cortesano, fue a ver a Junaid buscando conocimiento real. Dijo: "He oído que tienes el conocimiento divino. Dámelo o véndemelo."

Junaid dijo: "No puedo vendértelo, porque no podrías pagarme su precio. No puedo dártelo, porque entonces sería demasiado barato para ti. Debes sumergirte tú mismo en el agua, como yo lo he hecho, para poder obtener la perla."

"¿Qué debo hacer entonces?", preguntó Shibli.

"Ve y hazte vendedor de azufre."

Cuando ya había pasado un año, Junaid le dijo: "Estás prosperando como mercader. Ahora sé un derviche, sin hacer otra cosa que mendigar."

Shibli pasó un año mendigando en las calles de Bagdad, sin ningún éxito.

Regresó a Junaid. El maestro le dijo:

"Para la humanidad ahora no eres nada. Haz que ellos sean nada para ti. En el pasado tú eras un gobernador. Regresa ya a esa provincia y busca a todos los que oprimiste.

Pide el perdón de cada uno de ellos." Fue, encontró a todos excepto a uno, y recibió su perdón.

A su regreso, Junaid dijo que de alguna manera aún seguía sintiendo su propia auto-importancia. Fue a pasar otro año en la mendicidad. El dinero que así obtenía le era entregado cada noche al Maestro, quien lo daba a los pobres. Shibli mismo no recibía comida hasta la mañana siguiente.

Fue aceptado como discípulo. Después de un año como sirviente de los otros estudiantes, se sintió el ser más humilde de la creación.

Solía ilustrar la diferencia entre los Sufis y los no regenerados diciendo cosas incomprensibles para la mayoría de la gente.

Un día, debido a su lenguaje críptico, sus detractores lo ridiculizaron en público como si fuera un loco. Él dijo:

Para sus mentes, yo estoy loco.
Para mi mente, todos ustedes están sanos.
Entonces rezo para aumentar mi locura.
Y aumentar su cordura.
Mi "locura" proviene del poder del Amor;
su cordura, de la fuerza de la inconsciencia.

GHULAM HAIDAR DE CACHEMIRA

Al escuchar una discusión entre sus discípulos acerca de la importancia de la meticulosa observancia de las leyes religiosas como un medio hacia la iluminación, Ghulam Haidar dio órdenes para que, bajo cualquier pretexto, sean reunidos y comparezcan ante su presencia:

Un judío, un cristiano, un zoroástrico, un sacerdote hindú, un sikh, un budista, un *farangi* ("franco" o cristiano occidental), un chií, un suní, un pagano y varios otros. Entre estos últimos había comerciantes, trabajadores, granjeros, clérigos y empleados, un panadero y varias mujeres de todo tipo.

Durante tres años sus seguidores trabajaron para reunir a toda esta gente al mismo tiempo en un solo lugar, sin decirles que su presencia era requerida por el maestro. Para conseguirlo hicieron correr el rumor de un tesoro en Cachemira, se hicieron mercaderes, enviaron a buscar a tutores y sirvientes en lugares remotos; hasta que finalmente todos fueron reunidos. Cuando le informaron que todos estaban allí, Ghulam Haidar ordenó que se los invitara a una comida en su Sala de Enseñanza, la Zawiya.

Después de que hubieron comido, el Pir (Ghulam Haidar) se dirigió al grupo, que en su mayoría eran aquellos desconocidos que no adherían a su doctrina. También estaban presentes todos sus discípulos, a quienes se les había dicho de no tomar parte en la reunión excepto para observar.

El Pir habló en varios idiomas, explicando la necesidad de que el hombre se dedique al esfuerzo y que domine los misterios, los cuales eran su patrimonio al nacer a pesar de sus prejuicios.

Sin excepción, todos los desconocidos estaban deseosos de seguir al Pir, y su enemistad mutua desapareció. Es de este grupo que surgieron los maestros conocidos como las "Hogazas de Pan": aquellos cuya "Masa había sido moldeada por el Pir de Cachemira", a pesar de sus prejuicios básicos.

Luego de este encuentro, Haidar dijo: "La masa es masa", y "una masa no es mejor que la otra."

NO COMAS PIEDRAS

Un cazador, caminando por un bosque, se topó con un letrero. Leyó las palabras:

ESTÁ PROHIBIDO COMER PIEDRAS

Su curiosidad fue estimulada, y siguió el sendero que lo llevó pasando el cartel hasta que encontró una cueva en cuya entrada estaba sentado un Sufi, quien le dijo:

"La respuesta a tu pregunta es que nunca has visto un letrero prohibiendo comer piedras porque no hay necesidad de él. Podría decirse que no comer piedras es un hábito común.

"Únicamente cuando el ser humano sea capaz de evitar similarmente otros hábitos, aun más destructivos que comer piedras, será capaz de superar su lamentable estado actual."

POR QUÉ EL PERRO NO PODÍA BEBER

Le preguntaron a Shibli:

"¿Quién te guió en el Camino?"

Él contestó: "Un perro. Un día lo vi, casi muerto de sed, parado junto a la orilla.

"Cada vez que veía su reflejo en el agua, se alejaba asustado creyendo que era otro perro.

"Finalmente fue tal su necesidad, que desechó el miedo y se arrojó al agua: y entonces el 'otro perro' desapareció.

"El perro descubrió que el obstáculo, que era él mismo, la barrera que lo separaba de lo que buscaba, se había esfumado.

"De la misma forma, mi propio obstáculo desapareció cuando supe que este era yo mismo; y mi camino me fue mostrado por primera vez a través de la conducta de... un perro."

DEMOSTRACIÓN DEL ADIESTRAMIENTO

Un día, un hombre malicioso invitó a Osman el-Hiri a comer con él.

Cuando el sheikh llegó, el hombre lo ahuyentó. Pero cuando el-Hiri se hubo alejado unos pasos, lo llamó otra vez.

Esto sucedió más de treinta veces, hasta que el otro hombre, vencido por la paciencia y gentileza del Sufi, tal como él lo interpretó, se quebró y le rogó que lo perdonara.

"Tú no comprendes", dijo el-Hiri. "Lo que hice no fue más de lo que hubiera hecho un perro adiestrado. Cuando lo llamas, viene; cuando lo ahuyentas, se va. Esta conducta no es la de un Sufi, y no es difícil que cualquiera lo haga."

LO QUE DIJO EL DEMONIO

Érase una vez un derviche que, estando sentado en contemplación, notó que había una especie de demonio cerca suyo.

El derviche le dijo: "¿Por qué estás ahí sentado, sin hacer maldades?"

El demonio levantó la cabeza pesadamente. "Desde que aparecieron tantos teóricos y aspirantes a maestros del Camino, no me queda más nada que hacer."

LOS CUATRO SHEIKHS Y EL CALIFA

El califa Mansur decidió nombrar Gran Juez del Imperio a uno de los cuatro grandes sheikhs Sufis. Fueron llamados al palacio – Abu Hanifa, Sufian Thauri, Misar y Shuraih – pero durante el camino elaboraron un plan.

Abu Hanifa, uno de los Cuatro Grandes Doctores de la Ley tal como se lo conoce ahora, dijo: "Escaparé del nombramiento por medio de una evasión. Misar fingirá estar loco. Sufian huirá... y predigo que Shuraih se transformará en Juez."

Sufian, en consecuencia, huyó rumbo al exilio para evitar que lo ejecutaran por desobediencia. Los otros tres comparecieron ante el califa.

Primero, Mansur le dijo a Abu Hanifa: "Tú serás el Juez."

Abu Hanifa contestó: "Comendador de los Creyentes, no puedo. No soy árabe, y por lo tanto es improbable que ellos me acepten."

El califa dijo: "Esto no tiene nada que ver con la sangre. Necesitamos conocimiento y tú eres el sabio más apreciado de la época."

Abu Hanifa insistió: "Si mis palabras han sido verdaderas, no puedo ser juez. Y si son falsas no merezco el puesto, y por lo tanto estoy descalificado."

Así fue que Abu Hanifa probó su punto de vista, y fue eximido.

Misar, el segundo candidato renuente, se acercó al Comendador de los Creyentes y tomando su mano vociferó:

"¿Estás bien, tú y tus pequeños y tu ganado?"

"Llévenselo", gritó el califa, "pues ciertamente está loco."

Sólo quedaba Shuraih, quien alegó estar enfermo. Pero Mansur lo sometió a una serie de tratamientos y lo hizo juez.

UN ASUNTO DE HONOR

Un Sufi errante, a quien encontraron en el desierto, fue conducido a la carpa de un salvaje jefe beduino.

"Eres un explorador enviado por nuestros enemigos, y como tal te mataremos", dijo el jefe.

"Soy inocente", afirmó el Sufi.

"¿Ves esta espada?", preguntó el Sufi, desenvainándola. "Antes de que puedas atacarme, mataré aquí a uno de tus hombres. Cuando lo haya hecho, tendrás el legítimo derecho de vengar su muerte. Y así salvaré tu honor, que en este momento está en grave peligro de mancharse con la sangre de un Sufi."

FUDAIL EL SALTEADOR Y SU HIJO

Fudail, hijo de Ayyad, supo ser salteador de caminos. Luego de convertirse a la vida religiosa sintió que estaba adorando a Dios correctamente y enmendando sus crímenes, pues había buscado y recompensado a todas sus víctimas.

Un día, sin embargo, tuvo una extraña experiencia. Había sentado a su hijito sobre sus rodillas y lo besó. "¿Me amas?", preguntó el niño. "Sí, te amo", dijo Fudail. "Pero no amas también a Dios, como me has dicho tantas veces?" "Sí, creo que lo hago", dijo el padre.

"Pero, ¿cómo puedes, con un corazón, amar a dos?"

Fue a partir de ese momento que Fudail advirtió que aquello que había considerado amor era, de hecho, sentimentalismo; y que debía encontrar una forma más elevada de amor.

Este incidente fue el origen de su dicho:

"Aquello que generalmente es considerado como el más alto o el más noble logro de la humanidad, es en realidad el más bajo de los niveles elevados que son posibles para la humanidad."

LOS PROBLEMAS DE LA GENEROSIDAD

Un estudiante que había ido a presentarle sus respetos a un Sufi, le preguntó por curiosidad: "¿Por qué están en tu patio esas treinta magníficas mulas de Herat?"

El sabio dijo inmediatamente: "Están allí para ti."

El estudiante estuvo encantado cuando escuchó que se las iban a dar, aunque dijo: "Seguramente he de pagar algún precio, ¿no?"

"El precio", dijo el maestro, "quizá sea más alto del que puedas pagar por ti mismo. Pero te las doy con la condición de que no le digas a nadie que te he dado las mulas. No estoy aquí para ser conocido como 'bueno' entre los hombres debido a tales acciones. Por lo general la gente piensa que alguien es 'bueno' por una acción cuyas consecuencias y orígenes no saben captar."

"Nada parece ser más bajo que tu precio", dijo el estudiante, quien extasiado se llevó las mulas diciendo para sí: "Realmente mi maestro me ha beneficiado. Esta es la manifestación externa de una bendición interior."

Pronto anocheció, y unos pocos momentos después el estudiante cayó en manos de una patrulla nocturna. Sus miembros se dijeron entre sí: "Acusemos a este hombre de tal o cual crimen que no podemos resolver de ningún modo. Podríamos sugerir que compró las mulas con las ganancias del robo, a menos que pueda probar lo contrario. Probablemente sea culpable de algo, pues se ve mal alimentado y pobremente vestido. Algunos lo hemos visto antes y en todo caso creemos que se asocia con personas de carácter dudoso."

Llevado ante la corte, el estudiante rehusó al principio contestar a cualquier pregunta sobre el origen de las mulas. El magistrado ordenó que fuera torturado por medio de bastonadas en las plantas del pie.

Mientras tanto otro grupo de discípulos estaba visitando al sabio, quien los envió en etapas para seguir la suerte del primer hombre..

Cada tanto le informaban: "Se niega a hablar"; y "Se está debilitando… lo están torturando."

Finalmente el Sufi se puso de pie y presuroso partió hacia la corte.

Gracias a su testimonio, en el cual afirmó que había sido él quien le había dado las mulas al hombre, el prisionero fue liberado.

Entonces el sabio se dirigió a la corte, a sus discípulos y al público, quienes estaban perplejos por lo sucedido, y les dijo:

"La reputación de generoso tiene tres males: puede corroer al hombre que tiene esta reputación; puede dañar al hombre que admira esta generosidad si la imita ignorantemente; puede erosionar a quien recibe generosidad si conoce al dador. No debería haber sentido de la obligación. Es por ello que el deber del Sufi es ejercitar la generosidad en completo secreto.

"La forma más elevada de generosidad conocida por el hombre común es igual al nivel más inferior de la *verdadera* generosidad. Originalmente fue instituida como un medio para enseñarle al hombre la liberalidad, pero se ha convertido en un ídolo y en una maldición."

LA FORTUNA DEL HOMBRE

El Mahdi Abbassi anunció que lo siguiente podía ser verificado: aunque la gente intentase o no ayudar a un hombre, algo en él podría frustrar este objetivo.

Dado que ciertas personas objetaron esta teoría, prometió una demostración.

Cuando todos habían olvidado el incidente, El Mahdi ordenó a un hombre que tirase una bolsa de oro en medio de un puente. A otro hombre le pidió que trajese a un desafortunado deudor a uno de los extremos del puente, y le pidiese que lo cruzara.

Abbasi y sus testigos esperaron en la otra punta.

Cuando el hombre llegó donde estaban, Abbasi le preguntó: "¿Qué viste en la mitad del puente?"

"Nada", dijo el hombre.

"¿Y cómo es eso?"

"Apenas empecé a cruzar el puente, se me ocurrió que sería divertido cruzarlo con los ojos cerrados, y así lo hice."

LA FLOR Y LA PIEDRA

Cuando el gran maestro y mártir Mansur el-Hallaj fue expuesto ante la multitud, condenado por apostasía y herejía, no dio señas de dolor cuando le cortaron las manos.

Permaneció impasible ante la multitud que le arrojó piedras lastimeras.

Uno de sus amigos, un maestro Sufi, se le acercó y lo golpeó con una flor.

Mansur gritó como si lo estuvieran torturando.

Hizo esto para mostrar que nada de lo que hicieran quienes creían hacer lo correcto podía dañarlo. Pero el más ligero roce de alguien que sabía, como su amigo, que estaba siendo injustamente acusado y condenado, era para él más doloroso que cualquier tortura.

Mansur y sus compañeros Sufis, indefensos como estaban ante semejante tiranía, son recordados por esa lección: mientras quienes los torturaron pertenecen al olvido.

Mientras agonizaba, Mansur dijo: "La gente de este mundo trata de hacer el bien. Yo les recomiendo que busquen algo cuya ínfima parte vale más que toda la bondad: el *conocimiento* de qué *es* la verdad… la ciencia verdadera."

HANBAL Y LA MENTE CONDICIONADA

Ahmad ibn Hanbal fue el fundador de una de las cuatro grandes Escuelas de Derecho y compañero de muchos de los primeros Maestros Sufis.

Cuando era ya un anciano muy frágil, un grupo herético en Bagdad usurpó el poder y trató de obtener una resolución suya que confirmara la corrección de sus puntos de vista.

El Imán Hanbal se negó, y por ello recibió mil latigazos y fue torturado. Antes de morir, lo cual ocurrió muy pronto debido al trato recibido, se le preguntó qué pensaba de sus asesinos.

Dijo: "Solamente puedo decir que me golpearon porque creían tener razón, y que yo estaba equivocado. ¿Cómo puedo clamar justicia contra quienes creen estar en lo cierto?"

EL HOMBRE CREE QUE LO QUE PIENSA ES VERDAD

Enseñando, como era su costumbre, durante las situaciones comunes de la vida, el Sheikh Abu Tahir Harami llegó un día al mercado montado en su burro y con un discípulo que lo seguía detrás.

Al verlo, un hombre gritó: "¡Miren!, ahí viene el anciano descreído."

El discípulo de Harami, encolerizado, increpó al difamador. En poco tiempo se originó un feroz altercado.

El Sufi calmó a su discípulo, diciéndole: "Si pones fin a este tumulto, te enseñaré cómo puedes huir de esta clase de problemas."

Fueron juntos a la casa del anciano. El Sheikh le dijo a su seguidor que le trajera un cofre con cartas. "Míralas.

Son todas cartas dirigidas a mí. Pero están redactadas en términos diferentes. Aquí alguien me llama 'Sheikh del Islam'; allá, 'Maestro Sublime'. Otra dice que soy 'El Sabio de los Santuarios Gemelos'. Y hay muchos más.

"Observa cómo me denominan según lo que ellos consideran que soy. Pero yo no soy ninguna de estas cosas. Cada hombre llama al otro exactamente lo que cree que el otro es. Precisamente esto es lo que acaba de hacer el desdichado en el mercado. Y sin embargo lo objetas. ¿Por qué lo haces, si esta es la regla general de la vida?"

¿CUÁL ES EL LADO CORRECTO?

Mucho se sospechaba que cierto sabio se había vuelto irracional en sus presentaciones de hechos y argumentos.

Se decidió ponerlo a prueba para que las autoridades de su país pudiesen dictaminar si era un peligro para el orden público, o no.

El día de la prueba se paseó por la sala de la corte montado en su burro pero al revés, mirando hacia la cola del animal.

Cuando llegó el momento de hablar en su propia defensa, dijo a los jueces:

"Cuando me vieron hace un momento, ¿hacia qué lado miraba?"

Los jueces dijeron: "Hacia el lado incorrecto."

"Ustedes ilustran mi punto", contestó, "porque yo miraba hacia el lado correcto, desde un punto de vista. Era el burro quien miraba hacia el lado incorrecto."

EL MAESTRO

Cuenta un maestro Sufi, que cuando era un jovencito quiso seguir a un maestro de la Tradición. Buscó al sabio y pidió convertirse en su discípulo.

El maestro dijo: "Aún no estás listo."

Dado que el joven era insistente, el sabio le contestó: "Muy bien, te enseñaré algo. Haré una peregrinación a La Meca. Ven conmigo."

El discípulo estaba contentísimo.

"Dado que somos compañeros de viaje", dijo el maestro, "uno debe guiar y el otro obedecer. Escoge tu rol."

"Yo seguiré, guía tú", dijo el discípulo.

"Si sabes cómo obedecer", replicó el maestro.

Empezó el viaje. Mientras descansaban una noche en el desierto de Hejaz, comenzó a llover. El maestro se levantó y sostuvo una cobertura sobre la cabeza del discípulo, protegiéndolo.

"Pero esto es lo que *yo* debería estar haciendo por ti", dijo el discípulo.

"Te ordeno que me permitas protegerte así", dijo el sabio.

A la mañana siguiente el joven dijo: "Ahora es un nuevo día. Permite que *yo* sea el guía, y tú sígueme." El maestro accedió.

"Ahora juntaré leña para hacer fuego", dijo el joven.

"De ninguna manera harás eso; yo la recogeré", dijo el sabio.

"Te ordeno que te sientes mientras recojo la leña", dijo el joven.

"De ninguna manera, pues no concuerda con los requisitos del discipulado que el seguidor se permita ser servido por el líder", dijo el maestro.

Y así, en cada ocasión, el maestro le mostró al estudiante qué significa realmente ser un discípulo.

Se separaron en las puertas de la Ciudad Sagrada. Cuando más tarde el joven volvió a ver al sabio, no pudo mirarlo a los ojos. "Lo que has aprendido", dijo el más viejo, "es algo acerca de la naturaleza del discipulado."

El discípulo debe saber *cómo* obedecer, no meramente que debe obedecer. La cuestión de *si* hacerse discípulo o no, viene únicamente después de que la persona sabe qué es realmente el discipulado. La gente pasa su tiempo preguntándose si deberían ser discípulos... o no. Dado que su suposición (que podrían ser discípulos si así lo desearan) es incorrecta, están viviendo en un mundo falso, un mundo intelectualista. Tales personas no han aprendido la primera lección.

HILALI DE SAMARCANDA

Hilali, acompañado por cinco de sus discípulos, hizo un largo viaje a través del Asia Central. De vez en cuando Hilali hacía que sus compañeros actuaran de diversas maneras. Estas son algunas de sus aventuras.

Cuando llegaron a Balkh y una delegación compuesta por personas importantes de la ciudad salió a recibir al maestro, Hilali le dijo a Yusuf Lang: "Sé tú el maestro." Yusuf fue recibido y honrado. Se difundieron reportes de los milagros que había logrado solamente por permanecer bajo el mismo techo de personas enfermas. "Esto es lo que la gente piensa que es un Derviche, y lo que nosotros sabemos que no es", dijo Hilali.

En Surkhab, los compañeros entraron a la ciudad todos vestidos iguales y ninguno caminaba adelante de los otros. "¿Cuál es el Gran Maestro?", preguntó el jefe de la ciudad. "Yo soy él", dijo Hilali. Inmediatamente la gente retrocedió, exclamando: "¡Lo sabíamos por la Luz de sus Ojos!"

"Tómenlo como una lección", dijo Hilali a sus compañeros.

Cuando el grupo entró a Qandahar, el jefe Sardar los recibió con un banquete y todos se sentaron formando un círculo. Hilali había impartido órdenes para que lo tratasen como el menor de los discípulos, y que Jafar Akhundzada fuera tratado como el Maestro. Pero el jefe Sardar dijo: "En verdad, el menos importante de los compañeros brilla con luz interior, y a pesar de lo que puedan decir de él, yo lo considero como el Qutub, el Centro Magnético de la Era."

Todos saludaron a Hilali, quien se vio obligado a reconocer que el Sardar, a pesar de ser un gobernante, tenía también la capacidad de percibir lo que otros hombres no percibían.

LA MALDICIÓN DEL BEDUINO

Un día, en el oasis de Kufa, un rudo beduino se acercó resueltamente a Hasan, nieto de Muhammad, y empezó a insultarlo a él, a su padre y a su madre.

Hasan dijo: "Beduino, ¿necesitas algo? ¿Cuál es tu problema?"

Pero el beduino, sin escucharlo, continuó vociferando y maldiciendo. Hasan hizo que le trajeran algunas monedas y se las dieran al hombre; y le habló otra vez:

"¡Disculpas, beduino! Esto es todo lo que hay en esta casa; pero te digo que si tuviéramos algo más, te lo habría dado sin reservas."

Cuando escuchó estas palabras, el beduino se sintió conmovido y exclamó: "Doy testimonio de que en verdad eres el nieto del Mensajero. Pues vine hasta aquí para comprobar si tu linaje y tu naturaleza estaban en concordancia la una con la otra."

POR QUÉ EL DERVICHE ESTABA EN LA CORTE

Uno de los dictums de Hadrat Ibn el-Khafif de Shiraz era: "Un Sufi no debería visitar a un gobernante o salir a darle la bienvenida si es visitado por uno."

Es por ello que dos aspirantes a Sufis se sorprendieron cuando, al llegar a su casa, se les informó que el maestro estaba en la corte del rey.

Cambiaron de opinión sobre la gran santidad del sabio y decidieron pasear por la ciudad en lugar de presentarle sus respetos.

Visitando una tienda, se vieron inocentemente envueltos en un altercado: fueron acusados de robo y llevados a rastras ante el rey para ser juzgados.

Convencido por el dueño de la tienda de que los dos eran culpables, el monarca ordenó que fueran ejecutados de inmediato para que sirviese de ejemplo.

Ibn el-Khafif, aún en la corte, intercedió, y sus vidas fueron perdonadas.

"Acaso haya sido natural para ustedes pensar que yo no debería estar en la corte", les dijo el sabio; "pero por lo menos aprendan que un Sufi hace cosas inesperadas por razones invisibles pero no obstante adecuadas."

LA COMPULSIÓN DE ENSEÑAR

Le preguntaron a Bishr, hijo de Harith, por qué no enseñaba.

"He dejado de enseñar porque descubrí que tengo un deseo de enseñar. Si esta compulsión pasa, habré de enseñar por voluntad propia."

TIEMPO PARA APRENDER

El sabio de Ascalón raramente solía hablarles a sus discípulos. Cuando lo hacía, se conmovían por sus ideas.

"¿Sería posible que las conferencias fueran en horarios convenientes para que podamos asistir?", preguntaron, "pues cuando tú hablas algunos de nosotros tenemos obligaciones familiares y no siempre podemos estar allí."

"Tendrán que encontrar a algún otro que haga eso", dijo, "pues mientras yo apenas enseño cuando no siento el impulso de enseñar, existen otros que pueden enseñar de acuerdo con los que estén presentes en un momento determinado. Son ellos quienes sienten el impulso de enseñar y por consiguiente, solo tienen la necesidad de adaptar lo que le dicen a su audiencia."

SI YO PIDIESE Y ELLOS ME RECHAZARAN

Le preguntaron a un derviche: "¿Por qué no le pides algo a la gente, para que puedas tener comida?" Él dijo: "Si yo les pidiese y ellos me rechazaran, existiría el peligro de que sufrieran por ello. Se reporta que el Profeta dijo que si un indigente sincero pide, aquellos que se rehúsen a darle algo languidecerán."

CÓMO DEBERÍAS PENSAR DE MÍ

Un discípulo visitó a Maruf Karkhi y le dijo:

"Le he estado hablando a la gente acerca de ti. Los judíos aseguran que eres judío; los cristianos te reverencian como a uno de sus propios santos; los musulmanes insisten en que eres el más grande de todos los musulmanes."

Maruf contestó:

"Esto es lo que la humanidad dice en Bagdad. Cuando estaba en Jerusalén, los judíos decían que yo era cristiano; los musulmanes, que yo era judío; y los cristianos, que yo era musulmán."

"Entonces, ¿qué debemos pensar acerca de ti?", dijo el hombre.

"Algunos no me comprenden y me reverencian. Otros tampoco me comprenden, entonces me injurian. Esto es lo que he venido a decir. Tú deberías pensar en mí como alguien que ha dicho esto."

ADORACIÓN DE SANTOS

Un visitante le preguntó a un sheikh Sufi:

"¿Tiene algún valor adorar a los santos?"

De inmediato el Sufi dijo: "Es ilógico y está prohibido por el Islam." El preguntador se retiró satisfecho.

Un discípulo que había estado presente, dijo: "Pero tu respuesta no cubrió las insinuaciones de la pregunta."

El sheikh le dijo: "El interrogador estaba en la etapa de *Shariat* (religión convencionalista). La forma en que planteó la pregunta mostró que había un cierto consuelo que él quería, y lo buscó en mí pues había escuchado que yo era una fuente de opinión digna de confianza. Hay, sin embargo, otra clase de relación con los santos; una que no consiste en adorarlos. Visitar sus tumbas tiene una virtud. Pero esta virtud es operativa solamente para aquellos que pueden percibirla. Este hombre no era uno de ellos, de modo que este otro aspecto de la pregunta en su caso era nulo.

"El mes pasado, un hombre pidió la confirmación de que 'las curas efectuadas por la meditación en los santuarios se debían enteramente a la aspiración, no al santo'. Yo asentí. Él no tenía la capacidad para ideas más complejas; es decir, esto podría ser parcialmente cierto en algunas ocasiones, completamente verdadero en otras, y así sucesivamente.

"Es característico de los ciegos que solo puedan ver ciertas preguntas. Los santos fueron hombres; para algunos, visitar un santuario significa 'adoración de santos', y adorar a los santos significa ignorancia. Por lo tanto, no puede haber ningún beneficio en la adoración de santos.

"De mil personas que visitan un santuario, quizá una sepa internamente por qué está allí y cuál es la naturaleza de la virtud que acaso obtenga de la visita. Es natural que todos los peregrinos se imaginen que son 'devotos' y por lo tanto que todos están haciendo o experimentando exactamente la misma cosa. Por supuesto que no lo están. ¿Has tratado alguna vez de mostrarle a un hombre errado que su visión es estrecha? Puede que te escuche en apariencia. Pero por el bien de su propia autoestima, rechazará lo que quieras *significar*, no lo que digas."

MUHAMMAD SHAH, MURSHID DEL TURQUESTÁN

Muhammad Shah, Murshid (Guía) de Turquestán, fue un maestro del siglo XIX que tomó sus ejemplos del "jugo" (contenido interior real) de las acciones ordinarias y de la vida. Este es un típico relato de sus métodos.

Muhammad Shah llevó a un grupo de su *Halka* (círculo) a ver algunas cosas. Una de esas era un alto minarete erigido junto a un río. "Esto fue construido por gente que persevera", dijo.

Luego los llevó a ver a un grupo de peregrinos brahmanes que caminaba hacia el sagrado río Jumna. "Esta es gente que persevera", dijo. Otro día llevó a su gente a observar una caravana que había llegado a través de los desolados desiertos de China. "Esta es gente que persevera", dijo. Finalmente les ordenó que fueran al Tíbet a observar los peregrinos que caían exhaustos mientras hacían un viaje sagrado. "Esas son personas que perseveran", dijo cuando regresaban.

Después de algunos meses los hizo observar a magistrados juzgar casos, sus esfuerzos, la energía de los testigos, las aspiraciones de los demandantes, el empeño de los acusados. "En todas estas cosas ven a hombres y mujeres perseverando", dijo.

En todas partes los hombres perseveran. El fruto de esta perseverancia es lo que ha de tomarse en cuenta; a esto lo pueden cosechar y usar. Si, por otro lado, durante la perseverancia se sienten fascinados por la cosa debido a la cual perseveran, no podrán hacer uso del entrenamiento de la lucha de la perseverancia. Todo lo que les sucede es que se vuelven adiestrados para perseverar en algo."

POR QUÉ EL DERVICHE SE ESCONDE A SÍ MISMO

El hijo de Rumi le preguntó:

"¿Cómo y por qué está escondido el derviche? ¿Se trata de un disfraz superficial? ¿Hay algo dentro de sí mismo que oculta?"

El maestro dijo:

"Esto puede hacerse de muchas maneras. Algunos escriben poemas de amor, y la gente cree que se refieren al amor ordinario. Puede que el derviche esconda su verdadera posición en el Camino al adoptar una vocación. Hay escritores: y algunos, como Baba Farid, son comerciantes. Sin embargo, otros realizan diferentes actividades externas.

"Esto quizá sea hecho para defenderse de los superficiales. Algunos actúan adrede de una manera que la sociedad podría desaprobar.

"Por lo tanto el Profeta ha dicho: 'Dios ha ocultado a los Hombres de Mayor Conocimiento'.

"Puede que los Seguidores del Camino adopten un recurso para obtener paz, ya que en caso contrario podrían ser estorbados."

Entonces el Maestro recitó:

> Omnisapiente… mientras se esconden, buscan.
> Pareciendo ser diferentes de lo que son… al
>   hombre ordinario;
> en la interna luz erran… haciendo que sucedan
>   milagros.
> Sin embargo, realmente… nadie los conoce.
>
> Munaqib el-Arifin

ORACIONES POR LOS MUERTOS

Sufian Thauri escuchó que tendría lugar un funeral, y siguió al ataúd. Él oró junto a la tumba.

Después del servicio, la gente comenzó a decir qué buen hombre había sido el difunto.

"No debería haber rezado por ese hombre", dijo Sufian, "pues cuando escuchas a la gente hablar bien de un hombre, en general es porque es un hipócrita, lo sepa o no. Si un hombre no es hipócrita, siempre habrá muchos que no hablen bien de él."

THAURI EN CONTEMPLACIÓN

El gran Shibli fue a visitar al ilustre Thauri. El maestro estaba sentado tan quieto que ni siquiera se le movía un pelo.

Shibli preguntó: "¿Dónde aprendiste tal quietud?"

Thauri contestó: "De un gato. Él estaba mirando la cueva de un ratón con una concentración aún mayor que la mía."

EXTRAÑA AGITACIÓN

Una vez Sahl Abdullah cayó en un estado de violenta agitación, con manifestaciones físicas, durante una reunión religiosa.

Ibn Salim dijo: "¿Qué es este estado?"

Sahl respondió: "Esto no era, como te imaginas, un poder que entraba en mí. Fue, al contrario, debido a mi propia debilidad."

Otros allí presentes comentaron: "Si eso era debilidad, ¿qué es poder?"

"Poder", dijo Sahl, "es cuando algo como esto penetra, y la mente y el cuerpo no manifiestan absolutamente nada."

EL ASNO

Sahl estaba de viaje con Ibrahim, hijo de Adán, cuando cayó enfermo.

Él cuenta que Ibrahim vendió todo lo que poseía para gastarlo en el hombre enfermo. Un día Sahl pidió una exquisitez e Ibrahim vendió su burro para comprarla.

Cuando estaba convaleciente, Sahl le preguntó a Ibrahim: "¿Dónde está el burro, para montarlo?"

"Yo soy él", dijo Ibrahim. "Monta sobre mis hombros". Y llevó a Sahl sobre sus espaldas durante el resto del viaje.

IBN-SALIM

Una multitud se reunió frente a la casa de Ibn-Salim y le pidió que hablara, con estas palabras: "Aquí están tus discípulos."

Él respondió: "Estos no son mis discípulos, sino los discípulos de mi público. Mis discípulos son muy pocos."

RESPONSABILIDAD DEL MAESTRO

Haji Bektash nombró a Nurudin Chaqmaq como su califa (diputado) en el lejano norte.

En aquel entonces el Sheikh Chaqmaq tenía ya muchos discípulos pues era un derviche que había atraído, por medio de su dedicación y sus lecturas de los maestros antiguos, a varios círculos de estudiantes. Además, había estado en estrecho contacto con más de un maestro.

El Haji le dio enseñanzas que en la superficie discrepaban fuertemente con las costumbres tradicionales y pensamientos a los que sus discípulos estaban acostumbrados.

Chaqmaq trató de evadir su responsabilidad al entregar su rebaño al Haji. Pero Haji Bektash se negó y le dijo a Chaqmaq: "Te transformarás, únicamente si actúas como un canal conectándome a mí con tu gente."

Chaqmaq temía que esta nueva enseñanza minaría su autoridad. "Si enseñas sólo por medio de la autoridad, no estás enseñando para nada", dijo Haji Bektash. Ciertos discípulos de Chaqmaq vinieron a quejarse ante Haji Bektash de que su maestro se comportaba de una manera excéntrica. "Ya no tenemos más la comodidad de las prácticas habituales", dijeron. "Esto es exactamente lo que yo quería que sucediera", dijo el Haji.

Otros discípulos temían que el Haji hubiera influido en Chaqmaq y que pudiera influirlos de modo similar. Esto le fue reportado al Haji, quien dijo: "Ellos ven que algo bueno le sucede a Chaqmaq, pero piensan que es malo. Esta es una fiebre que tiene que irse por sí sola."

Cuatro años pasaron antes de que, enteramente a través del ejemplo del Haji, los discípulos de Chaqmaq advirtieran que Bektash tenía otras cosas que hacer antes que "apresar caballos cojos". Bektash dijo: "Fue su propia autoestima la que los hizo imaginar que ustedes eran algo digno de ser esclavizado por cualquiera."

LA JOYA

Un joven visitó a Dhun-Nun y le dijo que los Sufis estaban equivocados, además de muchas otras cosas.

El egipcio se quitó un anillo del dedo y se lo dio. "Lleva esto al mercado y fíjate si puedes conseguir una pieza de oro por él", dijo.

Ninguna de las personas del mercado le ofreció más de una moneda de plata por el anillo.

El joven lo trajo de vuelta.

"Ahora", dijo Dhun-Nun, "lleva este anillo a un verdadero joyero, y fíjate cuánto pagaría por él."

El joyero ofreció mil monedas de oro por la gema.

El joven estaba asombrado.

"Ahora bien", dijo Dhun-Nun, "tu conocimiento de los Sufis es tan grande como el conocimiento que los puesteros tienen de las joyas. Si quieres valorar las gemas, hazte joyero."

Quien escucha algo obsceno es cómplice de quien habla obscenamente.

El-Shafai

BAYAZID BISTAMI

Bayazid se cruzó con un perro y apartó su túnica para que el animal no lo profanase.

El perro, con voz humana, dijo:

"Si yo hubiese estado seco, el evitarme no habría tenido sentido. Si hubiese estado mojado, habrías podido lavar tu túnica. Pero el odio que me tienes nunca podrá purificarse."

Bayazid dijo:

"Oh, perro iluminado, ven y quédate conmigo un rato."

El perro contestó:

"Eso es imposible, porque el mundo me usa como epíteto y tú eres considerado por el mundo como un hombre modelo."

Bayazid exclamó:

"¡Ay! No estoy en condiciones de vivir con alguien a quien el mundo entero considera inferior; por lo tanto, ¿cómo he de poder acercarme a la Verdad, la cual es considerada por todos como lo Más Elevado que hay?"

Al ser preguntado: "¿Qué es ser Sufi?", Bayazid dijo:

"Renunciar a las comodidades y tratar de realizar esfuerzos. Esa es la práctica del Sufi."

EL ÍDOLO

Alguien le dijo a Uwais el-Qarni que cierto derviche vestido con un sudario se sentaba sobre una tumba y lloraba.

Qarni dijo:

"Dile que el método se ha convertido en un ídolo: debe trascender la práctica, pues es un obstáculo."

DINERO

A Uwais el-Qarni le ofrecieron algún dinero. Él dijo:
"No lo necesito, pues ya tengo una moneda."
El otro dijo:
"¿Cuánto tiempo te durará eso? No es nada."
Uwais contestó:
"Garantízame que habré de vivir más tiempo de lo que esta suma me bastará, y aceptaré tu regalo."

No te arrepientas del pasado y no te preocupes por el futuro.
Dhun-Nun

Un hombre instruido que tiene muchos amigos puede que sea un fraude, porque si les dijese la verdad, ya no serían sus amigos.
Sufian Thauri

Junaid solía hablarle a una público de aproximadamente diez personas. Siempre detenía su discurso cuando el número aumentaba mucho, y sus grupos de oyentes nunca constaban de más de veinte personas.

Cuando hablamos, nos esmeramos en no cometer errores gramaticales. Sin embargo, cuando actuamos, cometemos errores y no alcanzamos lo que debería ser nuestra meta.
Ibrahim Ibn-Adam

EL PUEBLO ENCANTADOR

Ellos dicen: "Este pueblo es encantador."
Pero más encantador aún es el corazón del hombre que puede decir: "A mí no me encantan los pueblos encantadores."
Yahya Raía

LO ESENCIAL, CONDUCTA Y OCASIÓN

El Sufismo es conducta. Para cada tiempo su conducta. Para cada estación su conducta. Para cada estado su conducta.

Quienquiera que respete la conducta propia de cada ocasión llegará a la meta del hombre.

Quienquiera que no observe las reglas de conducta estará muy lejos de la mentalidad de Cercanía.

Abu-Hafs

EL HOMBRE COMPLETO

El conductor de camellos tiene sus planes; y el camello tiene los suyos.

La mente organizada puede pensar bien.

La mente del Hombre Completo puede existir bien.

Rasul Shah

La vela no está allí para iluminarse a sí misma.

Nawab Jan-Fishan Khan

Es una gran pretensión el autodenominarse Sufi. Recuerda, de todas formas, que yo no me autodenomino así.

Hadrat Abul-Hasan Khirqani

Si no has estudiado la Ciencia Celeste,
mientras no hayas pisado una "Taberna",
dado que no conoces tus propias ganancias y pérdidas:
¿cómo conseguirás amigos...? ¡Sigue, sigue, sigue, sigue!

Baba Tahir Uryan

VIAJAR: CON Y SIN VEHÍCULO

Si te arrojas al mar sin ninguna guía, será muy peligroso; porque el hombre confunde las cosas que surgen dentro de él mismo con las cosas que surgen en otro lado. Si, por otro lado, viajas en barco, también es peligroso; porque existe el peligro de apegarse al vehículo.

En el primer caso, el fin se desconoce, y no hay guía.

En el segundo, los medios se convierten en un fin, y no hay arribo.

Niffari

Un maestro derviche dijo: "Cuando escuches decir a un hombre: 'Ya se ha dicho', sabe que lo que realmente está diciendo es: 'Escucha lo que *yo* estoy diciendo'."

Bishr al-Hafi

Observa que las cosas que hoy se consideran correctas son aquellas que ayer eran consideradas imposibles. Las cosas que hoy que se consideran incorrectas son aquellas que mañana serán estimadas correctas.

Hudhaifa

Los errores son a menudo deliciosos para las mentes de aquellos que los siguen.

Ibn Abbas

Cuando le preguntaron por qué no corregía la plegaria de otro hombre, Maruf Karkhi dijo:

"Un derviche puede enseñar solamente después de haber completado su propio servicio."

Sin duda, algunas formas de lo que se denomina conocimiento son en realidad ignorancia, y algunas

formas de lo que se considera elocuencia son en realidad
incoherencia.

El Profeta

Alí señaló a su corazón, y dijo:

"Tengo aquí una cantidad suficiente de conocimiento, pero
no puedo encontrar a nadie a quien confiárselo. Hay mucha
gente, pero se vuelven indecisos o escépticos demasiado
rápido. ¡Cómo añoro a los verdaderos sabios!"

Si estoy equivocado, no tiene mucha importancia para tu
futuro.

Pero si estoy en lo cierto, es de suma importancia para tu
futuro.

El Califa Alí

AQUELLOS QUE ADORAN LO EXTERNO

Si el musulmán supiera qué es un ídolo,
sabría que hay religión en la idolatría.
Si el idólatra supiese qué es la religión,
sabría dónde se ha extraviado.
No ve en el ídolo otra cosa que la criatura obvia;
es por esto que, para la Ley Islámica, él es un
    pagano.

Shabistari

ADORACIÓN

La humanidad pasa por tres etapas.

Primero adora cualquier cosa: hombre, mujer, dinero,
niños, tierra y piedra.

Después, cuando ha progresado un poquito más, adora a Dios.

Finalmente, no dice: "Yo adoro a Dios" o "Yo no adoro a Dios."

Ha pasado de las dos primeras etapas, a la última.

Rumi

ASCETISMO

Primero hay conocimiento. Luego hay ascetismo. Luego está el conocimiento que viene después del ascetismo.

El "conocedor" supremo equivale a cien mil ascetas.

Rumi

EL AMADO

Alguien fue hacia la puerta del Amado y golpeó. Una voz preguntó: "¿Quién está allí?"

Él contestó: "Soy yo."

La voz dijo: "No hay lugar aquí para mí y para ti." La puerta continuó cerrada.

Después de un año de soledad y privaciones, este hombre volvió a la puerta del Amado. Golpeó.

Una voz preguntó desde adentro: "¿Quién está allí?"

El hombre dijo: "Eres Tú."

Le abrieron la puerta.

Rumi

VACUIDAD

Todos están dormidos en el mundo ordinario. Su religión – la religión del mundo familiar – es vacuidad, no es en absoluto religión.

Sanai, *Hadiqa*

HAMBRE

La gente saciada consigo misma está así debido a su hambre de algo más. Por lo tanto están hambrientos. Aquellos que regresan de las malas acciones son los que oran: no los que solo aparentan estar inclinados, rezando.

La plegaria es una actividad.

Sanai, *Hadiqa*

EL SER DE DIOS

Ninguna mente humana puede lograr la comprensión de la forma del ser que es llamado Dios.

Sanai, *Hadiqa*

ORAR PARA SÍ MISMO

Sa'ad, hijo de Wakas, era compañero del Profeta. En sus últimos años quedó ciego y se estableció en La Meca, donde siempre estaba rodeado de gente que buscaba su bendición. Pero no bendecía a todos, mas aquellos a quienes bendecía siempre se les allanaba el camino.

Abdallah ibn-Sa'ad relata:

"Cuando fui a verlo, fue amable y me dio su bendición. Dado que yo era apenas un niño curioso, le pregunté: 'Parece que tus oraciones por otros son siempre escuchadas. Entonces, ¿por qué no rezas para que se te devuelva la vista?'

"El anciano respondió: 'La sumisión a la voluntad de Dios es mucho mejor que el placer personal de poder ver'."

SENTIMENTALISMO

Una vez, cuando era un discípulo Sufi aún completamente dependiente del consuelo de los hombres, Bishr estaba en la isla de Abadan. Allí se cruzó con un hombre sumamente desdichado: sufría de lepra, estaba ciego y yacía en el suelo completamente solo.

Bishr fue hacia él y le colocó la cabeza sobre sus propias rodillas, diciéndole algunas palabras reconfortantes y consoladoras, pues sentía pena y compasión por él.

El leproso entonces le dijo: "¿Quién es el desconocido que viene aquí a interponerse entre mi Señor y yo? Con mi cuerpo o sin él, yo tengo mi amor por Él."

Bishr cuenta que esta lección lo acompañó por el resto de sus días.

Mashghul dice: "Esta historia solo puede ser entendida por aquellos que perciben cómo el leproso estaba impidiendo que Bishr se entregara a su propio sentimentalismo y se arruinara, al ser convertido en lo que la humanidad llama un 'hombre bueno'. 'Bien' es lo que haces voluntariamente y no fomentando un apetito de la complacencia enseñada por otros en nombre de la humanidad."

Bishr Ibn el-Harith

LA TÚNICA EMPARCHADA

Había un judío de Damasco que un día estaba leyendo un libro sagrado cuando se topó con el Nombre del Profeta escrito en él.

Al no gustarle esto, borró el nombre. Pero al día siguiente lo volvió a encontrar allí. Otra vez eliminó el nombre; pero al tercer día había aparecido nuevamente.

Pensó:

"Tal vez esta sea una señal de que ha llegado un verdadero Emisario. Viajaré rumbo al Sur hacia Medina."

Partió de inmediato y no se detuvo hasta llegar a la ciudad del Profeta.

Una vez arribado allí, sin conocer a nadie, estaba cerca de la Mezquita del Profeta cuando llegó el compañero Anas, a quien le dijo:

"Amigo, llévame ante el Profeta."

Anas lo guió hacia el interior de la mezquita, la cual estaba llena de gente angustiada. Abu-Bakr, el Sucesor, estaba allí sentado al frente de la asamblea. El judío se acercó a él creyendo que era Muhammad, y dijo:

"Oh, Mensajero Elegido de Dios, un anciano extraviado ha venido a ofrecerte la paz."

Al oír que se usaba el título de Profeta, todos los presentes comenzaron a llorar ríos de lágrimas. El extranjero no sabía qué hacer, y dijo:

"Soy extranjero y judío, y desconozco los ritos de la fe de sumisión a la voluntad de Alá. ¿He dicho algo impropio? ¿Debería permanecer callado? ¿O es esto la observancia del rito? ¿Por qué lloran? Si es una ceremonia, jamás he oído acerca de ella."

El compañero Omar le dijo:

"No lloramos por nada que tú hayas hecho. Pero debes oír, infortunado, que hace apenas una semana que el Profeta dejó la tierra. Cuando oímos su nombre, el pesar se apoderó nuevamente de nuestros corazones."

Al oír esto, el angustiado anciano desgarró sus ropas. Cuando se hubo recuperado un poco, dijo:

"Háganme un favor. Por lo menos déjenme tener una túnica del Profeta. Si no puedo verlo, al menos permítanme esto."

Omar contestó: "Solo la Señora Zohra podría darte una de sus túnicas."

Alí dijo: "Pero no permitirá que nadie se acerque a ella." De todos modos fueron hacia su puerta y golpearon y explicaron lo que estaban buscando.

La Señora Zohra contestó:

"Ciertamente el Profeta habló verdaderamente cuando dijo, poco antes de morir:

"'Un peregrino que me tiene amor y que es un buen hombre, vendrá a la casa. No me verá. Por lo tanto dale, como si fuera de parte mía, esta túnica emparchada y trátalo con gentileza por mí, ofreciéndole saludos'."

El judío se puso la túnica encima y, profesando el Islam, pidió que lo llevasen a la tumba del Profeta. Y fue allí donde exhaló su último suspiro.

Attar: *Ilahi-Nama*

ORACIÓN DE SAADI

Hazme lo que es digno de Ti,
y no lo que es digno de mí.

Saadi: *Gulistan*

VIENDO

Auditorios y escuelas de teología y conferencias eruditas, círculos y claustros:
 ¿De qué sirven cuando no hay conocimiento y no hay un ojo que vea?

Hafiz

EL ASPECTO DEL DERVICHE

La forma del objetivo buscado por los reyes en el
  rezo...
es la apariencia del espejo que refleja el aspecto del
  derviche.

Hafiz

PARTE V

Cuentos enseñantes

Cuentos enseñantes

LOS CUENTOS ENSEÑANTES son narrados en público y forman parte de la actividad exterior de los derviches. Están concebidos para establecer una base de conocimientos acerca del Sufismo y sus métodos característicos de pensamiento. Raramente se los emplea con propósitos didácticos.

Las "dimensiones interiores" de los cuentos enseñantes, sin embargo, son consideradas como capaces de revelar, de acuerdo con la etapa de desarrollo del estudiante, más y más capas de significado.

Esta teoría de que "uno puede trabajar sobre diferentes niveles del mismo material" no es familiar para mucha gente, quienes suelen preferir que se les diga que un cuento tiene un mensaje o apenas un solo uso.

EL HOMBRE GENEROSO

Había un hombre de Bujara rico y generoso. Dado que tenía un rango elevado en la jerarquía invisible, era conocido como el Presidente del Mundo. Le puso una condición a su munificencia. Todos los días le daba oro a una categoría distinta de gente: enfermos, viudas, etc. Pero no se le daría nada a quien abriese la boca.

No todos podían mantenerse en silencio.

Un día fue el turno de los abogados para recibir su porción del oro. Uno de ellos no pudo contenerse y realizó la más completa apelación posible.

No se le dio nada.

Sin embargo, este no fue el final de sus esfuerzos. Al día siguiente recibían ayuda los inválidos, de modo que fingió tener las piernas quebradas.

Pero el Presidente lo reconoció y no obtuvo nada.

Al día siguiente apareció con otro disfraz y el rostro cubierto, entre personas de otra de las categorías. Pero nuevamente fue reconocido y expulsado.

Intentó una y otra vez, incluso disfrazándose de mujer, sin lograr resultado alguno.

Finalmente, el abogado encontró a un sepulturero y le pidió que lo envolviese en una mortaja. "Cuando pase el Presidente quizá suponga que soy cadáver y arroje algún dinero para mi entierro... y yo te daré una porción."

Así fue hecho. Una pieza de oro cayó de la mano del Presidente sobre la mortaja. El abogado la agarró por miedo a que el sepulturero la agarrase primero. Luego le dijo al benefactor: "Me negaste tu munificencia. ¡Mira cómo la he obtenido!"

"No podrás obtener nada de mí", respondió el hombre generoso, "hasta que mueras. Este es el significado de la frase críptica: 'El hombre debe morir antes de morir.' El regalo viene después de la 'muerte', y no antes. E incluso esta 'muerte' no es posible sin ayuda."

LA DESTRUCCIÓN DE UNA CIUDAD

Una vez, un Sufí exclamó en un momento de descuido: "Yo seré la causa de la destrucción de esta ciudad."

Afortunadamente la gente creyó que estaba loco o que intentaba asustarlos; no le hicieron daño. Pero, en cambio, dejaron de interesarse por lo que decía. Él era, después de todo, un hombre frágil y sin ninguna importancia exterior.

Un día, el Sufi trepó a un árbol del cual cayó. Su cuerpo rompió la pared de un embalse que estaba abajo, y la inundación provocada destruyó la ciudad.

Fue únicamente después del accidente, cuando se halló su cuerpo, que sus palabras fueron recordadas.

EL CABALLO MÁGICO

Un rey tenía dos hijos. El primero ayudaba a la gente, trabajando para ellos de una forma que comprendían. Al segundo se lo llamaba "holgazán" porque era un soñador, según lo que se podía ver.

El primer hijo logró grandes honores en su tierra. El segundo obtuvo de un humilde carpintero un caballo de madera y se sentó a horcajadas sobre él. Mas el caballo era mágico: llevaba al jinete, si era sincero, hasta el deseo de su corazón.

Buscando el deseo de su corazón, el joven príncipe desapareció un día montado en el caballo. Estuvo ausente durante mucho tiempo. Después de muchas aventuras regresó con una bella princesa del País de la Luz; su padre estaba por demás contento de verlo regresar ileso, y escuchó la historia del caballo mágico.

El caballo fue puesto a disposición de todos en ese país. Pero la gente prefería los beneficios obvios que les proporcionaban las acciones del primer príncipe, pues a ellos el caballo siempre les había parecido un juguete. No fueron más allá de la apariencia externa del caballo, que no era impresionante... pues se veía como un juguete.

Cuando el viejo monarca murió, el "príncipe a quien le gustaba jugar con juguetes" se convirtió, por su mandato, en rey. Pero en general la gente lo despreciaba. Preferían mucho más la excitación y el interés de los descubrimientos y actividades del príncipe práctico.

A no ser que escuchemos al príncipe "holgazán", tenga o no con él a una princesa del País de la Luz, nunca llegaremos más allá de la apariencia externa del caballo. Incluso aunque nos guste el caballo, no es su forma externa la que puede ayudarnos a viajar hacia nuestro destino.

LA CUNA

Nació un niño, y el padre le pidió a un carpintero que le hiciera una cuna.

El carpintero le dijo que regresara en una semana a recogerla.

Cuando regresó, la cuna no estaba terminada.

El hombre volvió semana tras semana, y aún no había ni noticias de la cuna.

Finalmente el niño creció hasta ser un hombre. A su vez se casó y su esposa le dio un hijo.

Su propio padre le dijo: "Visita al carpintero y pregúntale si ya está lista tu cuna."

Entonces el joven fue al taller del carpintero y le recordó el asunto de la cuna.

"Aquí hay una oportunidad", dijo, "para que termines el trabajo. Ahora tengo un hijo pequeño y la cuna sería ideal para él."

"¡Fuera de aquí!", exclamó el carpintero: "¡No voy a permitir que me presionen en mi trabajo solo porque tú y tu familia están obsesionados por lo que quieren!"

LOS TRES SORDOS Y EL DERVICHE MUDO

Había una vez un pobre pastor de cabras.

Todos los días llevaba a algunas cabras a una colina que daba al pueblo donde vivía con su familia, en busca de pastos frescos. Era sordo, pero esto no le importaba en absoluto. Un día descubrió que su esposa se había olvidado de darle la bolsa que contenía su almuerzo; tampoco envió a su hijo para que se lo llevara, como había ocurrido en el pasado con el mismo olvido, aun cuando el sol estaba en todo su apogeo.

"Iré a casa a buscarla", pensó el cabrero, "pues no puedo quedarme aquí fuera todo este tiempo hasta el atardecer sin comer bocado." De repente vio a un hombre que estaba cortando arbustos en la ladera de la colina. Se acercó a él y le dijo: "Hermano, por favor vigila las cabras para que no se pierdan, pues a mi esposa se le ha olvidado tontamente mi almuerzo y debo regresar al pueblo por él." Ahora bien, el que cortaba los arbustos también era sordo: no escuchó ni una sola palabra de lo dicho y tampoco le entendió nada al cabrero.

Entonces le contestó: "¿Por qué habría de darte alguno de los arbustos que estoy cortando para mis propios animales? Tengo dos borregos y una vaca en mi casa, y he de ir por todas partes para procurarles comida. No, déjame, pues no quiero tener nada que ver con gente como tú, que busca quitarme lo poco que me pertenece."

E hizo un ademán de burla con la mano, riendo de forma estentórea. El pastor no escuchó lo que se dijo, y contestó: "Oh, gracias por aceptar, amable amigo: seré lo más veloz que pueda. Bendito seas, ahora me siento tranquilo." Corrió hacia la aldea y fue hasta su humilde choza. Allí encontró a su esposa enferma con fiebre y a la mujer del vecino atendiéndola. Tomó su bolsa de comida y regresó corriendo a la colina. Contó las cabras cuidadosamente, y todas estaban allí.

El cortador de arbustos aún estaba ocupado con su tarea, y el cabrero dijo para sí: "¡Caramba, qué excelente persona es este cortador de arbustos tan digno de confianza! ¡Ha cuidado mis cabras para que no se extravíen y no busca agradecimiento por su servicio! Le daré esta cabra coja a la cual pensaba matar de todas maneras. Será una rica cena para él y su familia esta noche." Entonces, cargando la pequeña cabra coja sobre su hombros, corrió cuesta abajo, exclamando: "Oh, hermano, aquí tienes un regalo por haber cuidado mis cabras mientras yo estaba ausente. Mi pobre esposa tiene fiebre, y eso lo explica todo. Asa esta cabra para tu cena de hoy; verás que tiene una pata mala... y de todas maneras pensaba matarla."

Pero el otro no oyó sus palabras, y gritó furioso: "¡Vil cabrero, nunca vi qué pasó cuando te fuiste. ¿Cómo puedo ser responsable de la pata de tu infernal animal? ¡Yo estaba ocupado cortando estos arbustos y no tengo idea de cómo sucedió! Lárgate de aquí o te golpearé."

El pastor estaba asombrado por los gestos furiosos del hombre pero no podía oír lo que decía, así que llamó a un transeúnte que montaba un fino caballo. "Noble señor, te suplico, por favor, que me digas de qué está hablando este cortador de arbustos. Sucede que soy sordo, ¡y no sé por qué ha rechazado enojosamente a mi cabra de regalo!"

Tanto el cabrero como el cortador de arbustos comenzaron a gritarle al viajero, que desmontó y caminó hacia ellos. Ahora bien, era un ladrón de caballos sordo como una tapia, y no podía oír lo que le estaban diciendo. Se había perdido y quería preguntarles dónde estaba. Pero cuando vio los gestos amenazantes de los otros dos hombres, dijo: "Sí, hermanos, robé el caballo, lo confieso, pero no sabía que les pertenecía.

¡Perdónenme, les suplico, pues tuve un fugaz momento de tentación y actué sin pensar!"

"No tuve nada que ver con la cojera de la cabra", gritaba el cortador de arbustos.

"Haz que me diga por qué no acepta mi regalo", urgía el cabrero. "¡Solamente quería dársela como una muestra de aprecio!"

"Ciertamente admito haber robado el caballo", decía el ladrón, "pero soy sordo y no puedo oír cuál de ustedes es el dueño."

En ese momento apareció un viejo derviche, andando sobre el polvoriento camino hacia la aldea. El cortador de arbustos corrió hacia él, y tirando de su túnica dijo:

"Venerable derviche, soy un hombre sordo que no puede entender nada de lo que estos dos están diciendo. ¿Podrás por favor, con tu sabiduría, juzgar y explicar acerca de qué están gritando ellos?"

Sin embargo, el derviche era mudo y no pudo responder; pero se acercó a ellos y observó detenidamente las caras de los tres sordos, que ahora habían dejado de hablar.

Miró por tanto tiempo y de manera penetrante, primero a uno, después al otro, que empezaron a sentirse muy incómodos.

Sus brillantes ojos negros los miraban fijamente buscando la verdad del asunto, tratando de dar con la clave de la situación. Pero comenzaron a temer que los iba a embrujar o a ganar control sobre sus voluntades de alguna manera. Y de repente el ladrón saltó sobre el caballo, y se fue galopando. Inmediatamente el cabrero comenzó a rodear a sus animales, conduciéndolos a la cima de la colina. El cortador de arbustos bajó la mirada, alejándola de los ojos del derviche, empacó sus arbustos en una red y, echándosela a los hombros, corrió cuesta abajo rumbo a su casa.

El derviche continuó su viaje, pensando que el habla puede ser una forma de comunicación tan inútil que sería lo mismo no tenerla.

MI SEÑORA FÁTIMA Y LOS ANIMALES

Había una vez una niña que vivía con sus padres, solos en un bosque. Un día descubrió que su padre y su madre habían muerto, y que tendría que arreglárselas sola. Sus padres habían dejado un Mihrab, un extraño ornamento tallado como un marco de ventana, el cual tenían colgado en una pared de su cabaña.

"Puesto que ahora estoy sola", dijo Fátima, "y habré de sobrevivir en este bosque donde los únicos seres vivos son animales, sería mejor si pudiese hablar con ellos y entender su lenguaje."

Así pasaba una buena parte de su día, dirigiéndole esta aspiración al marco en la pared: "Mihrab, dame el poder de comprender y hablar el lenguaje de los animales."

Después de mucho tiempo, tuvo súbitamente la impresión de que podría comunicarse con los pájaros, animales e incluso los peces. Entonces fue al bosque a probar.

Pronto llegó a un estanque; sobre él había una mosca que brincaba por la superficie y nunca entraba al agua. Había varios peces nadando en la charca y pegados al fondo se veían algunos caracoles.

Fátima dijo, para entablar conversación: "Mosca, ¿por qué no entras al agua?"

"¿Por qué habría de hacerlo, suponiendo que fuera posible cuando no lo es?", preguntó a su vez la mosca.

"Porque estarías a salvo de los pájaros, que descienden y te comen."

"Aún no me han comido, ¿verdad?", dijo la mosca.

Y ahí terminó la conversación.

Entonces Fátima le habló al pez. "Pez", le dijo a través del agua, "¿por qué no encuentras la manera de salir del agua, poco a poco? He escuchado que algunos peces pueden hacerlo."

"Absolutamente imposible", dijo el pez, "nadie ha hecho eso y sobrevivido. Se nos ha criado para creer que es tanto un pecado como un peligro mortal." Y se dio la vuelta y se sumergió en las sombras, poco dispuesto a seguir escuchando tales tonterías.

Entonces Fátima llamó al caracol: "Caracol, podrías salir del agua y encontrar lindas hierbas para comer. He escuchado que los caracoles pueden realmente hacerlo."

"La mejor respuesta a una pregunta es otra pregunta, cuando es un caracol sabio el que la escucha", dijo el caracol. "¿Quizá serías tan gentil de decirme exactamente por qué tienes tanto interés en *mi* bienestar? La gente debería cuidarse a sí misma."

"Bueno", dijo Fátima, "supongo que es porque cuando una persona puede ver más acerca de otra persona, la quiere ayudar a alcanzar niveles superiores."

"Eso me parece una idea extraña", dijo el caracol, y se arrastró bajo una roca para no continuar oyendo.

Fátima dejó a la mosca, al pez y al caracol, y erró por el bosque buscando algún ser con quien hablar. Sentía que debía serle útil a alguien. Después de todo, tenía mucho más conocimiento que estos habitantes del bosque. A un pájaro, pensó como ejemplo, se le podía aconsejar que almacenara comida para el invierno o que anidara cerca del calor de una cabaña, para que no muriera inútilmente. Pero no vio ningún ave.

En cambio, se topó con la cabaña de un carbonero. Era un anciano, y estaba sentado frente a su puerta quemando el carbón de leña para llevar al mercado.

Fátima, encantada de ver a otro ser humano además de sus padres, corrió hacia él y le contó sus experiencias de ese día.

"No te preocupes por eso, niña", dijo el bondadoso anciano; "hay cosas que un ser humano tiene que aprender y que son de vital importancia para su futuro".

"¿Cosas que aprender?", dijo Fátima. "Dime, ¿para qué querría *yo* aprender esas cosas? Probablemente apenas cambiarían mi modo de vida y pensar." Y como la mosca, el pez y el caracol, se apartó para no escuchar al anciano carbonero.

Fátima, hija de Walia, pasó otros treinta años como la mosca, el pez y el caracol, antes de aprender alguna cosa.

MOISÉS Y EL PASTOR

Esta explicación de un pasaje notable del *Mathnavi* de Rumi fue dada por Khwaja Fida'i de Kars en sus *Meditaciones sobre las coplas de nuestro Maestro Jalaludin Rumi*.

Lleva la atención hacia los distintos niveles de la comprensión humana, enfatizando que a un hombre solamente se lo puede contactar por medio de la variedad de asociaciones que él pueda concebir.

Sin embargo, una parte del deber de cada maestro Sufi es el preparar a sus estudiantes para la percepción del "paralelismo" superior. Por lo tanto se considera sumamente incorrecto subrayar solo las ventajas materiales del Sufismo por medio de términos convencionales. El Sufismo no es presentado por los maestros como una terapia o una cura para los males mundanos del hombre.

Ningún hombre puede comprender más de lo que toda su mente es capaz de comprender; y por esta razón se ha dicho con veracidad: "Háblale a cada hombre según su comprensión."* De acuerdo con lo que el hombre pueda percibir, así se beneficiará. Si un hombre o una mujer son capaces solamente de percepciones bajas, él o ella buscarán y obtendrán satisfacciones por medio de estas percepciones.

Se relata que Moisés llamó blasfemo a un humilde pastor, porque oyó que el pobre hombre ofrecía peinarle el cabello a Dios, lavar Su túnica y besar Su mano.

Dios amonestó a Moisés, enseñándole indirectamente por medio de esta experiencia y en esta ocasión, que el pastor no tenía la inteligencia o la experiencia para darse cuenta de que Moisés estaba hablando de una deidad incorpórea. "Así has alejado de mí a un fiel que se Me había acercado tanto como pudo. Hay una gradación en todos los hombres: cada uno percibirá lo que pueda percibir, y en la etapa en la que pueda percibirlo."

EL GORRO DE LA INVISIBILIDAD

En el país que es invisible para nosotros, pero que en realidad es más real que el real, vivía un niño y su nombre era Kasjan. Su hermano mayor, Jankas, era muy trabajador e inteligente. Pero Kasjan no era ni trabajador ni perezoso. Tampoco era inteligente o tonto, pero solía dedicarse a resolver cualquier problema de la mejor forma que podía.

Los dos hermanos, ninguno de los cuales parecía estar progresando mucho en el País Invisible, decidieron salir juntos a buscar fortuna. Una tarde se fueron de su hogar, y no pasó mucho tiempo antes de que la oscuridad los separara: sobre Jankas tendremos noticias próximamente. Kasjan se

---

* Atribuido a Muhammad por tradición

encontró de repente en medio de una riña. Había tres hombres discutiendo, aparentemente sobre tres cosas que estaban tiradas en el suelo. Le explicaron cuál era el problema. Su padre había muerto y les había dejado un sombrero cónico, que era el Kulah de la Invisibilidad, una alfombra voladora y una vara que hacía que la alfombra volase al golpearla con ella. Cada hermano quería todos los objetos, o por lo menos ser el primero en escoger. Entre las razones que aducían estaban que uno era el mayor, el del medio y el menor de los hijos; y de esta forma cada uno reclamaba la prioridad.

"Son todos indignos", pensó Kasjan, pero ofreció arbitrar la disputa. Les dijo a los tres que se alejaran cuarenta pasos y que entonces se dieran vuelta. Antes de que pudieran terminar de cumplir con sus instrucciones, Kasjan se puso el Kulah sobre la cabeza, se subió en la alfombra y la golpeó con la vara. "Alfombra", ordenó, "llévame adonde se encuentre mi hermano Jankas."

Ahora bien, no mucho tiempo antes su hermano Jankas había sido agarrado por un poderoso pájaro Anqa que lo depositó sobre el minarete de una mezquita en Jorasán. Sin embargo, como Kasjan estaba pensando en ese momento que Jankas se habría convertido por lo menos en príncipe, la alfombra oyó este pensamiento y, volando a una enorme velocidad, se posó suavemente sobre las almenas del palacio del rey de la ciudad de Balkh, en Jorasán.

El monarca, que lo había visto descender, salió inmediatamente diciendo: "Quizá este sea el joven de quien se predice que ayudará a mi hija mas no la deseará."

Kasjan saludó al rey y le dijo que buscaba a su hermano Jankas. "Antes de hacer eso", dijo el rey, "quiero que me ayudes con tus herramientas especiales y tu mente aguda." Resulta que la princesa solía desaparecer todas las noches y regresaba a la mañana, sin que nadie supiera cómo. Este hecho sucedía tal como se había vaticinado. Kasjan aceptó ayudar, y propuso sentarse junto a su lecho para vigilarla.

Esa noche, con los ojos entrecerrados, vio que la princesa lo miraba para comprobar si estaba dormido. Luego tomó una aguja y se la clavó en el pie, pero Kasjan no se movió pues estaba esperando que sucediera algo por el estilo. "Estoy lista", dijo la princesa, y de repente apareció un terrible espíritu que la puso sobre sus hombros y juntos volaron a través del techo sin dejar ninguna marca.

Frotándose los ojos, Kasjan inmediatamente se puso el Kulah de la Invisibilidad, se sentó sobre la alfombra mágica y pegándole con la vara, gritó: "Llévame adonde haya ido la princesa."

Hubo un torbellino y un rugido, y Kasjan se encontró en el País Invisible que está más allá del País Invisible. Ahí estaba la princesa acompañada del espíritu. Caminaban a través de bosques de árboles con piedras preciosas. Kasjan cortó un pedazo del árbol de jade con frutos de diamante. Después caminaron por un jardín de plantas desconocidas de incomparable belleza. Kasjan puso unas cuantas semillas en su bolsillo. Finalmente se detuvieron junto a un lago cuyos juncos eran espadas resplandecientes. "Estas son las espadas que pueden matar a espíritus como yo", le dijo el espíritu a la princesa; "pero solamente lo puede hacer un hombre llamado Kasjan, tal como ha sido predicho."

En cuanto oyó estas palabras, Kasjan dio un paso hacia adelante, tomó una de las espadas del lecho de juncos y le cortó al espíritu la horrible cabeza. Agarró a la princesa y la arrastró hasta la alfombra. Poco después viajaban rápidamente rumbo al palacio del rey de Balkh, en Jorasán.

Kasjan llevó de inmediato a la princesa ante el rey, despertándolo bruscamente de su sopor. "Su Majestad", dijo, "aquí está tu hija a quien he liberado de las garras de un demonio." Y relató todo lo que les había sucedido, mostrando las joyas y las semillas como prueba. Libre al fin, la princesa ofreció casarse con Kasjan. Pero Kasjan, pidiendo ausentarse por un rato, voló en su alfombra mágica para encontrar a su hermano Jankas.

Jankas estaba durmiendo en un caravasar, pues apenas había podido obtener trabajo como maestro en un seminario y la paga era muy baja. Cuando regresaron a la corte, la princesa se enamoró al instante de los rasgos masculinos de Jankas, y decidió que quería casarse con él en vez de con Kasjan.

"Eso es exactamente lo que yo iba a sugerir", dijeron al mismo tiempo Kasjan y el rey. Vivieron felices para siempre, pues el reino pasó a manos de Jankas y su esposa, mientras que el rey de Balkh y Kasjan se trasladaron juntos en la alfombra mágica hacia el País Invisible que está más allá del País Invisible, que desde entonces se convirtió en su reino compartido.

EL REY Y EL LOBO

Cierto rey decidió domar a un lobo y convertirlo en mascota. Este deseo suyo se basaba en la ignorancia y la necesidad de ser aprobado o admirado por otros… una causa común de muchos de los problemas en el mundo.

Hizo que a una loba madre le quitaran un cachorro recién nacido y que fuese criado entre perros mansos.

Cuando el lobo ya era adulto se lo llevaron al rey, y durante muchos días se comportó exactamente como un perro. Las personas que vieron este espectáculo asombroso quedaron maravilladas y pensaron que el rey era un prodigio.

Actuaron de acuerdo con esta creencia cuando convirtieron al rey en su consejero sobre todos los asuntos, atribuyéndole grandes poderes.

El rey mismo creía que había ocurrido casi un milagro.

Un día, cuando estaba cazando, el rey oyó que una manada de lobos se avecinaba. Mientras lo hacían, el lobo domesticado saltó, mostró sus colmillos y corrió a darles la bienvenida. Un minuto después había desaparecido, reunido a sus compañeros naturales.

Este es el origen del proverbio: "Un lobezno siempre se convertirá en lobo aunque sea criado entre los hijos del hombre."

EL CAZADOR DE SANDÍAS

Érase una vez un hombre que vagó desde su propio país hacia el mundo conocido como el País de los Tontos.

Pronto vio a un grupo de personas que huían aterrorizadas de un campo donde habían intentado cosechar trigo. "¡Hay un monstruo en ese campo!", le dijeron. Miró, y vio que era una sandía.

Se ofreció para matar al "monstruo" por ellos. Después de arrancar la sandía del tallo, cortó un pedazo y empezó a comerlo. Ahora la gente estaba más aterrorizada por el visitante que por la sandía. Lo ahuyentaron con horquillas, gritando: "Seremos los próximos en morir, a menos que nos deshagamos de él."

Resulta que un tiempo después, otro hombre que también vagaba llegó al País de los Tontos y comenzó a sucederle lo mismo. Pero en vez de ofrecerles ayuda contra el "monstruo", estuvo de acuerdo con ellos en que seguramente era peligroso, y al alejarse de él en puntas de pie con ellos ganó su confianza. Pasó un largo tiempo en sus casas hasta que les pudo enseñar, poco a poco, los hechos básicos que les permitirían no solo perder el miedo a las sandías, sino hasta poder ellos mismos cultivarlas.

SU EXCELENCIA

Por una serie de malentendidos y coincidencias, Mulá Nasrudín se encontró un día en la sala de audiencias del Emperador de Persia.

El Shahinshah estaba rodeado de nobles y gobernadores de provincias y aduladores, todos ellos egoístas. Cada uno presionaba para ser nombrado embajador en la comitiva que pronta partiría hacia la India.

La paciencia del emperador estaba por acabarse, cuando alzó su rostro por encima de la pertinaz masa, invocando mentalmente la ayuda del Cielo para resolver su problema respecto de a quién escoger; entonces su mirada cayó sobre Nasrudín.

"Este hombre ha de ser mi embajador", anunció, "y ahora déjenme en paz."

A Nasrudín le dieron espléndidos atuendos y un enorme baúl con rubíes, diamantes, esmeraldas y obras de arte de incalculable valor: todo como regalo del Shahinshah para el Gran Mogol.

Sin embargo, los cortesanos no habían terminado. Unidos por primera vez, ya que sus pretensiones habían sido insultadas, decidieron provocar la caída del Mulá. Primero irrumpieron en su habitación y robaron las joyas, las cuales se repartieron entre ellos, reemplazándolas con tierra para que el baúl tuviera el mismo peso. Después fueron a ver a Nasrudín, determinados a arruinar su embajada, a crearle dificultades y de paso desacreditar también a su amo.

"Felicitaciones, gran Nasrudín", le dijeron. "Lo que la Fuente de Sabiduría, Pavo Real del Mundo, ha ordenado debe ser la esencia de toda la sabiduría. Por lo tanto te saludamos. Pero hay solo un par de puntos sobre los cuales te podríamos aconsejar, ya que estamos acostumbrados a las conductas de los emisarios diplomáticos."

"Les estaría muy agradecido", dijo Nasrudín.

"Muy bien", dijo el jefe de los intrigantes. "La primer cosa es que debes ser humilde. Para poder probar cuán modesto eres, no deberías mostrar ninguna señal de autoimportancia. Cuando llegues a la India debes entrar a todas las mezquitas que puedas y hacer colectas para ti mismo. La segunda cosa es que debes observar la etiqueta cortesana del país en el cual has sido acreditado. Esto quiere decir que te referirás al Gran Mogol como 'la Luna Llena'."

"¿Pero no es ese uno de los títulos del emperador de Persia?"

"No en la India".

Entonces Nasrudín partió. El emperador persa le dijo antes de salir: "Ten cuidado, Nasrudín. Observa estrictamente la etiqueta, pues el Mogol es un emperador poderoso y debemos impresionarlo sin ofenderlo de ninguna manera."

"Estoy bien preparado, Majestad", dijo Nasrudín.

Apenas ingresó en territorio de la India, Nasrudín entró a una mezquita y subió al púlpito: "¡Oh gente!", gritó, "¡vean en mí al representante de la Sombra de Alá sobre la Tierra! ¡El Eje del Globo! Saquen su dinero, pues estoy haciendo una colecta."

Esto lo repitió en cada mezquita que encontró desde Baluchistán hasta la Delhi imperial.

Reunió una gran cantidad de dinero. "Haz lo que quieras con él", le habían dicho los consejeros, "pues es el producto del crecimiento intuitivo y de las dádivas y como tal, su uso creará su propia demanda." Todo lo que querían que sucediese era que el Mulá se expusiera al ridículo por recolectar dinero de esta forma tan "vergonzosa". "Los santos deben vivir de su santidad", vociferaba Nasrudín en una mezquita tras otra. "No rindo cuentas ni espero que se me rindan. Para ustedes el dinero es algo que atesoran después de haberlo conseguido. Lo pueden intercambiar por cosas materiales. Para mí, es parte de un mecanismo. Soy el representante de una fuerza natural de crecimiento intuitivo, dádiva y desembolso."

Ahora, como todos sabemos, el bien a menudo proviene del mal aparente, y viceversa. Aquellos que creían que Nasrudín estaba llenando sus propios bolsillos, no contribuían. Por alguna razón, sus asuntos no prosperaban. Aquellos que eran considerados creyentes y dieron su dinero, se hicieron ricos de manera misteriosa. Pero regresemos a nuestra historia.

Sentado en el Trono del Pavo Real en Delhi, el emperador estudiaba los informes que los mensajeros le traían diariamente, describiendo el progreso del embajador persa. Al principio no les encontraba el sentido; luego convocó a su consejo.

"Caballeros", dijo, "este Nasrudín efectivamente debe de ser un santo o alguien guiado por la divinidad. Existe un principio de no pedir dinero sin una razón plausible, para evitar que alguien malinterprete el motivo ¿Han escuchado alguna vez de alguien que haya violado dicho principio?"

"Que tu sombra nunca disminuya", contestaron todos, "oh, infinita extensión de toda la Sabiduría: estamos de acuerdo. Si hay hombres así en Persia, debemos estar atentos, pues es evidente su superioridad moral sobre nuestra perspectiva materialista."

Entonces llegó de Persia un mensajero con una carta secreta en la cual los espías del Mogol en la corte imperial le informaban: "Mulá Nasrudín es un hombre irrelevante en Persia. Fue escogido como embajador absolutamente al azar.

No podemos desentrañar la razón por la cual el Shahinshah no fue más exigente."

El Mogol reunió a su consejo. "¡Incomparables Pájaros del Paraíso!", les dijo, "un pensamiento se ha manifestado en mí. El emperador persa ha escogido a un hombre al azar para representar a su nación entera. Esto puede significar que está tan confiado en la sólida calidad de su pueblo que, para él, *¡cualquiera está calificado para llevar a cabo la delicada tarea de ser embajador en la sublime corte de Delhi!* Esto indica el grado de perfección que han alcanzado, los sorprendentemente infalibles poderes intuitivos que son cultivados entre ellos. Debemos reconsiderar nuestro deseo de invadir Persia, pues tales personas podrían fácilmente aniquilar a nuestros ejércitos. Su sociedad está organizada sobre bases diferentes que las nuestras."

"¡Tienes razón, Guerrero Superlativo de las Fronteras!", dijeron los nobles indios.

Finalmente, Nasrudín llegó a Delhi. Iba montado en su viejo burro y seguido por su escolta, quien iba muy abrumado con los sacos de dinero que había recolectado en las mezquitas. El tesoro iba sobre un elefante debido a su tamaño y peso.

Nasrudín fue recibido en la puerta de Delhi por el maestro de ceremonias. El emperador estaba sentado con sus nobles en un inmenso patio, la Sala de Recepción de los Embajadores. Todo se había dispuesto para que la entrada fuera baja. Como consecuencia, los embajadores siempre se veían obligados a desmontar y a entrar a pie para presentarse ante la Presencia Suprema, dando así la impresión de ser suplicantes. Apenas unos pocos podían presentarse montados a caballo ante el Emperador.

Sin embargo, ningún embajador jamás había llegado montado en un burro, y por ende no había nada que impidiera a Nasrudín pasar por la puerta al trote y acercarse hasta el estrado imperial.

El rey indio y sus cortesanos intercambiaron miradas significativas ante este hecho.

Nasrudín desmontó alegremente, se dirigió al rey como "La Luna Llena" y pidió que le trajeran su tesoro.

Cuando fue abierto y la tierra revelada, hubo un momento de consternación.

"Mejor no digo nada", pensó Nasrudín, "pues no hay nada que pueda mitigar esto." Entonces se quedó callado.

El Mogol le susurró a su visir: "¿Qué significa esto? ¿Es un insulto a la Eminencia Suprema?"

Incapaz de creerlo, el visir pensó frenéticamente. Después brindó esta interpretación:

"Es un acto simbólico, oh Presencia", murmuró. "El Embajador está expresando que lo reconoce a *usted* como el Amo de la Tierra. ¿Acaso no lo llamó Luna Llena?"

El Mogol se tranquilizó. "Estamos contentos con la ofrenda del Shahinshah persa, pues no tenemos necesidad de riquezas y apreciamos la sutileza metafísica del mensaje."

"Se me ha encomendado decir", dijo Nasrudín, recordando la "frase esencial para la entrega de los regalos" que le habían dado los intrigantes en Persia, "que esto es todo lo que tenemos para su Majestad."

"Eso quiere decir que Persia no nos cederá un gramo más de su suelo", le susurró al rey el augurador.

"Dile a tu amo que entendemos", sonrió el Mogol. "Pero hay otro punto: si yo soy la Luna Llena, ¿qué es el emperador de Persia?"

"La Luna Nueva", dijo automáticamente Nasrudín.

"La Luna Llena es más madura y da más luz que la Luna Nueva, la cual es más joven", le susurró el astrólogo de la corte al Mogol.

"Estamos contentos", dijo el indio, encantado. "Puedes regresar a Persia y decirle a la Luna Nueva que la Luna Llena lo saluda."

Los espías persas en la corte de Delhi inmediatamente mandaron un informe completo de este diálogo al Shahinshah. Agregaron que era sabido que el emperador Mogol había quedado impresionado, y temía planear una guerra contra los persas debido a las actividades de Nasrudín.

Cuando regresó a casa, el Shahinshah recibió al Mulá con toda su corte. "Estoy más que contento, amigo Nasrudín", dijo, "con el resultado de tus métodos heterodoxos. Nuestro país está a salvo, y esto significa que no deberás explicar nada acerca de las joyas o de las colectas en las mezquitas. A partir de ahora serás conocido por el título especial de *Safir*: Emisario."

"Pero, Majestad", le susurró el visir, "este hombre es culpable de alta traición, y de más también. Tenemos evidencia perfecta de que aplicó uno de tus títulos al emperador de la India, cambiando así su lealtad y desprestigiando uno de tus magníficos atributos."

"Sí", vociferó el Shahinshah, "los sabios han dicho acertadamente que para cada perfección hay una imperfección. ¡Nasrudín! ¿Por qué me llamaste la Luna Nueva?"

"Yo no sé de protocolo", dijo Nasrudin, "pero sí sé que la Luna Llena está a punto de desaparecer, y que la Luna Nueva aún está creciendo, con sus mayores glorias todavía por delante."

El humor del emperador cambió. "Detengan a Anwar, el Gran Visir", rugió. "¡Mulá, te ofrezco el puesto de Gran Visir!"

"¿Cómo podría aceptarlo", dijo Nasrudín, "después de ver con mis propios ojos lo que le sucedió a mi predecesor?"

¿Y qué pasó con las joyas y tesoros que los malvados cortesanos habían usurpado del cofre? Esa es otra historia. Como dijo el incomparable Nasrudín: "Solo los niños y los estúpidos buscan causa y efecto en el mismo cuento."

HAZ MÁS QUE REÍRTE DE LOS TONTOS

Había una vez un tonto que fue enviado a comprar harina y sal. Llevó un plato para cargar sus compras.

"Asegúrate", dijo el hombre que lo mandó, "de no mezclar ambas cosas: las quiero separadas."

Cuando el tendero hubo llenado el plato con harina y estaba midiendo la sal, el tonto dijo: "No la mezcles con la harina. Mira, te enseñaré dónde ponerla."

Y dio vuelta el plato para proveer una superficie sobre la cual podía ponerse la sal.

La harina, por supuesto, cayó al piso.

Pero la sal estaba segura.

Cuando el tonto regresó dijo al hombre que lo hubo enviado, dijo: "Aquí está la sal."

"Muy bien", dijo el otro hombre, "pero ¿dónde está la harina?"

"Debía de estar aquí", dijo el tonto, dando vuelta el plato.

Apenas hizo esto, la sal cayó al piso; y la harina, por supuesto, parecía haber desaparecido.

Así sucede con los seres humanos. Al hacer una cosa que les parece correcta, puede que deshagan otra que es igualmente acertada. Cuando esto ocurre con pensamientos en vez de acciones, el hombre mismo está perdido: y no importa cuán lógico él considere que ha sido su pensamiento.

Tú te has reído con el chiste del tonto. Ahora bien, ¿podrías hacer algo más y pensar acerca de tus propios pensamientos como si fueran la sal y la harina?

EL HOMBRE MÁS FELIZ DEL MUNDO

Un hombre que vivía en condiciones lo suficientemente confortables fue un día a ver a cierto sabio que tenía reputación de poseer todo el conocimiento. Le dijo:

"Gran Sabio, no tengo problemas materiales, y sin embargo estoy siempre intranquilo. Durante años he tratado de ser feliz, de encontrar una respuesta a mis pensamientos interiores, de aceptar el mundo. Por favor, aconséjame acerca de cómo puedo ser curado de este malestar."

El sabio respondió:

"Mi amigo, lo que está escondido para algunos es aparente para otros. Además, lo que es aparente para algunos está oculto para otros. Tengo la respuesta para tu enfermedad, aunque no es un remedio ordinario. Debes partir de viaje y buscar al hombre más feliz del mundo. Apenas lo encuentres, deberás pedirle su camisa y ponértela."

Acto seguido, el buscador comenzó incansablemente a buscar hombres felices. Fue encontrando a uno tras otro, y los interrogaba. Una y otra vez decían: "Sí, soy feliz, pero hay otro que lo es más."

Después de viajar de un país a otro durante muchos, muchos días, encontró el bosque donde todos decían que vivía el hombre más feliz del mundo.

Oyó el sonido de una risa que provenía de entre los árboles, y apresuró el paso hasta que se topó con un hombre sentado en un calvero.

"¿Eres el hombre más feliz del mundo, como dice la gente?", le preguntó.

"Claro que lo soy", dijo el otro.

"Mi nombre es Fulano; mi condición es tal y cual, y mi remedio, prescripto por el sabio más grande, es vestir tu camisa. Por favor dámela, y a cambio te daré cualquier cosa que tenga."

El hombre más feliz lo miró atentamente, y luego rio. Rio y rio y rio. Cuando se hubo calmado un poco, el hombre inquieto, algo enojado ante esta reacción, le dijo:

"¿Estás trastornado, que te ríes de un pedido tan serio?"

"Quizá", dijo el hombre más feliz, "pero si te hubieras tomado la molestia de mirar, habrías visto que no poseo una camisa."

"Entonces, ¿qué voy a hacer ahora?"

"Ahora serás curado. El esforzarse por algo inalcanzable proporciona el ejercicio para lograr aquello que se necesita; al igual que cuando un hombre reúne todas sus fuerzas para saltar un arroyo como si fuera mucho más ancho de lo que es: consigue llegar al otro lado."

Entonces el hombre más feliz del mundo se quitó el turbante cuyo extremo le tapaba la cara. El hombre inquieto vio que era el mismísimo gran sabio que originalmente lo había aconsejado.

"Pero, ¿por qué no me dijiste todo esto hace años, cuando fui a verte?", preguntó el hombre inquieto, desconcertado.

"Porque en aquel entonces no estabas listo para comprender. Necesitabas ciertas experiencias, y tenían que serte dadas de una forma tal que asegurara tu paso a través de ellas."

LA OVEJA Y LA BOLSA

Un día, un hombre andaba por un camino seguido por su oveja.

Un ladrón lo persiguió, cortó la cuerda que ataba al animal y se lo llevó.

Cuando advirtió lo que había pasado, el hombre corrió por todas partes buscando a la oveja. Pronto llegó a un pozo donde vio a un hombre aparentemente desesperado.

Aunque el pastor no lo sabía, era el mismísimo ladrón.

Le preguntó qué hacía. El ladrón dijo:

"Se me ha caído un bolso en este pozo. Contiene quinientas monedas de plata. Si saltas dentro y me lo traes, te daré cien monedas."

El hombre pensó: "Cuando una puerta se cierra, puede que cien se abran. Esta oportunidad vale diez veces más que la oveja que he perdido."

Se desnudó y se zambulló en el pozo.

Y el ladrón se llevó su ropa.

Rumi

EL PÁJARO INDIO

Un mercader tenía un pájaro en una jaula. Estaba por ir a la India, la tierra de donde provenía el pájaro, y le preguntó si le podría traer algo de allí. El pájaro pidió por su libertad, pero le fue negada. Entonces le pidió al mercader que visitara la jungla en la India y que anunciase su cautiverio a los pájaros libres que estuvieran allí.

El mercader así lo hizo; y apenas hubo terminado de dar el mensaje, un pájaro silvestre, idéntico al que tenía, cayó inconsciente desde un árbol. El mercader imaginó que este debía ser un pariente de su propio pájaro, y se entristeció al pensar que él había causado esta muerte.

Cuando regresó a su hogar, el pájaro le preguntó si traía buenas noticias de la India. "No", dijo el mercader, "temo que mis noticias son malas. Uno de tus parientes colapsó y cayó a mis pies apenas mencioné tu cautiverio."

En cuanto oyó estas palabras, el pájaro del mercader se desplomó y cayó sobre el piso de la jaula.

"La noticia de la muerte de su pariente también lo ha matado", pensó el mercader. Afligido, recogió al pájaro y lo puso sobre el alféizar de la ventana. De inmediato el pájaro revivió y voló hacia un árbol cercano. "Ahora ya sabes", dijo, "que lo que considerabas una desgracia eran de hecho buenas noticias para mí. Y cómo el mensaje, que sugería la forma de actuar para liberarme a mí mismo, me fue transmitido a través de ti, mi captor."

Y se alejó volando, por fin libre.

Rumi

PARTE VI

Temas para la contemplación solitaria

Temas de contemplación solitaria

Los *TEMAS DE CONTEMPLACIÓN SOLITARIA* son escogidos a partir de los dichos y escritos de los grandes Sufis porque los Maestros de la Tradición consideran que contienen el material más adecuado para el estudio individual. Su uso secundario se realiza en compañía, luego de haber sido bien digeridos por el estudiante.

SER UN SUFI

Ser un Sufi es apartar lo que haya en tu cabeza – verdad imaginada, preconceptos, condicionamientos – y enfrentar lo que pueda sucederte.

Abu Said

LO QUE HA DE VENIR

Para aquellos que buscan la verdad en la religión convencionalizada:

> Hasta que el colegio y el minarete no se hayan
> desplomado,
> esta santa tarea nuestra no se habrá realizado.
> Hasta que la fe no se transforme en rechazo,
> y el rechazo devenga creencia;
> no habrá verdadero creyente.

Abu Said

ADORACIÓN

¡Oh Señor!
    Si te adoro por miedo al infierno, arrójame al infierno.
    Si te adoro por el deseo del paraíso, niégame el paraíso.

Rabia

LA PUERTA

Salih de Qazwin les enseñaba a sus discípulos:
    "A quienquiera que continuamente golpee la puerta, le será abierta."
    Al oírlo un día, Rabia le dijo:
    "¿Por cuánto tiempo seguirás diciendo: 'Le será abierta'? La puerta nunca ha estado cerrada."

LO SIMILAR ATRAE A LO SIMILAR

Hasan de Basora fue a ver a Rabia; ella estaba sentada en medio de un grupo de animales.
    En cuanto Hasan se aproximó, ellos huyeron.
    Hasan dijo:
    "¿Por qué hicieron eso?"
    Rabia contestó:
    "Tú has estado comiendo carne. Lo único que yo he comido ha sido pan duro."

FRUTAS Y CARDOS

Para un asno, un cardo es una fruta deliciosa.
El asno come cardo. Y sigue siendo un asno.

Habib el-Ajami

CUANDO AVICENA CONOCIÓ A ABU SAID

Cuando el filósofo y el Sufi se conocieron, Avicena dijo:
"Lo que sé, él lo ve."
Abu Said comentó:
"Lo que veo, él lo sabe."

EL LLAMADO SUFI

Responde al Llamado Sufi en este mundo lo mejor que puedas; sinceramente y con un corazón amante. Entonces estarás realmente a salvo en este mundo, y en todos los otros mundos.

Salik Hamzavi

PAN

Si tienes a un derviche de invitado, recuerda que el pan duro es suficiente para él.

Harith Muhasibi

273

BENEFICIOS

La mayoría de la humanidad desconoce qué es lo que les convendría saber. Les disgusta aquello que finalmente los beneficiaría.

Al-Nasafi

PUNTO DE VISTA

Para los pecadores y viciosos, yo soy malvado;
pero para los buenos… benéfico soy.

Mirza Khan, Ansari

MAESTROS, ENSEÑANZAS, ESTUDIANTES

Los maestros hablan de enseñanzas.
  Los maestros verdaderos también estudian a sus discípulos.
  Pero sobre todo, son los maestros quienes deberían ser estudiados.

Musa Kazim

EL SERVICIO Y LA MAESTRÍA

Quien no sabe acerca del servicio sabe incluso
menos acerca de la maestría.

Tirmizi

PERCEPCIÓN Y EXPLICACIÓN

Para quien posee percepción, un simple signo es suficiente.

Para el que realmente no presta atención, no le bastan mil explicaciones.

Haji Bektash

A UN ASPIRANTE A DERVICHE

Mi corazón se ha confundido por el mundo y lo
    que está en él.
Dentro de mi corazón no hay nada excepto el
    Amigo.
Si el perfume del jardín de rosas de la Unidad
    viene hacia mí,
mi corazón, como un capullo de rosa, romperá su
    piel exterior.
Háblale al ermitaño en su soledad y dile:
porque el borde mismo de nuestro nicho de
    plegarias es como
la curvatura de la ceja;
no hay real diferencia entre la Caaba y la casa del
    ídolo....
Dondequiera que mires, allí siempre está ÉL.
El ser de un derviche no yace en la apariencia de
    su barba y su cabeza;
el Camino del derviche está en la exactitud
    cualitativa.
Un derviche acaso afeite fácilmente su cabeza sin
arrepentimientos;
pero es un derviche quien, como Hafiz, renuncia
a su cabeza.

Khwaja Hafiz de Shiraz

SUFISMO

El Sufismo es la verdad sin forma.

Ibn el-Jalaii

CONVERTIRSE EN LO QUE UNO
PUEDE LLEGAR A SER

Ser un Sufi es convertirse en lo que puedes llegar a ser, y no intentar perseguir lo que es, en la etapa errónea, una ilusión.

Es volverse consciente de aquello que es posible para ti, y no pensar que eres consciente de aquello que ignoras.

El Sufismo es la ciencia de aquietar lo que ha de ser aquietado, y de alertar lo que puede ser alertado: no el pensar que se puede aquietar o alertar cuando no puedes, o que necesitas hacerlo cuando no lo necesitas.

Transitar la Senda Derviche es buscar la Unidad oculta a pesar de, y no por medio de, las pretensiones de diversidad.

Es tomar en cuenta los medios que son presentados en diversidad, sin creer que las apariencias de la diversidad son importantes en sí mismas.

Se la aborda estudiando los factores del aprender a aprender, y no tratando de obtener conocimiento sin la práctica correcta en su abordaje.

Te acercas a ser un Sufi al advertir que el hábito y el preconcepto son esenciales solo en algunos estudios: no al formar hábitos y juicios basados en preconceptos inadecuados.

Debes volverte tan consciente de la insignificancia, como crees que lo eres de lo significativo: no el buscar únicamente sentimientos significativos.

Los humildes son así porque deben serlo: y los peores entre todos los hombres y mujeres son quienes practican la humildad con el propósito del orgullo, y no como un medio de viaje.

El método del Sufismo es el mismo de siempre: adoptar aquello que es valioso, dónde y cuándo y con quién sea de valor: y no imitar por asombro o copiar por imitación.

El éxito del hombre en elevarse más a sí mismo llega a través del esfuerzo correcto y el método correcto: no simplemente por concentrarse en la aspiración correcta o en las palabras de otros que además están dirigidas a otros.

Es como si fuera una trampa preparada para el elemento innoble en ti cuando un hombre, un libro, una ceremonia, una organización o un método aparenta, directamente o por recomendación, tener algo que es aplicable a todos o que te atrae con fuerza, aunque incorrectamente.

Sayed Imam Alí Shah

EL BIEN Y EL MAL

"Ser" es absolutamente bueno.
Si contiene algún mal, no es Ser.

Shabistari

REMEDIO

Tu medicina está dentro de ti, y no la ves.
Tu enfermedad viene de ti mismo, y no te das
  cuenta.

Hazrat Ali

EL MUNDO

El mundo no posee ser excepto como una
    aparición;
de un extremo al otro su estado es un deporte y un
    juego.

                        Shabistari, *Gulshan-i-Raz*

DIRECCIÓN

Si tu maestro así te lo ordena, tiñe con vino tu alfombra de oración.

El Buscador no debería ignorar las técnicas de las Etapas.

                                  Hafiz

LITERATURA SUFI

Hay tres formas de presentar algo.

La primera es presentar todo.

La segunda es presentar lo que la gente quiere.

La tercera es presentar lo que les servirá más.

Si presentas todo, puede que el resultado sea hartazgo.

Si presentas lo que la gente quiere, podría ahogarlos.

Si presentas lo que les servirá más, lo peor es que, al haber malentendidos, puede que se opongan a ti. Pero si los has servido así, cualesquiera que sean las apariencias, los has servido; y tú también te beneficiarás, cualesquiera que sean las apariencias.

                              Ajmal de Badakhxán

INVESTIGACIÓN

Solamente el pájaro comprende el manual de la rosa:
pues no todo lector conoce el significado interno de la página.
Oh tú que aprenderías el capítulo sobre el amor del libro del conocimiento...
Temo que no sabrás cómo desentrañarlo por medio de la investigación.

Hafiz

MUDEZ

Él les quita la lengua a aquellos que comparten el
    secreto;
para que así no puedan volver a decir el secreto del rey.

Nizami

LA PERLA

¿Qué sabe la gente común del valor de la perla preciosa?
Hafiz (protector), concédeles la esencia única solo a los elegidos.

Hafiz

FELICIDAD Y TRISTEZA

Quienquiera que obtenga algo de conocimiento, por poco que sea, estará feliz.
A quienquiera que se lo saquen, estará triste.

Ibn-Idris el-Shafai

BONDAD REAL

Mejor que ser lo que tú imaginas que es ser bueno, es estar con quienes realmente lo son.
Peor que hacer algo malo es estar con los malvados.

Bayazid

MUERTE

Duerme con el recuerdo de la muerte, y despierta con el pensamiento de que no vivirás mucho tiempo.

Uwais el-Qarni

COMENTANDO ACERCA DE UN ERMITAÑO

Se ha establecido en lo alto de una montaña,
así no tiene Trabajo que realizar.
Un hombre debería estar en el mercado,
mientras aún trabaja con la verdadera Realidad.

Sahl

OCHO CUALIDADES DEL SUFI

En el Sufismo se han de ejercitar ocho cualidades. El Sufi tiene:
Liberalidad, tal como la de Abraham;
aceptación de su destino, como Ismael lo hizo;
paciencia, como la que poseía Job;
capacidad para comunicarse por simbolismos,
como fue el caso de Zacarías;

distanciamiento de su propia gente, tal como
    sucedió con Juan;
atuendo de lana, como el manto de pastor de Moisés;
peregrinación, como los viajes de Jesús;
humildad, así como Muhammad tenía humildad
    de espíritu.

Junaid de Bagdad

A DÓNDE FUE

Vi un niño que llevaba una luz.
Le pregunté de dónde la había traído.
Él la apagó, y me dijo:
"Ahora tú dime a dónde se ha ido."

Hasan de Basora

AFINIDADES

Quienes se parecen sienten una afinidad. La atracción de los opuestos es un caso diferente. Pero quienes se parecen son a menudo confundidos por los superficialistas por quienes no se parecen. Por ejemplo, uno es codicioso de amor, otro es codicioso para amar. El pensador desinformado o superficial imaginará y proclamará inmediatamente que estos son contrarios. Por supuesto, la verdad es lo opuesto. El factor común es la codicia. Ambas son personas codiciosas.

El hombre famoso y su seguidor son algunas veces iguales. Uno quiere dar su atención, el otro quiere atraer la atención. Ambos encadenados a una obsesión por la atención, vuelan juntos: "paloma con paloma", "halcón con halcón".

Simabi

RIQUEZAS

Apunta al conocimiento. Si te empobreces, él será riqueza para ti; si te enriqueces, te adornará.

El-Zubeir, hijo de Abu-Bakr

DISCIPULADO

Con un Guía puede que te conviertas
  verdaderamente en Humano.
Sin un Guía, continuarás siendo básicamente un
  Animal.
Si todavía puedes decir: "No podría someterme a
  ningún hombre"
… aún no tienes valor para el camino.
Pero si dices: "Deseo someterme" de la forma
  incorrecta,
… el camino nunca te encontrará, y estarás
  perdido.

Zulfikar, hijo de Jangi

"YO"

El conocimiento procede desde:
  "¿Qué soy?"
  Hasta: "No sé qué soy."
  Entre "Quizá no soy" y "Me encontraré a mí mismo"; y entre "Me encontraré a mí mismo" y "Yo soy", hasta "Soy lo que sé que soy", y hasta "Yo soy".

Abu-Hasan el-Shadhili

ALGUNAS MONEDAS

Cuando un hombre es un mendigo, cree que unas pocas monedas son una fortuna; no es así. Para superar la mendicidad, debe elevarse por encima de las pocas monedas aunque las utilice como un medio. Usadas como un fin, se convertirán en un fin.

Ibn Ikbal

LO QUE TE CUIDA

El conocimiento es mejor que la riqueza. Tú debes cuidar de la riqueza; el conocimiento te cuida a ti.

Alí

DESTRUCTIVO

Hay tres cosas que en esta vida son destructivas: la ira, la codicia, la vanidad.

El Profeta

Un cuaderno Sufi: algunos temas para contemplar

Sobre el servicio

El servicio es la realización del deber, sin reticencia ni deleite. El cumplidor no es ni un esclavo explotado ni uno que busca recompensa. Las personas obtendrán de la realización del deber lo que puedan sacar de él. Si dejan a un lado el placer inmediato del deber y también la resistencia al deber, estarán en una posición para beneficiarse de los otros contenidos del servicio. Esto es lo que purifica sus percepciones.

Sobre el buscar

El buscar la verdad es la primera etapa hacia el encontrarla. Después del buscar viene la comprensión de que la Verdad también está buscando al propio Buscador. La tercera etapa, en la cual el Sufi está aprendiendo del Camino, es cuando el aprendizaje alcanza una etapa especial: el Buscador se da cuenta de que está adquiriendo conocimiento de un orden que va más allá del "buscando" y "encontrando", o "siendo buscado".

Sobre el esfuerzo

El esfuerzo y el trabajo tienen muchas formas diferentes. Una de las razones para el establecimiento de un Guía es que él sabe cuándo dirigir el esfuerzo y el trabajo del discípulo, y cuándo no dirigirlo. Sabe también la clase de esfuerzo y trabajo que cada individuo debería hacer. Solo el ignorante confunde cualquier trabajo con uno útil o incluso un esfuerzo extra realizado en cualquier momento que lo desea, con un esfuerzo pequeño en el momento oportuno.

Sobre la idolatría

La "idolatría" es cuando una persona fija su atención en un intermediario o una cosa en un momento inapropiado; es confundir el vehículo con el contenido. La mayoría de las instituciones son, intencionadamente o no, fomentadoras de idolatría. Es por esta razón que los potenciales Sufis requieren la constante atención de un mentor para dirigir su atención según las posibilidades.

Sobre el discipulado

El discipulado es un requisito esencial en el Camino Derviche. Pero se debe distinguir entre las personas que solo imaginan que deberían ser discípulos – aquellos cuya codicia ha sido despertada a escondidas – y quienes realmente pueden transformarse en discípulos, y dónde y cuándo esta etapa puede ser provechosa.

Sobre la maestría

La forma en la cual el Maestro enseña es a menudo incomprensible para los estudiantes. Esto por lo general se debe a que están intentando comprender el funcionamiento de algo cuando en realidad tienen la urgente necesidad de recibir sus beneficios, sin los cuales nunca serán capaces de comprender su funcionamiento.

Sobre el compañerismo

Está el compañerismo humano y el de la transmisión. Aquellos que carecen de familia o de otras formas de compañerismo, las buscarán aun en momentos y lugares donde el asociarse con otros es útil para la transmisión. Poca gente conoce acerca de esto, en parte porque la palabra (compañerismo) generalmente se emplea para denotar dos estados completamente diferentes.

Sobre la literatura

Los comentarios de aplicación local a menudo son tomados como si fuesen de aplicación general o universal. Cuando un Maestro dice: "Eviten la literatura", está hablando de cierto público y de cierto momento. Son los fracasados entre sus estudiantes quienes malinterpretan y preservan a la literatura como si fuera una llave para la comprensión; o hacen lo contrario, diciendo: "El Maestro rechazó la literatura, por lo tanto todos nosotros la rechazaremos siempre."

Sobre los ejercicios

La codicia es la característica dominante, aunque bien disimulada, de aquellos que imaginan que los ejercicios son la entrada al conocimiento. Son tan importantes, y tan independientemente irrelevantes, como el uso de una mano sin uno o dos dedos.

Sobre las apariencias

El hombre común juzga a una persona no por sus logros interiores, sino por sus actos aparentes y por su aspecto superficial y por lo que la gente dice de ella. Este método es adecuado, sin embargo, solo para algunos tipos de juicios; no para otros. Lo que una persona aparente ser dependerá de lo que uno sepa acerca de ella. Por ejemplo, un hombre que lleva un bastón puntiagudo no es necesariamente un asesino; puede ser un domador de elefantes. El elegido viola a menudo los cánones superficiales de la apariencia para que la conducta de las masas no lo afecte con su criterio artificial, y también a veces para demostrar, a quienes puedan verlo, que la conducta sola no demuestra valía interior.

Sobre la fe y la religión

Aquellos que son considerados creyentes o religiosos, y que son incapaces de comportarse diferentemente debido al hábito, pueden ser denominados religiosos pero no pueden ser considerados creyentes. Si, por otro lado, esto es fe, entonces debería usarse alguna otra palabra para expresar el tipo de fe que no es producida por los padres o el entorno de una persona.

Sobre el amor

Lo que generalmente se llama amor, puede ser perjudicial tanto para el amante como para el objeto del amor. Si este es el caso, un Sufi no puede denominarlo amor, sino que debe ser llamado "apego", en el cual el apegado es incapaz de ninguna otra conducta. El amor no solo tiene distintas intensidades, sino también diferentes niveles. Si el hombre cree que el amor apenas significa lo que ha sentido hasta entonces, se impedirá a sí mismo la experiencia del amor real. Sin embargo, si en verdad ha sentido amor real no cometerá el error de generalizarlo al identificarlo solamente con el amor físico o el amor de la atracción.

Sobre el estudio en el mundo

El Sufismo es un estudio que no es escolástico. Sus materiales son tomados de casi todas las formas de la experiencia humana. Sus libros y plumas están en el ambiente y no se asemejan a los sueños de los académicos o entusiastas. Es debido a las recitaciones, al esfuerzo y los libros incluidos en este tipo de estudio, y a que los maestros Sufis son llamados "Maestro", que se ha confundido la existencia de una comunicación especializada con el estudio académico o imitativo. Hay, por lo tanto, "estudio Sufi" y "estudio ordinario"; y los dos son diferentes. La situación es como si a un "ratón" y a un "elefante" se les hubieran dado el mismo nombre. Hasta cierto punto (son cuadrúpedos, son grises, tienen cola), esta inexactitud no tiene importancia. Pero después es necesario distinguir entre los dos; esta diferenciación tiene lugar en un círculo Sufi.

Sobre las asambleas derviches

Los estudiantes superficiales imaginan que cuando los derviches se reúnen tienen todos un rango similar o que cualquier derviche puede asistir a las reuniones de cualquier otro, y que la diferencia está apenas en el grado. En realidad, la composición del círculo es tan importante como el círculo mismo. De manera similar, el rango en el Camino puede ser válido en una asamblea y no en otra. Es por esto que maestros de un círculo son discípulos en otro. A menudo, y erróneamente, se denomina "círculos derviches" a grupos de gente interesada, entusiastas religiosos y aspirantes a estudiantes. Esos pueden o no ser preliminares, pero no son círculos.

Sobre la diferencia entre escuelas

Se dice y escribe mucho acerca de las diferencias de opinión, enseñanzas y escritos entre los Sufis. Exteriormente pueden existir diferencias dictadas por el ambiente, pero esencialmente no hay diferencia. Discutir acerca de las diferencias Sufis es tan estúpido como discutir si un abrigo debería ser tejido utilizando el capullo de esta o aquella planta de algodón. Ese es el alcance de su relevancia.

Parábola, idioma y metáfora

Si tu maestro te habla en tu lengua materna, tendrás que considerar los modismos que utilice como idiomáticos y no analizarlos literalmente. Cuando te da una parábola, tendrás que entenderla antes de poder aplicarla. Cuando algo es dicho metafóricamente, tiene sentido metafórico. Las cosas literales no deben tomarse como metafóricas.

Sobre niveles superiores de comprensión

Si usas el intelecto ordinario para intentar desentrañar algo que no comprendes sobre el Sufismo, te perderás; porque el intelecto es demasiado ingenioso para realizar esta tarea. La comprensión llega solo cuando sostienes lo elusivo dentro de tu mente. Muchas pruebas han fracasado por ser demasiado sutiles. Sé consciente de las sutilezas.

Sobre el fastidio y la indiferencia

Nadie se fastidia a menos que haya una razón. Si molestas a otros, puede ser porque crean que eres molesto o puede que los fastidies por tu discurso o conducta. Si eres, o cualquiera es, indiferente ante una fuente de fastidio, esto bien puede ser laudable o reprobable. El fastidio no puede ser medida para juzgar algo.

Sobre los "estados"

Los "estados" son básicamente tres: falso o imaginario, genuino e irrelevante. Al igual que el médico, es el sheikh quien sabe cuál es cuál y conoce la enfermedad o estado de salud por el síntoma. También sabe de la conveniencia de la inducción, o no, de los estados. El colmo de la locura es suponer que la presencia o la ausencia de un "estado" es en sí misma un indicativo de algo bueno o malo.

Sobre la lectura, el escuchar, el estar presente

Los materiales de estudio pueden estar constituidos solamente por la acción de estar presente, sin reacciones intensas, en una asamblea de los Sabios; puede que en un momento signifique que se lea, y en otros, que se escuche. Algunas veces el lector o el instrumentista puede ser uno de los iniciados. En otras ocasiones no lo será de ninguna manera. Esta ciencia ha sido verificada y solo los metepatas experimentan con ella.

Sobre el arrepentimiento

El arrepentimiento significa retroceder o renunciar completamente a algo que fue origen de una poderosa atracción. El placer obtenido por medio del arrepentimiento, en la mayoría de los casos, es tan malo como la ofensa original y no puede esperarse una mejoría permanente en quienes se enorgullecen de la reforma. El arrepentimiento del ignorante es cuando la gente siente fuertes reacciones al renunciar a algo o al buscar el perdón por algo. Hay una forma superior, el arrepentimiento del Sabio, que conduce a un mayor conocimiento y amor.

Sobre la esperanza y el temor

Oscilar entre la esperanza y el temor (el temor a Dios y la esperanza de Su perdón) es el estado más primitivo de la condición de Sufi. Aquellos que se quedan en este estado son como una pelota arrojada de una parte a la otra del campo de juego. Después de un tiempo, esta experiencia tiene sus beneficios y luego tiene sus desventajas. Seguir el Camino sin las cualidades inferiores de esperanza y temor es el objetivo. Un objetivo superior es cuando no hay ni soborno ni castigo. Algunos necesitan la esperanza y el temor: son aquellos a quienes se los han recetado.

Pahlawan-i-Zaif

PARTE VII

Recitaciones grupales

Recitaciones grupales

LAS RECITACIONES GRUPALES son seleccionadas a partir del material disponible con base en que su mayor valor se extrae cuando son estudiadas en compañía. También son estudiadas en soledad; cuando esto sucede, el estudiante recibe instrucciones para leer las recitaciones en cualquier orden y no siguiendo la secuencia que aquí se presenta. La secuencia que él elija será considerada como parte del estudio mismo. La que se presenta a continuación es la secuencia para recitaciones grupales.

EL PRECIO

Un día dos derviches estaban discutiendo.

Ibrahim ben Adam le dijo a uno de ellos:

"La vida de renuncia se ha desperdiciado en ti. La conseguiste tan barata que ahora no la valoras."

El derviche lo miró con desdén y dijo:

"Dime, ¿y qué precio pagaste tú por ser un derviche?"

Ibrahim respondió:

"Yo di el reino de Balkh a cambio, y aún así lo considero un precio bajo, hermano."

EL JARDINERO

Un día Ibrahim estaba trabajando como jardinero, cuando su amo le pidió algunas granadas.

Ibrahim trajo varias, pero todas estaban ácidas.

Su patrón le dijo:

"Has estado trabajando para mí durante mucho tiempo, y sin embargo no sabes cuáles son las granadas dulces."

Ibrahim contestó:

"Me emplearon para ocuparme de ellas, no para probarlas. ¿Cómo puedo saber cuáles son dulces?"

Fue entonces que el propietario del huerto advirtió que ese hombre debía de ser Ibrahim ben Adam.

EL CARAVASAR

Una vez Khidr fue al palacio del rey y se presentó directamente ante el trono.

Era tal la rareza de su apariencia que nadie se atrevió a detenerlo.

El rey, que era Ibrahim ben Adam, le preguntó qué estaba buscando.

El visitante dijo:

"Estoy buscando un lugar para dormir en este caravasar."

Ibrahim contestó:

"Esto no es ningún caravasar, este es mi palacio."

El forastero dijo:

"¿De quién era antes de ser tuyo?"

"De mi padre", dijo Ibrahim.

"¿Y antes?"

"De mi abuelo."

"¿Y a este lugar donde la gente viene y se va, quedándose y siguiendo viaje, lo llamas con otro nombre que no sea caravasar?"

EL LIBRO

Una vez Ibrahim soñó con el ángel Gabriel.

El ángel tenía un libro en su mano, e Ibrahim le preguntó qué contenía.

Gabriel respondió:

"En este libro escribo los nombres de los amigos de Dios."

Ibrahim preguntó:

"¿Ha de estar mi nombre allí?"

El ángel dijo:

"Ibrahim, tú no eres amigo de Dios."

"Así es, pero soy amigo de los amigos de Dios."

Por un rato Gabriel no pronunció palabra; luego se dirigió a Ibrahim:

"He recibido instrucciones de registrar tu nombre a la cabeza de esta lista: pues la esperanza nace de la desesperanza."

RELIGIÓN

Toda religión, tal como los teólogos – y sus oponentes – entienden la palabra, es algo diferente de lo que se supone que es.

La religión es un vehículo. Sus expresiones, rituales, enseñanzas morales (y de otro tipo), están diseñadas para causar ciertos efectos edificantes, en cierta época y sobre ciertas comunidades.

Debido a la dificultad de conservar la ciencia del hombre, la religión fue instituida como un medio para acercarse a la verdad. Para los superficiales, los medios siempre se transformaron en el fin, y el vehículo en el ídolo.

Únicamente el hombre de sabiduría, y no el hombre de fe o del intelecto, puede hacer que el vehículo se ponga en marcha nuevamente.

Alauddin Attar

LA PLEGARIA

El gran sheikh Simak enseñaba esto como el secreto del rezo:

El hombre puede rezar solamente según la medida de su capacidad. Si está solo o se le ha enseñado a orar con libros o en seminarios, no puede comprender o participar de la realidad de la plegaria.

Quien ha aprendido a rezar, y es portador de la iluminación, puede pasarle una porción de ella a otro, para que así él también pueda aprender y desarrollar la plegaria en sí mismo. El rezo escrito carece de sentido.

EL SIGNIFICADO DE LA CULTURA

Lo que el Sufi entiende por cultura no es lo mismo que entiende el hombre común, quien limita el significado.

El sheikh Abu Nasr Sarraj habla de estas tres formas de cultura:

La cultura mundana, que es una mera adquisición de información, opiniones y aprendizajes de tipo convencional.

La cultura religiosa, que es repetitiva, sigue reglas y disciplina, comportándose de un modo éticamente aceptable.

La cultura Sufi, la cual es: autodesarrollo, percibiendo lo que es relevante; concentración y contemplación; refinamiento de la experiencia interna; siguiendo el camino de la Búsqueda y la Cercanía.

LO QUE ENSEÑA EL SUFISMO

El Sufismo enseña cómo purificarse a uno mismo, a mejorar la moral personal y a edificar la propia vida interior y exterior, para alcanzar la bienaventuranza perpetua. Su tema fundamental es la purificación del alma, y su finalidad u objetivo es el logro de la bendición y felicidad eternas.

Sheikh el-Islam Zakaria Ansari

ELIGIENDO

"Elegir" (*istifa*) es el vaciamiento del corazón de todo aquello que no sea la búsqueda de la completez. Esto se asemeja a una visualización en la que el cuerpo está vacío, y que todos los pensamientos se han ido por un instante durante el cual los pensamientos verdaderos entran a raudales.

Hujwiri

LA MANERA EN QUE PRESENTAN SU ENSEÑANZA

No esperes que la manera en que formulan su enseñanza esté completamente dentro de tu forma de comprensión ordinaria. Una perla puede llevarse en una cartera de cuero. El ignorante exclama: "Este objeto cuadrado con una solapa no se parece al collar que me han descripto."

Arif Yahya

Cuando le preguntaron a Nizamuddin Awliya por qué cierto sheikh Sufi parecía no llevar una vida religiosamente devota, contestó: "Los reyes entierran sus tesoros en uno de dos lugares. El primero, y más obvio, es en una cámara blindada, que puede ser robada, vaciada o usurpada. El otro, y más duradero, es en la tierra: una ruina a donde nadie se le ocurriría ir a buscarlo."

LA FÓRMULA DE OSMÁN DE OCCIDENTE

¡Oh Mustafá, Oh Mustafá,
Rais-i-Karawan-i-ma!
(¡El Perfeccionado, El Perfeccionado, Líder de nuestra Caravana!)
¡En Nombre del Amigo!
¡*Huu*, Amigo!*
Decimos *Huu* por la Cadena de Transmisión, por los líderes de las Órdenes, por los que se esfuerzan por la Verdad, por los derviches presentes y ausentes.
¡*Huu*!
Invocamos el poder de la Baraka de la Comunidad y de los Grandes sobre nuestra asamblea.
¡*Huu*!
¡Dedicamos nuestra actividad de este día a la Conciencia más Profunda en todas sus formas de ser!
¡*Huu*!
La Invocación puede comenzar.

SUFISMO ETERNO

Continuamente, en conmemoración del Amigo... bebimos el vino antes de que la vid fuese creada.

Ibn el-Farid

LA SEMILLA DEL CONOCIMIENTO SUFI

La verdadera semilla fue hecha en el tiempo de Adán. El milagro de la vida, la existencia.

* En español se pronuncia *ju*

Germinó en el período de Noé. El milagro del crecimiento, el rescate.

En el tiempo de Abraham echó ramas. El milagro de la diseminación, el mantenimiento.

La época de Moisés vio la creación de las uvas. El milagro del fruto.

El tiempo de Jesús fue el de la maduración de la cosecha. El milagro de la degustación, la felicidad.

El tiempo de Muhammad vio la extracción del vino cristalino. El milagro del logro, la transformación.

Bayazid Bistami

EN PRESENCIA DE UN SABIO

Incluso aunque solamente hayas estado presente, silenciosamente, en la asamblea de un Sabio, habrás obtenido más potencialidad de la que jamás podrías imaginar con el pensamiento ordinario.

Mirza Asim

EL OBJETIVO

El significado oculto de la existencia es como un árbol que subsiste.

Y su fruto profundamente escondido es el hombre, Oh Maestro.

El objetivo de la rama – Oh, Tú sin un Maestro – es la fruta madura, no solamente otro árbol aislado.

Ablahi Mutlaqtar

AL PRÍNCIPE

Oh Fortuna, has ennoblecido mi mente;
por medio de este libro me has elevado.
No fue mía la idea de que deberías ser el compañero de mi
estado.
Tú abriste la puerta de mi dominio.
Tú me mostraste el tesoro de la orientación.
Nos reunimos en este mensaje que tú mandaste al Rey.
Cuando me apartaste de los pensamientos vanos,
hablé sobre esta sublimidad.
Cuando la mirada del Rey se posó en él,
Lo aceptó cien veces ...

El *Halnama*, de Arifi

LAS ASAMBLEAS DE SABIDURÍA

Un hombre se llenará con el estudio de libros y de hechos. Él,
u otro hombre, se llenará con ejercicios y prácticas.

En ambas hay una sensación de logro y de significado.

Pero, así como para poder colmar una jarra debemos tener
una jarra, algo con qué llenarla y una idea de su capacidad,
solo mediante la correcta aplicación de estos factores puede
el hombre triunfar realmente en su elevada tarea hacia la
plenitud real.

Únicamente así podrá encontrarse a sí mismo. Puede pensar
de muchas otras maneras que ya se ha encontrado o que se
está encontrando a sí mismo o que alguien puede encontrarlo
por él. No podemos ocuparnos de esa gente, excepto para ser
solícitos con su tranquilidad mental y salud corporal.

Para poder alcanzar y aplicar la medida de la que hablo, un
hombre debe encontrar una Asamblea de Sabiduría. Es ahí, y
en ningún otro lado, donde ha de adquirirse la medida.

¡Ahí tienes! Has sido advertido. Ahora ve y encuentra la asamblea de sabiduría. Hallarás una cuya verdadera utilidad se corresponda exactamente con tu sinceridad interior. Si eres un hipócrita caerás entre hipócritas, no importa lo que te parezcan ser o lo que tú les parezcas ser a ellos o lo que ellos crean de sí mismos.

El Qalandar Bahadur Shah

CÓMO SE FRUSTRA LA BÚSQUEDA DEL CONOCIMIENTO

Se frustra por el fingimiento.

Está aquello que el hombre sabe dentro de sí mismo. No lo reconoce por lo que es. Simula que puede, o no puede, comprenderlo. No sabe que necesita una cierta preparación.

Está aquello que el hombre cree que sabe, pero en realidad no. Él apenas conoce una parte de las cosas que sabe. Este conocimiento parcial es de alguna manera peor que la ausencia completa de conocimiento.

También está aquello que el hombre no sabe, y que no puede conocer en ninguna etapa dada. Esto, sin embargo, es lo que él cree que debe saber. Busca esto, o algo que se le asemeje. Dado que no tiene una auténtica regla para medir, comienza a fingir.

Tema de estudio de los derviches Azamia

EL PRELUDIO HACIA LA REALIZACIÓN

¡Oh, Sufi! El vino se aclara solamente después de cuarenta días.

Y un hombre debe ser Salomón antes de que funcione su anillo mágico.

Hafiz

SÍNTOMAS

Un hombre tiene dolor de cabeza, y otro visión borrosa.

Los dos son causados por la comida equivocada.

Diles: "Tu digestión está perturbada", y ambos responderán: "¡Fuera de aquí, tonto! Buscamos alivio para la cabeza y ojos, no absurdidades."

Hamami

RECORDANDO

Todo depende del recuerdo. Uno no comienza por aprender: uno empieza por recordar. La distancia de la existencia eterna y las dificultades de la vida hacen que uno olvide.

Es por esta razón que Dios nos ha ordenado:

"¡Recuerda!"

Sheikh Ismail Hakki

EL PROBLEMA DE LA MÚSICA

Asegúrate de no habituarte a la música, en caso de que esto te aleje de percepciones aun superiores.

EXPRESIONES DISPARATADAS

Le damos frases extrañas a gente común porque nuestras experiencias no pueden expresarse por medio de frases ordinarias. He conocido, hasta la médula, aquello que no puede ser descrito y cuyo contenido sobrepasa toda definición ordinaria.

Ibn Ata

EL ÁTOMO

Parte el corazón del átomo: en su interior verás un sol brillando. Si le entregas al Amor todo lo que tienes, seré llamado Pagano si sufrieres una pérdida minúscula. El alma que atravesó el fuego del Amor te dejará que veas el alma transmutada. Si huyes de la estrechez de las dimensiones y ves "el tiempo de lo que es inespacial", oirás lo que nunca se ha escuchado y verás lo que nunca se ha visto; hasta que te envíen a un lugar donde verás "un mundo" y "los mundos" como uno solo. Amarás la Unidad con alma y vida hasta que llegues a verla con el ojo verdadero...

Sayed Ahmad Hatif

ALLÍ ESTÁS TÚ

En el revolotear de una luz en el crepúsculo del desierto ... allí estás Tú.

En la fatigosa tarea del ritual forzado del Mago ... allí estás Tú.

En el movimiento que responde a otro movimiento ... allí estás Tú.

No en el libro del escriba sino en su sonrisa ... allí estás Tú.

En la Gracia de lo elegante y no en la mente de lo elegante ... allí estás Tú.

En la pregunta y la respuesta: entre ambas, y no en ellas ... allí estás Tú.

Entre los pesados pasos del elefante ... allí estás Tú.

En la armonía, en el amor, en el ser mismo, en la verdad, en la absolutidad ... allí estás Tú.

En la perla rechazada por el criador de ostras ... allí estás Tú.

En lo inexplicable de la arritmia, del cambio aparente ... allí estás Tú.

En el intercambio, en la pulsación, en la dulzura, en el silencio, en el reposo;

en la congruencia e incongruencia … allí estás Tú.

En el resplandor, en la chispa, en la llama saltarina, en lo cálido y abrasador: en la relajación y en la agitación … ¡allí estás Tú!

Haykali

PARA ALCANZAR EL NIVEL DE LA VERDAD…

Nadie alcanza el Grado de la Verdad hasta que mil personas honestas hayan testimoniado que es un hereje.

Junaid de Bagdad

La muerte no visita más que una sola vez. Por lo tanto, estate preparado para su llegada.

Abu-Shafiq de Balkh

OBEDIENCIA

La forma más baja de obediencia es el realizar acciones para otro. La forma elevada de obediencia es cuando uno desiste de la conducta que uno desea llevar a cabo. La forma superior de obediencia es ser capaz de no realizar ninguna acción en absoluto. Cuando esto es posible, también lo son las otras formas de obediencia. Juntas constituyen aquello que la gente, ignorantemente, imagina que es una sola cosa: la "obediencia."

Lo primero que se debe aprender es que aquello que te has acostumbrado a llamar obediencia es siempre hábito o servidumbre, te produzca placer o no.

Anisa Imtihani

AQUELLO QUE ADMIRAS EN LOS SUFIS ...

Todo lo que admiras de los logros del océano de Sufis es apenas una pequeña gota cuando se la compara con sus conquistas verdaderas, que seguirán ocultas para ti mientras veas solamente su faz externa.

Musa Kazim

EL SENDERO Y LA PUERTA

Un sendero y un portal no tienen significado o utilidad una vez que el objetivo está a la vista.

Hujwiri

QUÉ HACER Y QUÉ HABER HECHO

Toda la sabiduría puede resumirse en dos líneas:
Lo que se hace para ti ... permite que se haga.
Lo que tú mismo debes hacer ... asegúrate de hacerlo.

Khawwas

SALVARSE A SÍ MISMO

¿Has escuchado la historia contada por el incomparable Maestro de nuestro Camino, Maulana Rumi? Es esta a la cual me refiero:

Había una vez un hombre que tenía algún ganado, y cuando se enteró de que Moisés conocía el lenguaje de los animales lo convenció de que le enseñara.

Armado con este conocimiento, escuchaba lo que sus animales decían. Un día el gallo le dijo al perro que el caballo moriría pronto, y el hombre entendió. Entonces vendió el caballo para no sufrir ninguna pérdida.

Algún tiempo después, utilizando nuevamente su conocimiento, oyó por casualidad al gallo que le decía al perro que la mula moriría en poco tiempo; y entonces también la vendió para evitar cualquier pérdida.

Después el gallo dijo que el esclavo estaba por morir. El hombre, con regocijo, vendió al esclavo para ahorrarse dinero. Estaba muy satisfecho consigo mismo, e imaginó que el valor del conocimiento estaba en ayudar al hombre en sus asuntos cotidianos.

Pero sin embargo, un día escuchó al gallo decirle al perro que él, el amo, estaba a punto de morir. Corrió aterrorizado para ver a Moisés, buscando su consejo.

Moisés le dijo: "¡Ahora puedes ir y venderte a ti mismo!"

Préstale atención a esta enseñanza: el conocimiento de cómo ver las características de otros no tiene ningún valor para el hombre con respecto a su mayor necesidad: él mismo.

Anis Ahmad ibn el-Alawi

EL LEÓN TATUADO

Había una vez un hombre que quería que le tatuaran un león en su espalda.

Fue a ver a un artista del tatuaje y le comentó lo que estaba buscando.

Pero tan pronto como sintió los primeros pinchazos, comenzó a gemir y a quejarse: "Me estás matando. ¿Qué parte del león estás marcando?"

"Ahora estoy apenas haciendo la cola", dijo el artista.

"Entonces omitamos la cola", aulló el hombre.

El artista recomenzó. Y otra vez el cliente no pudo soportar los pinchazos. "¿Qué parte del león estás haciendo esta vez?", gritó, "pues no puedo soportar el dolor."

"Ahora", dijo el artista, "es la oreja del león."

"Tengamos un león sin orejas", jadeó su paciente.

Así fue que el artista lo intentó de nuevo. Apenas hubo entrado la aguja en su piel, la víctima se retorció nuevamente: "¿Qué parte del león es esta vez?"

"Este es el estómago", contestó cansinamente el artista.

"No quiero un león con estómago", dijo el otro hombre.

Exasperado y consternado, el tatuador se detuvo un momento. Entonces tiró su aguja y exclamó: "¿Un león sin cabeza, sin cola, sin estómago? ¿Quién podría dibujar semejante cosa? ¡Ni siquiera Dios lo hizo!"

Rumi

EL SANTO Y LA ESENCIA

El santo está subordinado a su Esencia;
un devoto, pero en el Camino de la Esencia.
Su trabajo llega a su fin
cuando su comienzo arriba nuevamente a su fin.

Shabistari

EVOLUCIÓN

Primero él vino al mundo inerte. De la mineralidad evolucionó hacia el reino de la vegetación. Vivió así durante años. Entonces pasó a un estado animal, mas privado de memoria alguna de su ser vegetal excepto por la atracción que sentía hacia la Primavera y las flores.

Esto era algo así como el deseo innato de un infante por el pecho materno, o como la atracción que sienten los discípulos por tener un guía ilustre. Cuando la sombra ya no es, conocen la *causa* de su apego al maestro ...

De un reino al otro el hombre pasó, alcanzando su presente estado lógico, erudito, robusto... olvidando anteriores formas de inteligencia.

Entonces también pasará más allá de su forma actual de percepción. Hay otras mil formas de la Mente ...

Pero se ha dormido. Dirá: "He olvidado mi propia realización, ignorante de que el sueño y la fantasía eran la causa de mis penurias."

Dice: "Mis experiencias durante el sueño no tienen importancia."

Ven, deja a esos asnos en su prado.

A causa de la necesidad, el hombre adquiere órganos. Por lo tanto, oh menesteroso, incrementa tu necesidad.

Rumi

OSCURIDAD Y LUZ

El anochecer precede a la mañana, y la noche se convierte en alba.

Hafiz

INMORTALIDAD

El honor del hombre es su aprendizaje. Los sabios son antorchas que iluminan el camino de la verdad. En el conocimiento yace la oportunidad de la inmortalidad para el hombre. Mientras que el hombre muere, la sabiduría vive eternamente.

Alí

LOS TONTOS Y LA MALDAD

Hacen más daño los tontos con sus tonterías que los malvados con su maldad.

El Profeta

HOMBRES Y CONOCIMIENTO

Hay muchos árboles: no todos dan frutos.
   Hay muchos frutos: no todos pueden ser comidos.
   Muchas, también, son las clases de conocimiento: mas no todas tienen valor para los hombres.

Jesús, hijo de María,
según el Libro de Amu-Darya

HOMBRES Y REYES

Los reyes gobiernan a los hombres; los sabios gobiernan a los reyes.

Abu el-Aswad

SI TE GUSTA EL ASCETISMO

El ascetismo puede ser una debilidad, el cumplimiento de un deseo; y causado por la falta de verdadera fortaleza.

Hasan de Basora

PIENSA

Todos los hombres, excepto los sabios, están muertos.

Sahl de Tustar

¿QUÉ ES LA IDENTIDAD?

Cuando alguien llamó a la puerta, Bayazid preguntó:
"¿A quién buscas?"
El visitante contestó:
"A Bayazid."
Bayazid replicó:
"Yo también he estado buscando a 'Bayazid' durante tres décadas, y aún no lo he encontrado."

LO QUE HACEN LOS SABIOS

El hombre sabio es aquel que hoy hace lo que los tontos harán tres días más tarde.

Abdullah ibn Mubarak

LA RESPUESTA

Escribimos cien cartas y tú no has respondido.
Esto también es una respuesta.

Zauqi

DURMIENDO

Oh, tú que le temes a las dificultades del camino hacia la aniquilación: no temas.
Este camino es tan fácil, que puede recorrerse durmiendo.

Mir Yahya Kashi

HOMBRE

Con cien mil preceptores la esfera gira alrededor de la tierra,
buscando al Hombre. ¿Pero dónde está el Hombre?

Astrabadi

EL PERRO Y LOS GOLPES

Vi a un guardia apalear a un perro.

El animal aullaba mientras recibía los golpes.

Yo dije: "Oh, perro, ¿por qué te ha golpeado?"

Él respondió: "No puede soportar ver a alguien que es
mejor que él."

Shibli

EL PRECIO

Oh, tú que dices: "¿Por qué comprar vino con tu vida?", haz
esta pregunta a nuestro Escanciador, que ha puesto un precio
tan bajo.

Fighani

ESTAMOS VIVOS

Somos olas cuya inmovilidad es el no ser.

Estamos vivos debido a esto, pues no tenemos descanso.

A causa de esta falta de descanso estamos vivos.

Abu-Talib Kalim

¿QUÉ ES LA VIRTUD?

Observa a la gente virtuosa que te rodea. Descubrirás que muchos no se han ennoblecido por sus prácticas, aunque tengan esa reputación. La práctica de las virtudes es en sí misma casi inútil.

Un hilo no se convierte en una joya porque pase a través de los agujeros de un collar de perlas.

Yo fui incapaz de aprender, y menos aún de enseñar, hasta que tomé conciencia de que un lugar desolado no se hace fértil por la mera presencia de un tesoro bajo la tierra.

Hamid Qalindoz

SABIENDO

El que sabe, y no sabe que sabe: está dormido. Permítele convertirse en uno, completo. Permítele ser despertado.

El que ha sabido pero no lo sabe: permítele ver una vez más el comienzo de todo.

El que no desea saber, y sin embargo dice que necesita saber: permítele ser guiado a la seguridad y a la luz.

El que no sabe, y sabe que no sabe: permítele, mediante este conocimiento, saber.

El que no sabe, pero cree que sabe: libéralo de la confusión de esa ignorancia.

El que sabe, y sabe que *él es*: es sabio. Permite que él sea seguido. Por su sola presencia el hombre puede ser transformado.

Yo que sé, y no sé que sé: permíteme convertirme en uno, completo. Permíteme ser despertado.

Yo que he sabido, pero no sé: permíteme ver una vez más el comienzo de todo.

Yo que no deseo saber, y sin embargo digo que necesito saber: permíteme ser guiado a la seguridad y a la luz.

Yo que no sé, y sé que no sé: permíteme, mediante este conocimiento, saber.

Yo que no sé, pero creo que sé: libérame de la confusión de esa ignorancia.

El que sabe, y sabe que *él es*: es sabio. Permite que él sea seguido. Por su sola presencia el hombre puede ser transformado.

Nosotros que sabemos, y no sabemos que sabemos: permítenos convertirnos en uno, completos. Permítenos transformarnos.

Nosotros que hemos sabido, pero no sabemos: permítenos ver una vez más el comienzo de todo.

Nosotros que no deseamos saber, y sin embargo decimos que necesitamos saber: permítenos ser guiados a la seguridad y a la luz.

Nosotros que no sabemos, y sabemos que no sabemos: permítenos, mediante este conocimiento, saber.

Nosotros que no sabemos, pero creemos que sabemos: libéranos de la confusión de esa ignorancia.

El que sabe, y sabe que *él es*: es sabio. Permite que él sea seguido. Por su sola presencia el hombre puede ser transformado.

Así con nuestros antepasados
como con nuestros sucesores.
Como con nosotros.
Afirmamos esta empresa.
Que así sea.

Recital Sarmoun

EL NADADOR

En la vida ordinaria el hombre halla dificultades y busca felicidad.

No puede alcanzar la satisfacción o vencer permanentemente los obstáculos cuando se encuentra en un estado de ignorancia e incapacidad.

Sin embargo, puede llegar a un estado en el cual cree que sus dificultades han desaparecido o de acuerdo incluso que sabe cosas que en realidad no sabe.

Esta es la condición de aquellos que manipulan sus mentes o que se permiten a sí mismos, debido a la tensión de su estado, adoptar las certezas y técnicas de los ignorantes.

El hombre es como un nadador que está completamente vestido y a quien la ropa pegada a su cuerpo lo estorba continuamente. Debe saber por qué no puede nadar antes de que se puedan dar los pasos necesarios para hacerlo posible.

Para él no es una solución el tener la impresión de que está nadando correctamente, pues esto puede hacer que se sienta mejor e impedir que alcance la orilla más lejana del río.

Tales hombres y mujeres se ahogan.

Latif Ahmad

EL MAESTRO

Busca al maestro que no parezca ser el tipo de maestro que tanto el pensador como el piadoso esperan encontrar. Esto es porque entre los pensadores y piadosos hay algunos que en todo caso lo reconocerán. Pero aquellos que tienen méritos y capacidad para el *camino*, y que no están habituados a la conducta de los pensadores y de los piadosos, rechazarán al Maestro si tiene la apariencia de aquellos a quienes no entienden.

Najmuddin Kubra

TOCANDO LA TÚNICA EMPARCHADA

Simplemente toca la túnica emparchada de un Hombre Completo y obtendrás el mayor beneficio posible para un individuo no regenerado. Tienes con ese hombre una gran deuda. Del mismo modo, el asistir a una reunión de un falso Sufi te agotará una parte de tu propia vida.

Halima Hanim

LA MANZANA CELESTIAL

Ibn-Nasir, estando enfermo, tenía antojo de comer una manzana a pesar de que estaban fuera de estación.

De repente Hallaj produjo una.

Alguien dijo: "Esta manzana tiene un gusano. ¿Cómo puede una fruta de origen celestial estar así infestada?"

Hallaj explicó:

"Es justamente debido a su origen celestial que esta fruta se ha vuelto afectada. Originalmente no lo estaba, pero cuando entró en esta morada de imperfección, naturalmente tomó parte de la enfermedad que aquí es característica."

PARTE VIII

Cartas y conferencias

Cartas y conferencias

Los MAESTROS SUFIS distinguen claramente entre cartas y conferencias brindadas para un público específico, y aquellas que únicamente son de valor literario, emocional o cultural. Se sostiene que todas las enseñanzas Sufis básicamente pertenecen a su propia época. Al mensaje Sufi en forma escrita se lo considera de eficacia limitada, tanto en profundidad como en durabilidad. Esto es así pues "aquello que es introducido en el dominio del Tiempo caerá víctima de los estragos del Tiempo". Por consiguiente, como en la metáfora de las olas del mar que los Sufis usan tan a menudo, el Sufismo es constantemente renovado por los sucesivos maestros.

Estos maestros no solo reinterpretan los materiales Sufis del pasado: los seleccionan, adaptan, introducen; y al hacerlo, permiten que los materiales literarios sigan teniendo una función dinámica.

Los estudiantes Sufis pueden ser alentados, o no, para familiarizarse con los Clásicos tradicionales del Sufismo. Sin embargo, es el Guía Sufi quien indica a cada círculo o discípulo el plan de estudios: las piezas de los Clásicos, las cartas y las conferencias, las prácticas tradicionales que se aplican a una fase particular de la sociedad, de una agrupación en particular o a cierto individuo.

Esta utilización de los materiales separa claramente la ideología Sufi de cualquier otra conocida. Es esta actitud la que ha impedido que el Sufismo se cristalice en sacerdocio y tradicionalismo. En las agrupaciones originalmente Súficas donde esta fosilización ha efectivamente ocurrido, su fijación en un uso repetitivo de los materiales Sufis proporciona una advertencia al aspirante Sufi de que tal organización se ha unido al "mundo".

La siguiente sección consiste en materiales de uso actual y considerados por los Sufis de la escuela de "el reemplazo de materiales efímeros" como aplicables a la presente situación del hombre.

Estos mismos materiales oscilan entre los trabajos y dichos de los Sufis más antiguos que se conocen, y las enseñanzas actualmente proyectadas, basadas en principios Súficos.

Es interesante notar, desde el punto de vista de la psicología contemporánea, cómo grupos de estudio – en el Sufismo y en todas partes – siempre enfrentan un desafío: si el grupo pronto se estabilizara a sí mismo sobre puntales tranquilizadores (como ciertos entrenamientos, ejercicios, lecturas, figuras de autoridad), o si el grupo es en sí mismo lo suficientemente estable para alcanzar una realidad más allá de los factores externos y sociales.

Es la composición del grupo la que decidirá esto. Si sus miembros ya tienen un sólido equilibrio social, no necesitarán convertir su atmósfera de estudio en fuente de estabilidad y consuelo. Si los miembros ya han adquirido satisfacciones físicas e intelectuales, no necesitarán intentar extraerlas de su grupo Súfico.

Los buscadores de la estabilización social, intelectual y emocional son los candidatos infructuosos para la enseñanza Sufi en las escuelas genuinas. Las escuelas imitativas (sabiéndolo o no) utilizan los elementos externos del Sufismo ... incluso las cartas y conferencias como estas ... y operan como grupos socio-psicológicos enmascarados. Esta actividad, que es muy valiosa aunque Súficamente estéril, no es la búsqueda del "conocimiento superior acerca del hombre".

Esto no quiere decir que los grupos automiméticos que mucha gente considera Sufis sean instantáneamente reconocidos por un candidato como simples agrupamientos sociales. Por el contrario, si el aspirante a discípulo está necesitado de consuelo, aventura, catarsis, equilibrio social y psicológico, se sentirá grata e incondicionalmente atraído hacia esta actividad de nivel inferior.

Esto es porque estará respondiendo a lo que el grupo le brinda en la práctica, no a lo que el Sufismo le puede ofrecer.

Tradicionalmente, grupos de Buscadores se han reunido para conmemorar las prácticas y teorías del Sufismo con la esperanza de ver cumplidos sus deseos con la aparición de un maestro genuino. Esta base para el estudio es más peligrosa de lo que comúnmente se supone, pues cuando un grupo está conformado en su mayoría por personas que lo utilizan con propósitos psicológicos inferiores, el grupo como un todo tenderá a perder la capacidad y el deseo de reconocer materiales de niveles superiores.

En tales casos, el desarrollo natural del sentido social en la agrupación detiene la aspiración. Únicamente la introducción de diferentes tipos de personas en el grupo, para al menos llevarlo nuevamente a tener dentro de sí una diversidad normal de gente, podría muy probablemente revivir las posibilidades del grupo. Pero un grupo social de este tipo es por definición enemiga de tales introducciones: quienes parecen pensar de manera diferente son considerados hostiles o inelegibles.

¿QUÉ ES EL SUFISMO?

La pregunta no es "¿Qué es el Sufismo?", sino "¿Qué se puede decir y enseñar acerca del Sufismo?"

La razón para expresarla de esta manera reside en que lo más importante es conocer el estado de quien pregunta y decirle lo que le será útil. Por esto el Profeta (¡Paz y bendiciones sobre él!) ha dicho:

"Háblale a cada cual de acuerdo con su comprensión."

Puedes dañar a quien pregunta al darle incluso información precisa acerca del Sufismo si su capacidad de comprensión es defectuosa o está entrenada erróneamente.

Este es un ejemplo. La pregunta recién citada es hecha. Tú contestas: "El Sufismo es autosuperación." El preguntador supondrá que autosuperación significa aquello que él cree que significa.

Si dijeses, nuevamente con sinceridad: "El Sufismo es riqueza incalculable", los avaros o ignorantes lo codiciarían debido al significado que le atribuyen a la palabra riqueza.

Pero no pienses ilusamente que si lo expresas de una forma religiosa o filosófica, el hombre religioso o filosófico no cometerá un error codiciosamente similar al tomar lo que tú dices por lo que él cree que significa.

Idris ibn-Ashraf

RECORDANDO

Cuando decimos: "Tú eres una gota de agua de un Mar inconmensurable", nos referimos tanto a tu individualidad presente como gota, a todas tus individualidades pasadas como gotas y olas sucesivas, y también al vínculo mayor que une todas estas fases con todas las demás gotas, así como con el gran Todo. Al considerar este Todo, si lo hacemos desde el punto de vista de la grandiosidad de un Mar Entero, podremos brevemente vislumbrar algo de la grandeza de la gota en su posible función como una parte consciente de ese Mar. Para poder conocer la relación entre la gota y el Mar, tenemos que dejar de pensar en lo que creemos que son los intereses de la gota.

Solo podemos hacer esto al olvidar aquello que creemos ser y recordando lo que hemos sido en el pasado, y también recordando lo que somos en este momento, lo que realmente somos; pues la relación con el Mar sólo está suspendida, no interrumpida. Es la suspensión la que origina nuestras extrañas e improvisadas suposiciones acerca de nosotros mismos, y también la que nos ciega a la verdadera realidad.

Los ejercicios de recordar experiencias actuales y recientes están diseñados para proporcionarnos la capacidad de recordar más hacia atrás: recordar aquello que está suspendido o en desuso y aquello que anhelamos, aunque no lo sepamos.

Si este ejercicio primario del recuerdo no facilita la remembranza de nuestro antiguo y perenne compromiso, el Pacto, una de estas tres cosas está mal: el maestro, el estudiante o las circunstancias. Es por esto que debemos tener un maestro vivo, un estudiante despertándose y las circunstancias adecuadas.

Aun estas observaciones actuales solo llegarán a aquellos a quienes puedan llegar. Su preservación física no es más que una pequeña parte de su realidad. Descúbrelas con un maestro, no solo.

Haji Bahaudin, Derviche de Bujara

CONOCIMIENTO - ACCIÓN - AMOR

El Amor es un Camino hacia la Verdad, el Conocimiento, la Acción.

Pero solo aquellos que conocen el amor real pueden acercarse a estas cosas por medio del amor. Los demás han confundido ciertos sentimientos diferentes con los del amor real.

Los más débiles son aquellos que idealizan el amor y buscan acercársele antes de poder darle algo o tomar algo de él.

La Verdad es un Camino hacia el Amor, el Conocimiento, la Acción. Pero solo los que encuentran la Verdad real pueden seguir su Sendero como un Camino. Otros (que no por ser mayoría están en lo correcto) imaginan que pueden encontrar la Verdad, a pesar de que no saben dónde buscarla, pues lo que ellos llaman verdad es algo inferior.

El Conocimiento es un Camino hacia la Acción, el Amor, la Verdad. Pero ya que no es la clase de conocimiento que la gente cree que es, no se benefician con él. Está en todas partes pero no lo pueden ver, y lo llaman a los gritos pese a que está cerca de ellos todo el tiempo.

La acción, también, es un Camino. Es un Camino hacia el Amor, la Verdad, el Conocimiento. ¿Pero qué acción, cuándo y dónde? ¿Acción con quién y con qué fin? ¿Cuál es la clase de acción a la que nos referimos cuando decimos que esta es un Camino? Es una acción tan diferente, que significa que el hombre puede llevarla a cabo sin saberlo. De nuevo, estará generalmente tan sumergido en una acción de otro tipo que no será capaz de realizar la acción correcta que necesita.

Entonces, aunque puede que se nos juzgue mal por decir esto, afirmamos como un hecho real que la Verdad Suprema ha bendecido a los Maestros con la comprensión del conocimiento de los Caminos. Dejemos de parlar de "Yo busco Amor", "Yo deseo Conocimiento", "Yo anhelo la Verdad", "Mi objetivo es la Acción", a menos que queramos que los hombres sepan que estamos vacíos, y que en realidad no buscamos nada.

Amor es Acción; Acción es Conocimiento; Conocimiento es Verdad; Verdad es Amor.

Rauf Mazari, *Niazi*

SÍMBOLOS

El hombre es un símbolo. También lo es un objeto o un dibujo. Penetra debajo del mensaje exterior del símbolo o te echarás a dormir. Dentro del símbolo hay un diseño que se mueve. Conoce este diseño. Para hacerlo, necesitas un Guía. Pero antes de que te pueda ayudar, debes prepararte ejercitando la honestidad para con el objeto de tu búsqueda. Si buscas verdad y conocimiento, los obtendrás. Si buscas algo que sea solamente para ti, quizá lo obtengas y pierdas todas las posibilidades superiores para ti.

Khwaja Pulad de Ereván

SOLO ESTO ES VERDAD

Cuando el Sufi dice: "Solo esto es verdad", está diciendo: "Para este tiempo y esta persona y este propósito, debemos concentrar nuestra atención como si solo esto fuera verdad."

Al hacer esto, el Sufi está ayudando a enseñarte tal como seguramente lo haría si fuese un maestro de escuela diciendo: "Esto es A y esto es B, y solo esto es verdad por el período durante el cual lo estamos estudiando."

De esta forma el hombre aprende a leer y a escribir. De esta forma el hombre aprende metafísica.

Personas sensibles pero no perceptivas atacan a menudo a los Sufis por comportarse de este modo, debido a su propia falta de paciencia y colaboración. Si a un trabajador no le das oportunidad de hacer su trabajo, difícilmente lo podrás acusar de que se dedica por demás a él.

Recuerda, si un perro ladra y esto te molesta, puede estar señalando un peligro… mientras tú crees que te está ladrando. Lo has malinterpretado.

Hakim Tahirjan de Kafkaz

LA UNIDAD DEL CONOCIMIENTO

Lo que he aprendido como Sufi es algo que el hombre no puede creer debido a lo que ya se le ha enseñado. Aquello más fácil de captar en el Sufismo es una de las cosas más difíciles para el pensador ordinario. Es esto:

Todas las presentaciones religiosas son variaciones de una verdad, más o menos distorsionada. Esta verdad se manifiesta en diversas personas, que se vuelven celosas de ella, sin darse cuenta de que sus manifestaciones concuerdan con sus necesidades. No puede ser transmitida en la misma forma debido a la diferencia que existe en las mentes de diferentes comunidades. No puede ser reinterpretada, porque debe crecer nuevamente.

Es otra vez presentada por aquellos que pueden realmente experimentarla en todas las formas, religiosas u otras, del hombre.

Esta experiencia es bastante diferente de lo que la gente imagina. La persona que simplemente cree que esto debe ser verdad como un asunto de lógica, no es igual a la persona que lo experimenta como verdad.

Khwaja Salahudin de Bujara

AHORA QUE ESTOY MUERTO

Ahora que estoy muerto, acaso puedan leer algo sobre la verdad del Sufi. Si esta información se les hubiese dado, directa o indirectamente, cuando yo estaba perceptiblemente entre ustedes, todos, excepto unos pocos, habrían alimentado con esto solamente su codicia y amor por las maravillas.

Sepan, entonces, que lo que está haciendo el maestro Sufi por el mundo y su gente, importante o no, a menudo no es visto por el observador.

Un maestro Sufi usa sus poderes para enseñar, para curar, para hacer feliz al hombre, etcétera, de acuerdo con las mejores razones para usar los poderes. Si no muestra milagros, esto no quiere decir que no los esté haciendo. Si se rehúsa a beneficiarte en la forma que deseas, no es porque no puede. Él te beneficia según tus méritos, y no como respuesta a una exigencia tuya. Él tiene un deber superior: esto es lo que está realizando.

Muchos de ustedes han sido rescatados de peligros, sus vidas han sido transformadas, se les han dado oportunidades: nada de esto ha sido reconocido por ustedes como beneficios. Pero de todas formas han tenido estos beneficios.

Muchos de ustedes, aunque estén buscando una vida más completa, en absoluto tendrían una vida si no fuese por los esfuerzos de la Comunidad de los Amigos. Muchos de ustedes que son pobres, estarían malditos si fuesen ricos. Muchos de ustedes son aún ricos debido a la presencia de un Hombre de Sabiduría. Muchos de ustedes que han estado en mi escuela creen que yo les he enseñado. En realidad, ustedes han estado físicamente presentes en nuestras asambleas, mientras que se les estaba enseñando en otra.

Todas estas cosas les resultan tan ajenas a sus pensamientos habituales que aún no están en una posición para reconocerlas.

Mi tarea ha sido beneficiarlos. La tarea de hacer que ese beneficio les sea perceptible, es de otros.

Su tragedia es que, mientras esperaban que yo les concediese milagros y provocara cambios perceptibles en ustedes, han inventado milagros que no realicé y han desarrollado para conmigo una lealtad que no tiene valor alguno. Y han imaginado "cambios" y "ayuda" y "lecciones" que no han ocurrido. Sin embargo los "cambios", la "ayuda", las "lecciones" están ahí. Ahora descubran lo que son en realidad. Si continúan pensando y haciendo lo que yo les dije que pensaran e hicieran, están trabajando con los materiales de ayer, que ya han sido utilizados.

Mirza Abdul-Hadi Khan de Bujara

BARAKA*

Ustedes que hablan acerca de la Baraka acaso sean los enemigos de la Baraka. Y que un hombre o una mujer sea enemigo de lo que desea amar es inherente al ser hombre: pero solo cierta clase de hombre.

En lenguaje común, Baraka es algo que, a través de una influencia divina, salvaguarda al hombre. Esto es verdad: pero lo protege sólo por un propósito. Además, en lenguaje ordinario, la gente trata de usar la Baraka para que le dé algo. Esto es pura codicia. Los supersticiosos piden Baraka a la tumba de un santo. Está ahí, pero lo que obtienen no es Baraka, a menos que la intención sea correcta.

La Baraka se adhiere tanto a las cosas como a las personas, pero se dará a sí misma únicamente a los dignos. Para propósitos prácticos la Baraka no está ahí en absoluto.

Cuando no hay Baraka real, es tal la sed del hombre por ella que su emocionalidad atribuirá la virtud de Baraka a sus esperanzas y temores. Así sentirá orgullo, tristeza, emoción intensa y lo llamará Baraka. Especialmente se tiende a denominar Baraka de forma equivocada a un sentimiento que el hombre obtiene de algo que es seguro, familiar, excitante.

Pero solamente los Sufis tienen Baraka real. Son su canal, así como la rosa es el canal para su perfume. Ellos pueden darte Baraka, pero solo si les eres fiel, lo cual significa ser fiel a lo que representan.

---

* A menudo traducido como "bendición", "virtud especial"

Si buscas Baraka, mi amigo, busca al Sufi. Si parece brutal, es directo, y esto es su Baraka divina. Si quieres imaginación, frecuentarás solamente la compañía de aquellos que te parezcan que dan consuelo y disipan la depresión. Toma esto si es lo que necesitas; pero no lo llames Baraka. Para obtener Baraka debes dar con liberalidad lo que tú tienes antes de que puedas recibir. Recibir antes de dar es ilusión y un pensamiento pecaminoso. Si ya has dado, da nuevamente y con este espíritu.

Sheikh Shamsudin Siwasi

LA GENTE DE LA CASA

El Camino Sufi fue transmitido a través de la Gente de la Casa [los descendientes del Profeta Muhammad]. Y sin embargo, no fue transferido simplemente por línea de sangre. Aquí hay una paradoja. Por lo tanto algunos dirán: "¿Entonces fue comunicado como un secreto a unos pocos que eran apreciados por la Casa?" Mas no fue transmitido únicamente de esta forma. Por lo tanto, dice el lógico, debe de haber venido a través de la Gente de la Casa que lo redescubrió en otra fuente. Pero este no es el método en que se transmite. No: fue traspasado y aún se lo comunica a través de una Cuarta Manera. Una forma de "ser" que está fuera de todas estas cosas. Cuando lo comprendas, entenderás el Secreto. Te lo digo porque es útil y no para hacerlo misterioso.

El "Sirviente de la Gente de la Casa",
en *Aquello que está sumamente oculto*.

CONOCIMIENTO

Al conocimiento generalmente se lo confunde con la información. Debido a que la gente está buscando información o experiencia, y no conocimiento, no encuentra conocimiento.

No puedes evitar darle conocimiento a alguien equipado para él. No puedes darle conocimiento al inepto: ello es imposible. Puedes, si lo tienes y él es competente, equipar a un hombre para recibir conocimiento,

Sayed Najmuddin

ACERCA DE ENTRAR, VIVIR EN – Y DEJAR – EL MUNDO

Hombre, tú entras al mundo a regañadientes,
    llorando, como un bebé abandonado.
Hombre, tú dejas esta vida, nuevamente
    desprovisto, llorando otra vez, arrepentido.
Por lo tanto, vive esta vida de tal manera que nada
    de ella sea realmente desperdiciado.
Tienes que acostumbrarte al mundo luego de no
    haber estado acostumbrado a él.
Cuando te hayas acostumbrado a él, tendrás que
    habituarte a estar sin él.
Medita sobre este punto.
Por lo tanto, muere "antes de que mueras", en las
    palabras de El Purificado. Completa el círculo
    antes de que sea completado por ti.
Hasta que lo hagas, y a menos que lo hayas hecho,
    entonces espera amargura al final así como
    la hubo al principio: en el medio así como la
    habrá en el final.

Tú no viste el patrón al entrar; y cuando
entraste... viste otro patrón.
Cuando viste este diseño aparente, se te impidió
ver los hilos del patrón siguiente.
Hasta que veas a ambos, estarás insatisfecho: *¿A
quién* culpas? y *¿por qué* culpas?

Hashim el Sidqi, sobre Rumi.

ESTUDIANDO CON LOS FAMOSOS

La gente tiende a querer estudiar con maestros célebres. Sin
embargo, siempre hay personas no consideradas distinguidas
por el público que podrían enseñarles con igual eficacia.

Ghazali

Un maestro que tiene pocos seguidores, o que aparentemente
no tiene seguidores en absoluto, acaso sea el hombre
adecuado para ti. En la naturaleza, las diminutas hormigas
no pululan para ver elefantes con la esperanza de ganar. Un
maestro ilustre puede que sea útil solamente para los alumnos
avanzados.

Badakhshani

Si un maestro de gran renombre te indica que estudies con
otro que aparentemente no es excepcional, él sabe lo que tú
necesitas. Muchos estudiantes se sienten menospreciados por
consejos como este, que en efecto es para su propio bien.

Abdurahman de Bengala

He aprendido lo que he aprendido sólo después que mis
maestros me hubieron liberado del hábito de apegarme a los
que *yo* consideraba como maestros y enseñanzas. A veces no

tenía que hacer absolutamente nada durante largos períodos; en otras debía estudiar cosas que no podía relacionar con aspiraciones superiores, por mucho que lo intentara.

Zikiria ibn el-Yusufi

A aquellos que les atrae lo externo, los que buscan signos exteriores de la maestría, quienes se basan en la emoción para sus estudios o para leer cualquier libro que elijan... aquellos son las moscas de estanque de la Tradición: saltan y se deslizan sobre la superficie. Dado que tienen palabras para "profundo" y "significativo" piensan, incorrectamente, que conocen estas experiencias. Por eso decimos que, para fines prácticos, no saben nada.

Talib Shamsi Ardabili

Ten cuidado de no confundir la indigestión con otra cosa. Quizá visites a un gran hombre o leas su libro, y puede que sientas atracción u hostilidad. A menudo esto solamente es indigestión del estudiante.

Mustafá Qalibi de Antioquía

Si estuviera comenzando de nuevo el Camino, mi petición sería: "Enséñame cómo aprender y qué estudiar." E incluso antes de eso: "Permíteme realmente querer aprender a aprender como una verdadera aspiración, y no simplemente como un autoengaño."

Khwaja Alí Ramitani,
dirigiéndose a una delegación yemenita

"DIFERENCIAS" EN LA ENSEÑANZA SUFI

Cuando aparece una forma Súfica, mucha gente es incapaz de reconocerla. Estos son los formalistas Sufis, quienes copian técnicas y creen que esto es lo mismo que el Camino. Dado que la forma pertenece al tiempo, como un manto viejo, aquellos que simplemente imitan viejas formas serán incapaces de reconocer las formas del tiempo en el cual viven.

Así, por ejemplo, Hallaj fue apedreado por algunos que se creían Sufis, antes de comprender su significado. Por ende, cuando el camino Sufi fue predicado por primera vez en las mezquitas, algunos dijeron: "Esto es herejía"; otros: "Este es un secreto que no debe hacerse público." Los primeros eran clérigos cerrados; los segundos, rígidos conformistas ante las externalidades Sufis.

Las escuelas Sufis son como olas que rompen sobre las rocas: del mismo mar, en diferentes formas, con igual propósito.

Ahmed el-Badawi

¿QUÉ BUSCAS: APARIENCIA O REALIDAD?

Uwais el-Qarni estaba parado solo en el desierto, apoyado en un bastón. Conoció al Profeta en una forma incorpórea: sin embargo, supo los secretos de los Compañeros. Y nadie niega que fue un santo Sufi: ¡Que Dios santifique sus misterios!

Dhun-Nun el egipcio hablaba en clave y enseñó con jeroglíficos egipcios. Nadie niega que fue nuestro maestro.

El-Hallaj y Suhrawardi, asesinados por las autoridades por decir cosas impopulares en aquel tiempo: Ambos fueron nuestros maestros.

Nuestro Maestro Bahaudin de Bujara no usaba palabras en sus comunicaciones al corazón. Sin embargo, habló tan verazmente como ningún otro hombre jamás haya hablado.

Ahmed el-Rifai sufrió, para sí mismo y sus sucesores, el nombre de embaucador y exhibicionista. En el secreto estaba unificado con nosotros.

Los hombres pensaron que Jalaludin y Faridudin Attar eran simples poetas. Hafiz habló del Vino; Ibn el-Arabi, de la Mujer; Ghazali pareció decir que todo es alegoría.

Nadie niega que todos sean uno.

Todos ocupados con nuestro trabajo sagrado.

Shabistari habló de idolatría; Maulana Chisht escuchaba música; Khaja Ansar era un jefe religioso. Khayyam, Abi-Khair y Rumi negaron la forma religiosa.

Pero ninguno de la Gente del Camino niega que todos eran uno.

Yusuf Qalandar erró por la faz de la tierra.

El Sheikh Shattar transformaba a los hombres con una mirada.

Alí el-Hujwiri pasaba por un mero explicador.

Todos, al unísono, ocupados en nuestra tarea sagrada.

Abdul-Qadir de Guilán, Persia, y Salman y Saadi; Abu-Bakr de Arabia y Nuri y Jafari; Baba Farid y Ben-Adam, de los afganos; Jami de Jorasán, Bektash de los turcos, Nizamudin de la India, Yusuf de Andalucía.

Todos, al unísono, ocupados en nuestro trabajo sagrado.

La mente superficial pregunta: ¿Cuál es la conducta de los Sufis, la cual nos señala que son Maestros? ¿Cuáles son las formas de los Ejercicios de los cuales podamos presumir? ¿Qué Sendero será el adecuado para mí? ¿Cuáles son los lugares donde nacen los Maestros? ¿Cuáles son los hábitos y las convicciones que conducen al hombre a la Verdad?

¡Desistan, tontos! Antes de que sea demasiado tarde, decidan: ¿Quieren estudiar la apariencia, o la Realidad?

Nawab Jan-Fishan Khan

LA VÍA SUFI

El Sufismo es la enseñanza como también la fraternidad de los Sufis, que son místicos compartiendo la creencia de que la experiencia interior no es una parte de la vida, sino la vida misma. Sufi significa "amor".

En sus estratos inferiores los miembros están organizados en círculos y logias. En la forma más elevada ...*sakina* (quietud)... están unidos por la *Baraka* (bendición, poder, santidad) y su interacción con esta fuerza influye sus vidas en todos los aspectos.

Sufismo es una forma de vida, considerada por sus miembros como la esencia y realidad de todas las enseñanzas religiosas y filosóficas. Conduce a la completitud del hombre y de la mujer mediante las instituciones del discipulado, la meditación y la práctica; esta última es el "vivir la realidad".

La sabiduría o completez, según los Sufis, ha de ser diferenciada del intelectualismo, el academicismo y similares, que son meros instrumentos. La Vía enseña hasta qué grado pueden emplearse estas herramientas; y también cómo amalgamar la acción con el destino.

"El Sufismo", dice un maestro, "es la Vía que siguen los Sufis en sus propias vidas y trabajos según una forma que no es como otras formas, que los conduce al desarrollo completo de sus poderes mentales, físicos y metafísicos. Inicialmente están organizados en grupos bajo la dirección de un Guía (maestro), hasta que se establece la relación que es autoperpetuante.

"La Fraternidad es llamada la Hermandad, la Orden y el Camino o Vía. Puede ser denominada el Edificio, que es una analogía de algo que está siendo construido por la asociación de sus miembros. El Instructor es llamado Maestro, Sheikh, Sabio, Conocedor, Guía, Líder, Anciano o Director. El Discípulo es llamado el Dirigido, Devoto, Amante o Postulante.

"La Logia se denomina monasterio, templo, ermita, etcétera. Puede tener o no una forma física."

Además de ser un sistema metafísico entretejido con la vida ordinaria, el Sufismo sostiene que sus miembros se destacarán en sus profesiones elegidas.

El Sufismo se enseña no por medio de tediosos métodos de enseñanza o libros de texto "de la A a la Z", sino por la interacción de las mentes del enseñante y enseñado. Finalmente, cuando la relación está bien establecida, el Sufi continúa por su cuenta y se convierte en una "Persona Perfeccionada".

Insan-i-Kamil

El Sufismo no se predica, y en algunos casos hasta puede enseñarse por medio del ejemplo y la dirección, los cuales podrían ser desconocidos para las facultades comunes del estudiante.

Zalim Abdurrahman

EL SUFI

Puede que sea como Khidr, el Verde, que recorre la tierra bajo una variedad de disfraces y por medios que te resultan desconocidos. Si es su "destino", se lo encontrará un día pastoreando ovejas y al siguiente bebiendo de una copa de oro con un rey.

Si es tu maestro, hará que te beneficies con su luminiscencia, lo sepas o no en ese momento.

Cuando lo conozcas, actuará sobre ti, lo adviertas o no.

Lo que dice o hace puede parecerte incoherente o aun incomprensible. Pero tiene su significado. Él no vive enteramente en tu mundo.

Su intuición es la de los correctamente guiados, y siempre actúa de acuerdo con el Camino Correcto.

Puede que te desconcierte; pero eso será intencional y necesario.

Acaso parezca que paga al mal con el bien o al bien con el mal; pero lo que realmente está haciendo es solamente conocido por los Pocos.

Puede que oigas que algunos hombres se le oponen. Encontrarás que en realidad son muy pocos los que realmente lo hacen.

Es modesto, y te permite hallar lentamente aquello que debes encontrar.

Cuando lo conozcas por primera vez, acaso parezca ser muy diferente de ti. No lo es. Quizá te parezca que es casi como tú. No lo es.

Salik

LOS MÁRTIRES

Mansur el-Hallaj fue desmembrado en vida, y es el más grande de los mártires Sufis. Pero, ¿puedes nombrar a la persona que lo cortó en pedazos? Suhrawardi fue asesinado por la ley, pero ¿cuál era el nombre de su verdugo? Los libros de Ghazali fueron arrojados a la hoguera, pero ¿por la mano de quién? Nadie recuerda los nombres de estas personas porque los Sufis se niegan a repetir los nombres de los infames. Todos conocen los nombres de Ghazali, de Mansur y de Suhrawardi.

Pero tómalo de otra manera. Recordamos y honramos los nombres de nuestros grandes maestros. ¿Pero acaso recordamos qué fue lo que enseñaron? ¿Cuántas personas, que no son Sufis y que veneran la sola mención de cualquiera de estos tres que pagaron el precio más alto por su trabajo, se toman la molestia de investigar qué era lo que estos hombres estaban haciendo que era tan importante?

Puede que no sepamos los nombres de los malhechores, pero sus sucesores se han vengado de nosotros: porque menospreciaron a Hallaj, adoptaron a su opositor Ghazali como uno de los suyos y han pretendido que Suhrawardi simplemente estaba obsesionado.

Se han vengado de la humanidad por olvidarlos. ¿Vamos a permitirles que ganen, de una vez por todas?

¿Quién de nosotros va a seguir la vía, y así decirles a los académicos y clérigos: "¡Suficiente, hermano. Ghazali, Suhrawardi y Mansur aún viven!"?

Itibari

ENSEÑANZAS DE LOS SUFIS

Muchas personas practican virtudes o se asocian con gente sabia y admirable, creyendo que esta es la búsqueda de autosuperación. Son ilusos. En nombre de la religión se han cometido algunas de las peores atrocidades. Tratando de hacer el bien, el hombre ha hecho algunas de sus peores acciones.

El error es debido a la suposición absurda de que la sola conexión con algo valioso transmitirá una ventaja correspondiente a un individuo inalterado.

Es necesario mucho más. El hombre debe no solamente estar en contacto con el bien: debe estar en contacto con una de sus formas que sea capaz de transformar su función y de hacerlo bueno. Un asno que usa una biblioteca como establo no aprende a leer y escribir.

Este argumento es una de las diferencias entre la enseñanza Sufi y la práctica tentativa de la ética o de la autosuperación por otros medios.

Este punto es generalmente desatendido por el lector o estudiante. Talib Kamal dijo: "El hilo no se ennoblece por pasar a través de las gemas." Y: "mis virtudes no me han mejorado, así como un lugar desolado no se hace fértil por la presencia de un tesoro."

Un tesoro es un tesoro. Pero si ha de ser puesto en uso para recrear una ruina, el tesoro debe ser utilizado de cierta manera.

Puede que la moralización sea una parte del proceso. Pero aún se necesitan los medios para transformar al hombre. Estos medios son el secreto Sufi. Otras escuelas, frecuentemente, no están en ese punto donde pueden ver más allá de la primera etapa: están intoxicadas con el descubrimiento de la ética y la virtud; y por lo tanto concluyen que estas dos son una panacea.

Abdal Alí Haidar

QUÉ COSA EXTRAÑA ES EL HOMBRE

Solamente trata de concebir por un momento que eres un ser diferente al ser humano. Inadvertido por el hombre, entras a una de sus moradas. Como un observador, ¿cuál considerarías que es la causa o el objetivo de sus acciones? Supón que no tienes experiencia de la humanidad.

El hombre al que observas se acuesta y queda dormido. Tú no duermes, pues no eres de su naturaleza. ¿Cómo podrías comprender lo que ha hecho o el por qué? Te verías obligado a decir: "Está muerto", o quizás "está loco", o "esta debe de ser una práctica religiosa." Estarías forzado, debido a tu falta de material al cual referir las acciones de este hombre, a atribuirlas a la acción más parecida que tú conozcas en tu propio mundo.

Ahora, mientras seguimos observando a ese hombre, descubrimos que se despierta. ¿Qué ha sucedido? Podemos pensar: "Ha resucitado milagrosamente", o algo por el estilo. Va a la fuente y se lava. Decimos: "¡Qué extraño!"

Ahora está cocinando algo en una olla, y el sudor baña sus cejas. "Una práctica religiosa... o quizás sea esclavo de esta cosa extraña y luminosa y saltarina llamada fuego, y tiene que servirla de esta forma ..."

En resumen, todo lo que hace parece descabellado, incompleto o motivado por causas que surgen en nuestra propia imaginación... si somos ese visitante que usa su propia escala, o ninguna en absoluto, para medir la actividad humana.

Así sucede con el derviche. Ríe, llora. Es amable, es cruel. Se arrepiente, habla del vino, evita a las personas y luego las visita. Sirve a la humanidad y dice que está sirviendo a Dios. Tú hablas de Dios y quizá proteste y diga que eres un ignorante. ¿Qué puedes pensar de un hombre así?

Es un hombre de otro mundo. Atribuyes sus acciones al tipo de acciones que conoces; su conocimiento a la clase de cosa que llamas conocimiento; sus sentimientos los comparas con lo que tú consideras que son. Sus orígenes, su Vía, su destino: a todos los ves desde un solo punto de vista.

¡Qué cosa tan extraña es el hombre!

Pero hay una manera de entenderlo. Deja de lado todos los preconceptos acerca de lo que nuestro derviche pueda ser. Sigue sus explicaciones o sus símbolos de la Vía Sufi. Sé humilde, pues eres un aprendiz inferior a todos los aprendices; aún tienes que conocer las únicas cosas que te permitirán aprender. No, yo no te puedo enseñar la Vía Qalandar. Yo sólo te he advertido. Ve, busca a un Sufi y primero ruega que tu descuido sea perdonado, pues has estado dormido demasiado tiempo.

Oración de Qalandar Puri

CONGREGACIONES

Imán Ghazali ha señalado en su *Revivificación de las ciencias religiosas* que de los maestros de Bagdad, aunque había docenas, apenas dos o tres tenían un público de más de unas pocas personas. Estos grandes maestros, sin embargo, son algunos cuyas enseñanzas han tenido el efecto mayor.

Además, hay muchos adeptos que enseñan sin ser conocidos y hay muchos que son conocidos cuyos discípulos son y permanecen desconocidos.

La reunión de personas, tal como ha sido correctamente observado por un maestro, siempre tiende hacia lo que llamamos la formación de una tribu. Al hombre le gusta congregarse; y fomentar esto es peligroso a menos que esté presente el conocimiento para la prevención de meras asociaciones y no la creación de un agrupamiento correcto de gente a quienes se les pueda conmover el espíritu.

Abd-el-Majid Tanti

IMITACIONES Y HONESTIDAD

La mayoría de quienes tienen reputación de ser maestros espirituales son, de vez en cuando, embaucadores, charlatanes, simuladores e ilusos.

Dado que los simuladores son tan comunes y numerosos, la gente juzga a todos y a cada uno de los sabios, comparándolos con su propio comportamiento.

Han adoptado el principio erróneo. Tú miras cientos de ostras y esto te dice cómo reconocer nuevamente a una ostra cuando la veas. No puedes saber cuáles son las ostras que contienen perlas con el mismo método.

El bajo nivel del pensamiento humano es de hecho el cómplice del que imita al Sufi.

"¿Cómo podré reconocer a un verdadero Sufi?", preguntas. Yo digo: "Hazte honesto, pues lo igual atrae a lo igual." Si realmente fueras honesto, no necesitarías hacer la pregunta. Ya que eres deshonesto, no mereces mucho más de lo que obtienes.

Haidar-i-Sirdan

HOMBRE Y MAESTRO

Un constructor fue contratado por un buen hombre para construir y preparar una casa que sería donada a los necesitados.

El constructor comenzó su trabajo, pero pronto se vio rodeado de gente. Algunos querían aprender a construir casas. De estos, solo unos pocos tenían la habilidad necesaria. Otros le protestaron al constructor, diciendo:

"Tú solamente eliges a la gente que te gusta." Otros lo insultaron, diciendo: "Estás construyendo esta casa para ti."

El constructor les dijo: "Yo no puedo enseñarles a todos. Y estoy construyendo esta casa para una persona necesitada."

Le contestaron: "Has ofrecido la excusa después de la acusación, y únicamente para contestarla."

Él dijo: "Pero, ¿y si fuera verdad? ¿Aun así la seguirían llamando mentira?"

Ellos le contestaron: "Esa es pura sofistería… nosotros no te escucharemos."

El constructor continuó con su trabajo. Algunos de sus asistentes se apegaron tanto a la casa que, por su propio bien, los despidió. Los detractores exclamaron:

"Ahora empieza a mostrarse tal como es. Vean lo que les ha hecho a sus únicos amigos verdaderos: ¡los ha expulsado!"

Uno de los amigos del constructor explicó: "Lo ha hecho por una razón adecuada. Es por el bien de los demás."

"Entonces, ¿por qué no habla por sí mismo y nos lo explica detalladamente?", gritaron.

El constructor, sacrificando tiempo que era necesario para terminar el edificio, se acercó a ellos y dijo:

"Estoy aquí para decirles lo que he hecho y por qué."

Inmediatamente todos gritaron: "Al darse cuenta de que su asalariado no podía convencernos, ha venido en persona, ¡tratando de engañarnos! No lo escuchen."

El constructor regresó a su trabajo, mientras los otros exclamaban: "Miren cómo se escabulle ... No nos puede confundir, pues somos gente de pensamiento claro."

Una de ellos, más imparcial que el resto, les dijo:

"Quizá podamos llegar a un acuerdo sobre este asunto; es posible que el constructor esté realmente tratando de hacer algo bueno. Por otro lado, si no es así, podríamos quizá determinar la situación según los hechos y no las opiniones."

Unos pocos estuvieron de acuerdo, aunque la mayoría se opuso. Esta mayoría estaba dividida en dos grupos: quienes pensaban que el hombre imparcial estaba a sueldo del constructor, y quienes creían que era de escasa inteligencia.

Entonces los que eran minoría se acercaron al constructor, diciendo:

"Muéstranos la autorización de tu caritativo patrón, para que podamos ser convencidos."

Pero cuando les presentó la autorización, descubrió que ninguno podía leer.

"Tráiganme a un hombre que sepa leer, y me sentiré encantado de que podamos poner fin a todo esto", dijo el constructor.

Algunos se alejaron disgustados, diciendo:

"Pedimos pruebas, y todo lo que él hace es murmurar acerca de leer y escribir ..."

Otros regresaron con astutos y perspicaces analfabetos que aseguraban que sabían leer. Todos estos, suponiendo que nadie en el mundo podía leer, le pidieron al constructor grandes sumas de dinero a cambio de atestiguar la verdad de su autorización. Él rehusó conspirar con ellos.

Pues verás, las personas que saben leer y escribir son muy escasas en aquel país. Aquellos que lo pueden hacer no cuentan con la confianza de la plebe, o bien tienen otras cosas que hacer.

Los hechos de la situación son estos. La gente los interpreta como quiere.

Mudir Alí Sabri

OBEDIENCIA

Si no puedes ser obediente, no puedes aprender nada. La obediencia es una parte de la atención.

Debes ser obediente con tu maestro. Mediante el ejercicio de esta obediencia, serás capaz de aprender cuán deshonesta es tu mente.

Puede que el lamentarse y supuestamente arrepentirse de la desobediencia sean considerados como algo digno de hacerse. Es digno solo para los indignos, para aquellos que no pueden aspirar a algo superior.

Si llegas temprano a la cita que te dio el maestro, te comportas como un codicioso. Si llegas tarde, eres desobediente.

Si tu maestro te indica que por un tiempo no debes estudiar, y aunque parezca que te descuida, es por alguna razón. Esto a menudo se hace cuando el estudio se ha convertido en un vicio para una persona. El intentar hacerlo actuar contigo de otra manera es un acto de desobediencia.

Sholavi relata:

Conocí por primera vez a mi Guía cuando tenía dieciséis años. Aceptó enseñarme, y me dio tres lecciones. No lo volví a ver, y ni siquiera supe nada de él, hasta que tuve cuarenta y un años. Sus primeras palabras para mí en esa ocasión fueron: "Ahora puedes comenzar tu trabajo."

Umm el-Hasan

CRECIMIENTO, DETERIORO Y RENOVACIÓN

La enseñanza real comienza con los Guardianes, Señores del Conocimiento y la Comprensión. No comienza con Amor, Esfuerzo o Acción, porque el amor, esfuerzo y acción verdaderos son posibles solo mediante el conocimiento real.

Pero cuando demasiadas personas (aun ligeramente) codiciosas aparecen o permanecen en una comunidad, convierten los métodos en creencias y creen en aquello que deben practicar.

Existen dos condiciones que pueden conducir al perecimiento de un grupo. En la primera, hay demasiada insinceridad en los que están a cargo. En la otra, un poco de insinceridad repartida entre todos los miembros constituye el equivalente de una o más personas completamente egoístas.

La insinceridad retarda el progreso tanto de los líderes como de los demás. Solo la búsqueda mediante la introspección puede revelárselas. Si no fuera por esta falla, ellos y la comunidad habrían llegado a su destino. Es bien sabido, por supuesto, que cuanto peor sea el grado de autoestima tanto menos capaz será la víctima de detectarlo o aun de preverlo.

Regresando a la conducta del grupo infectado:

Estos individuos y sus seguidores eligen pensamientos y acciones que sofocan la mayor parte de la esperanza del éxito en la realización humana. Quizá traten de formar una organización permanente que apunte a la iluminación. Probablemente sometan a todos a los mismos ejercicios y observancias. Olvidando la intención original, convierten las prácticas y los cuentos ilustrativos en una especie de historia, que tratan de enseñar. Si poseen literatura y biografías contemporáneas de instructores ("maestros"), las utilizan para reforzar una creencia en su propia rectitud y en lo apropiado de sus procedimientos. Con frecuencia no emplean más que un método de interpretación de la literatura y la tradición, entrenando a la gente y no posibilitándoles convertirse en iluminados.

A esta altura el Centro ha efectivamente desaparecido. El trabajo, en cambio, se ha convertido en una especie de reino, resuelto a conservar pero sin saber qué conservar. Los líderes y sus seguidores permanecen estáticamente apegados a este cuerpo, convirtiéndolo en un lugar de imitación que conserva formas externas menores o insignificantes. Por lo general estiman, bajo otros nombres, el emocionalismo bruto.

Al mismo tiempo surge la sobreveneración de hombres, grupos y leyendas, y la hostilidad para con otros y a veces la impaciencia. Lo que originariamente era una unidad se separa en grupos de diversas interpretaciones o concentraciones, generalmente inútiles, y observaciones que son inexactas. Para ese entonces casi toda la realidad y potencialidad se han marchado. La comunidad ha sido efectivamente invadida y poseída sin que este acontecimiento haya sido registrado por sus miembros. Puede que la verdad sea oscurecida por el uso continuo que hace la comunidad "coja" de palabras y aspectos externos, reminiscencias biográficas y otras facetas del conocimiento original. Ciertamente sus miembros creerán que debido a estas señas continúan por el camino correcto.

Su única esperanza de recuperación está en el ejercicio de esfuerzos concentrados hacia la sinceridad.

Este patrón es una de las razones por las que, de vez en cuando, los Guardianes deben emerger y anunciar a los poseedores de orejas la renovación de la alta tradición por medio del trabajo apropiado. A esta altura, tales palabras les sonarán naturalmente extrañas u hostiles a los extraviados, así como la voz de la razón al demente le parece... absurda.

Uno de los resultados de esta situación es que los Guardianes incurren, de formas muy diversas, tanto en un apoyo excesivamente entusiasta como en una oposición en diferentes sectores de su audiencia. Ambas reacciones son signos poco prometedores, si bien esperables; y tan objetables como la apatía.

Trabajando juntos, los grupos deben sobreponerse a estas tendencias si ha de lograrse la revivificación de la enseñanza.

Esta es la historia de toda época sobre la tierra. La única variante real es el lapso de tiempo durante el cual ocurre esta conducta.

Aquellos que tienen solo un poco de conocimiento y creen poseer más que la gente común, no están más abiertos a la razón y la enseñanza que quienes no tienen conocimiento alguno sobre la Tradición. Esta ironía es una complicación más.

Y sin embargo son más capaces de progresar en el Camino una vez que la cascarilla del envejecimiento se ha suavizado. A veces conservan potencialidades cuya presencia nos involucra en una oportunidad para ofrecer rescate. Es en el fomento de este deber, basado sobre nuestro conocimiento de la Tradición, la enseñanza y las condiciones de las partes (grupos), que podemos ejercitar habilidad, acción, amor y esfuerzo.

Cuando la cáscara de las personas o los grupos está demasiado endurecida, tales individuos y comunidades seguirán siendo como nueces duras que son inevitablemente arrastradas rápidamente por el río.

El agua de la compasión y la comprensión no podrá suavizarlas suficientemente para ayudarlas a brotar como plántulas antes de que lleguen a un dique donde se amontonarán abandonadas y, lamentablemente, desconcertadas.

Nawab Muhammad Alí Shah, *Nishan-i-Ghaib*

LECTURAS SOBRE FILOSOFÍA SUFI

Leer todo lo posible acerca del Sufismo es como leer toda clase de libros sobre diferentes temas sin la base necesaria. Es una calamidad y, al igual que con la medicación indiscriminada, puede hacer que el hombre empeore en vez de mejorar.

Los escritos Sufis siempre están dirigidos a un público especial. Este público no es el mismo en Bujara que en Basora, en España que en el África.

Sin embargo, las ventajas de estudiar colecciones especiales de lecturas Sufis hechas por un Sufi, no pueden exagerarse.

Estas ventajas incluyen:

La selección de pasajes que ayudarán a una determinada comunidad a encontrar su camino.

La preparación del estudiante para la iluminación, la cual es proporcionada por el maestro en persona cuando llegue el momento adecuado.

Un correctivo contra la monotonía de la repetición ordinaria de doctrina y práctica, que incapacita sin que lo sepamos.

Un correctivo contra la excitación, la cual es nuestro destino cotidiano y que nos manipula sin que lo sepamos.

Por lo tanto, lee lo que ha sido preparado para ti, para que puedas ganarte la bendición de la felicidad eterna.

Hadrat Bahaudin Naqshband

PARTE IX

Preguntas y respuestas sobre el Sufismo

1. EL SUFISMO Y EL ISLAM (MUHAMMAD ALI EL-MISRI)

2. COMPRENSIÓN PROFUNDA (RAIS TCHAQMAQZADE)

Respuestas a cuestionarios presentados a un Sufi de El Cairo y a otro de Bujara

1. El Sufismo y el Islam

Pregunta 1:   ¿Cuáles son las bases del Sufismo?

Respuesta: La base principal del Sufismo es la fe. La fe islámica (*Iman*) tiene seis pilares. Estos son: Dios Existe; Dios es Uno; Hay Ángeles; Hay Profetas; Hay un Día del Juicio; Existe el Destino.

Pregunta 2:   ¿Cómo se deben entender estas cosas, ya que ninguna puede ser verificada de forma ordinaria por la mayoría de la gente?

Respuesta: Son registradas en la mente y experimentadas en el "corazón".

Pregunta 3:   ¿Cuál es la culminación del Sufismo?

Respuesta: La percepción de las afirmaciones previas dentro del "corazón".

Pregunta 4:   ¿Cuál es la diferencia entre los Transformados y las demás personas?

Respuesta: La comprensión de los Transformados es algo distinto a lo que la gente común denomina conocimiento.

Pregunta 5:   ¿Cuál es el conocimiento de la gente común?

Respuesta: El imitativo, aprendido mediante el entrenamiento que imparten los instructores; es considerado real, aunque no lo es.

IDRIES SHAH

Pregunta 6: ¿Cómo se desarrolla la verdadera fe?

Respuesta: Llegando, por medio de ciertas prácticas, a la Vía, que es solamente una entre las setenta y dos Vías posibles abiertas al hombre. Es factible, después de haber seguido una Vía imitativa, elevarse al verdadero Camino; aunque es difícil.

Pregunta 7: ¿Qué formas externas religiosas siguen los Transformados?

Respuesta: La mayoría sigue las observancias del Islam y de la Gente de la Tradición, y la directriz de ritos establecida por el Sheikh Mataridi de Samarcanda. Aquellos que practican los ejercicios del Islam en las Cuatro Escuelas Mayores son generalmente denominados la Gente de la Salvación.

Pregunta 8: Cuando se le preguntó cuál era su secta, Bayazid Bistami dijo: "Soy de la Secta de Dios." ¿Qué quiere decir esto?

Respuesta: Todas las divisiones confesionales anteriormente mencionadas son consideradas como la Secta de Dios.

Pregunta 9: Los Sufis se refieren a sí mismos como fenómenos, ideas, animales y vegetales. ¿Por qué?

Respuesta: El Profeta ha dicho que en el Día del Juicio, el hombre será resucitado con la forma de uno u otro animal, correspondiente a su característica principal. Su forma parece cambiar a la del animal u otra forma a la cual él se le parecía internamente, en vez de volver a su figura humana. En su sueño, el hombre se ve a sí mismo como humano; sin embargo, puede que se vea a sí mismo, según su tendencia dominante, como un borrego, un mono o un puerco. El no haber entendido esto es lo que ha provocado la creencia de que la vida humana pasa a la de los animales (transmigración), interpretado literalmente por gente ignorante sin percepción.

Pregunta 10:   Los Sufis usan símbolos y sostienen ideas que se oponen a los requisitos sociales establecidos, y que son extraños a la terminología que normalmente se utiliza para cosas superiores. Hablan de amados, vasos de vino, etcétera. ¿Cómo puede comprenderse esto?

Respuesta: Para el Sufi, la religión tal como la entiende el hombre ordinario, es una cosa burda y externa. Sus símbolos son indicaciones de ciertos estados. Son tan legítimos como utilizar el símbolo "Dios" para algo que uno no conoce en absoluto, aunque exista tal ilusión que es producida por la emoción.

Pregunta 11:   ¿Cómo puede la ceja de una manceba ser el Corán?

Respuesta: ¿Y cómo pueden serlo marcas hechas con carbón y goma sobre pedazos de papel con madera de un pantano?

Pregunta 12:   Los derviches dicen que ven a Dios. ¿Cómo es posible?

Respuesta: No es una verdad literal; es la expresión emblemática de ciertos estados.

Pregunta 13: ¿Puede un individuo no ser visto por medio de sus manifestaciones y aspectos externos?

Respuesta: No al individuo; solo vemos sus manifestaciones o aspectos externos. Cuando ves a alguien venir hacia ti, puede que digas: "He visto a Zaid"; pero apenas has visto lo que puedes ver de los aspectos externos y superficialidades de Zaid.

Pregunta 14: De acuerdo con el credo musulmán, para los derviches es blasfemo decir: "No le tememos al Infierno, ni codiciamos el Paraíso."

Respuesta: No se refieren a esto. Quieren decir que el temor y la codicia no son las formas en que el hombre debería ser adiestrado.

Pregunta 15: Afirmas que no existe contradicción entre la conducta exterior o creencia de los Sufis, y sus percepciones internas. Si esto es así, ¿por qué los Sufis persisten en ocultar a otros ciertas cosas?

Respuesta: Aquello que está escondido no se opone a la buena conducta, sino al entendimiento ordinario. El académico más instruido no puede comprender aquello que no ha experimentado, y por ende está oculto para él.

Pregunta 16: Si una persona conociese solamente la fe religiosa y no la ciencia especial de los Sufis, ¿sería su fe religiosa inferior a la de un Sufi?

Respuesta: No, su credo sería el más perfecto de las creencias religiosas, y no podría ser inferior a la creencia religiosa de un Sufi.

Pregunta 17: ¿Cuál es la diferencia entre los profetas, los santos, aquellos que tienen conocimiento superior y los grandes iniciados?

Respuesta: Si tienen fe religiosa, sus creencias son todas iguales. La diferencia reside en su conocimiento, no en sus sentimientos. Un rey es igual a sus súbditos en que tiene dos ojos, una nariz y una boca; pero su carácter y su función, son diferentes.

Muhammad Alí el-Misri

2. Comprensión profunda

Pregunta 1:   ¿Desde cuándo existe el Sufismo?

Respuesta: El Sufismo ha existido siempre. Se lo ha practicado en una enorme variedad de formas; dado que las cáscaras de estas son diferentes, los menos informados han sido erróneamente conducidos a pensar que son esencialmente distintos.

Pregunta 2:   El Sufismo, ¿es el significado interno del Islam, o tiene una aplicación más amplia?

Respuesta: El Sufismo es el conocimiento mediante el cual el hombre puede realizarse y lograr la permanencia. Los Sufis pueden enseñar con cualquier vehículo, como quiera que se llame. A través de la historia, los vehículos religiosos han tomado diferentes nombres.

Pregunta 3:   ¿Por qué una persona debería estudiar Sufismo?

Respuesta: Porque fue creada para estudiarlo: es su próximo paso.

Pregunta 4:   Sin embargo, muchas personas creen que otras enseñanzas, que no son denominadas Sufismo, son su paso siguiente.

Respuesta: Esto se debe a la peculiaridad humana de tener dos formas de comprensión: la Comprensión Mayor y la Comprensión

Menor. La Comprensión Mayor es cuando una persona quiere entender, pero en cambio desarrolla únicamente la convicción de que cierto camino es el verdadero. La Comprensión Menor es la sombra de la Comprensión Mayor. Como una sombra, es una distorsión de la realidad, conservando apenas una parte del original.

Pregunta 5: El hecho de que los Sufis hayan sido figuras tan famosas y respetadas, ¿no atrae gente a su estudio?

Respuesta: Los Sufis que han sido conocidos públicamente son apenas una minoría de la totalidad de los Sufis... aquellos que no pudieron mantenerse alejados de la prominencia. La atracción que siente un potencial estudiante hacia una figura altamente estimada es parte de la Comprensión Menor. Puede que después aprenda.

Pregunta 6: ¿Existe un conflicto entre el Sufismo y otros métodos de pensamiento?

Respuesta: No puede haberlo, pues el Sufismo incorpora todos los métodos de pensamiento; cada uno tiene su propia utilidad.

Pregunta 7: ¿Está el Sufismo restringido a cierto idioma, a cierta comunidad, a cierto período histórico?

Respuesta: El aspecto obvio del Sufismo, en cualquier momento, lugar o comunidad, puede variar con frecuencia porque el Sufismo ha de presentarse a sí mismo en una forma que sea perceptible para todas las personas.

Pregunta 8:   ¿Es por esto que han existido maestros Sufis con tantos sistemas diferentes y que han florecido en tantos países distintos?

Respuesta: No existe ninguna otra razón.

Pregunta 9:   Sin embargo a la gente le gusta hacer viajes para visitar maestros en otros países, cuyos idiomas quizá ni entiendan.

Respuesta: Tales acciones, excepto que se lleven a cabo bajo instrucciones especiales y con cierto propósito, pueden ser útiles solamente para la Comprensión Menor.

Pregunta 10:   ¿Hay alguna diferencia entre lo que un hombre o una mujer desea encontrar, y lo que necesita hallar, para su vida interior?

Respuesta: Sí, casi invariablemente. Es la función del maestro el disponer el correcto funcionamiento de la respuesta a las necesidades, no a los deseos: estos pertenecen a la esfera de la Comprensión Menor.

Pregunta 11:   ¿Es tu división de la Comprensión en Mayor y Menor común para todos los Sufis?

Respuesta: Nada de lo que se pueda expresar con palabras es común a todos los Sufis.

Pregunta 12:   ¿Qué es común a todas las formas de Sufismo?
Respuesta: El ser del maestro, la capacidad de los discípulos, las peculiaridades de los individuos, la interacción entre los miembros de la comunidad, la Realidad detrás de las formas.

Pregunta 13: ¿Por qué algunos maestros Sufis inician discípulos en Órdenes distintas?

Respuesta: Porque estas Órdenes representan entidades de enseñanza que son estructuradas para tratar con la gente de acuerdo con su individualidad. Todas las personas son diferentes.

Pregunta 14: Pero reunir información sobre los Sufis y sus enseñanzas, ¿no es una buena empresa que conduce al conocimiento?

Respuesta: Esta es una pregunta de la Comprensión Menor. La información sobre las actividades de un grupo Sufi puede dañar el potencial de otro.

Pregunta 15: ¿Por qué hay tan pocas indicaciones de las escuelas de Ahmad Yasavi de Turquestán e Ibn el-Arabi de Andalucía?

Respuesta: Porque, en el dominio de la Comprensión Mayor, el taller se desmantela cuando el trabajo ha terminado.

Rais Tchaqmaqzade

Un pedido

Si disfrutaste este libro, por favor deja una reseña en Goodreads y Amazon (o donde quiera que hayas comprado el libro).

Las reseñas son el mejor amigo de un escritor.

Para estar al tanto de las novedades acerca de nuestros próximos lanzamientos o noticias de la Idries Shah Foundation, apúntate a nuestra lista de correo:

http://bit.ly/ISFlist

Y para seguirnos en las redes sociales, usa cualquiera de los siguientes enlaces:

https://twitter.com/IdriesShahES

https://www.facebook.com/IdriesShah

http://www.youtube.com/idriesshah999

http://www.pinterest.com/idriesshah/

http://bit.ly/ISgoodreads

http://fundacionidriesshah.tumblr.com

https://www.instagram.com/idriesshah/

http://idriesshahfoundation.org/es

www.ingramcontent.com/pod-product-compliance
Lightning Source LLC
Chambersburg PA
CBHW020451100426
42813CB00031B/3331/J